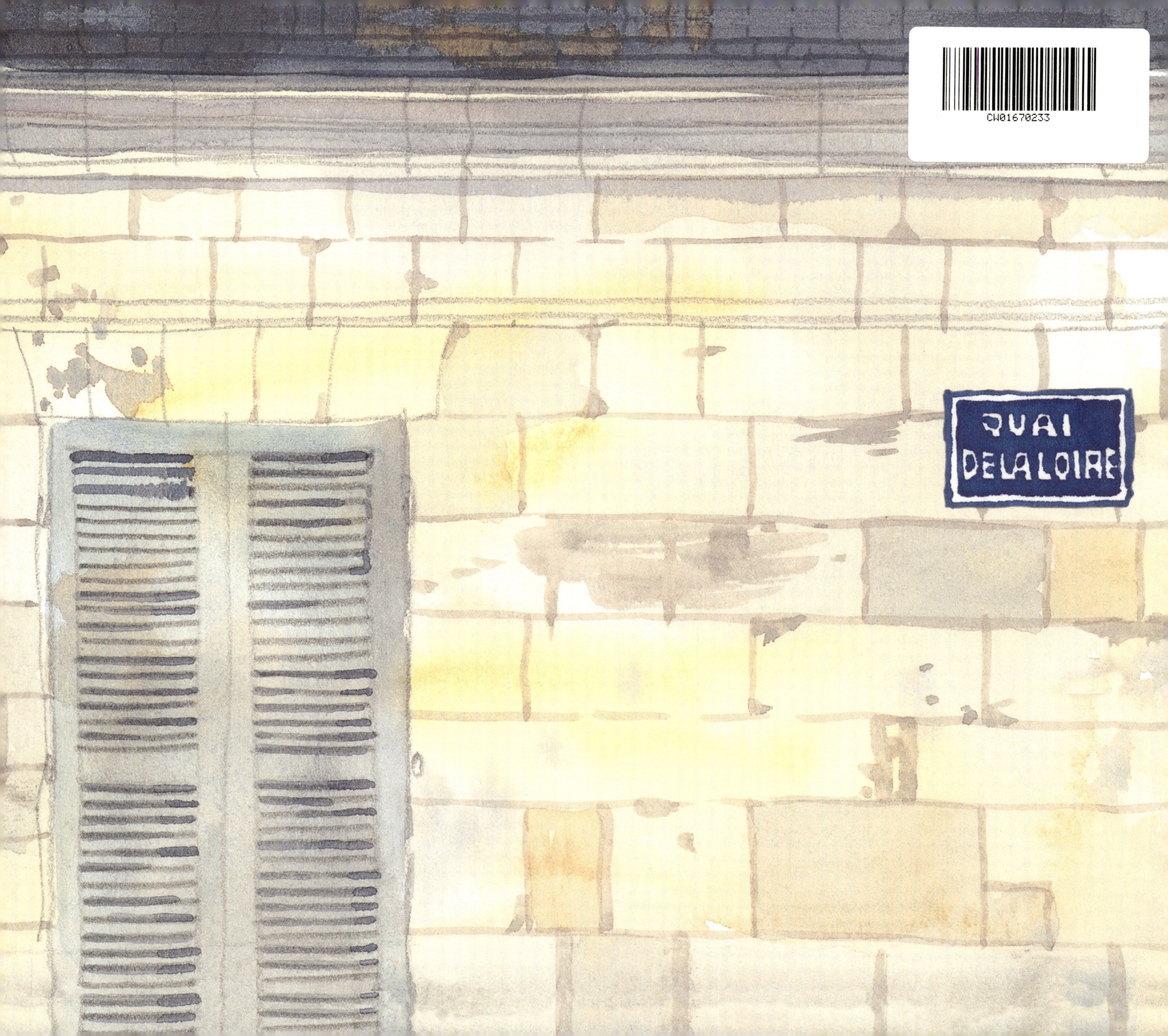
QUAI
DE LA LOIRE

Vallée de la Loire

aquarelles

Couverture : Chaumont-sur-Loire, synthèse parfaite du paysage ligérien.
Premier rabat : le pont néogothique de Langeais.
Deuxième rabat : la Loire au Thoureil, entre Angers et Saumur.
Quatrième de couverture : barques à Bouchemaine, près d'Angers.
Page 3 : Gien, le premier, ou le dernier vrai château de la Loire, selon qu'on remonte la Loire ou qu'on la descend.

VAL DE LOIRE
PATRIMOINE MONDIAL

Responsable éditoriale : Valérie Millet

5, rue Saint-Romain
75006 Paris

Photogravure : Sang Choy, Singapour

ISBN : 978-2-87868-098-0
N° d'édition : 169
Dépôt légal : mai 2003
Deuxième édition : mars 2004
Troisième édition : janvier 2006
Quatrième édition : septembre 2007
Cinquième édition : mars 2009

Vallée de la Loire
aquarelles

Dessins Fabrice Moireau . Textes Jean-Paul Pigeat

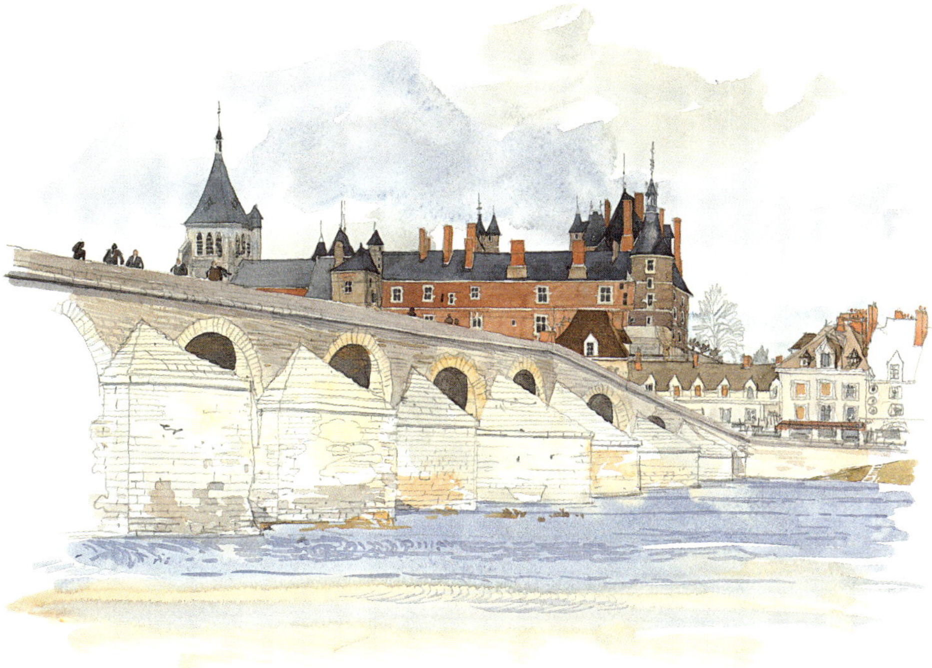

LES ÉDITIONS DU PACIFIQUE

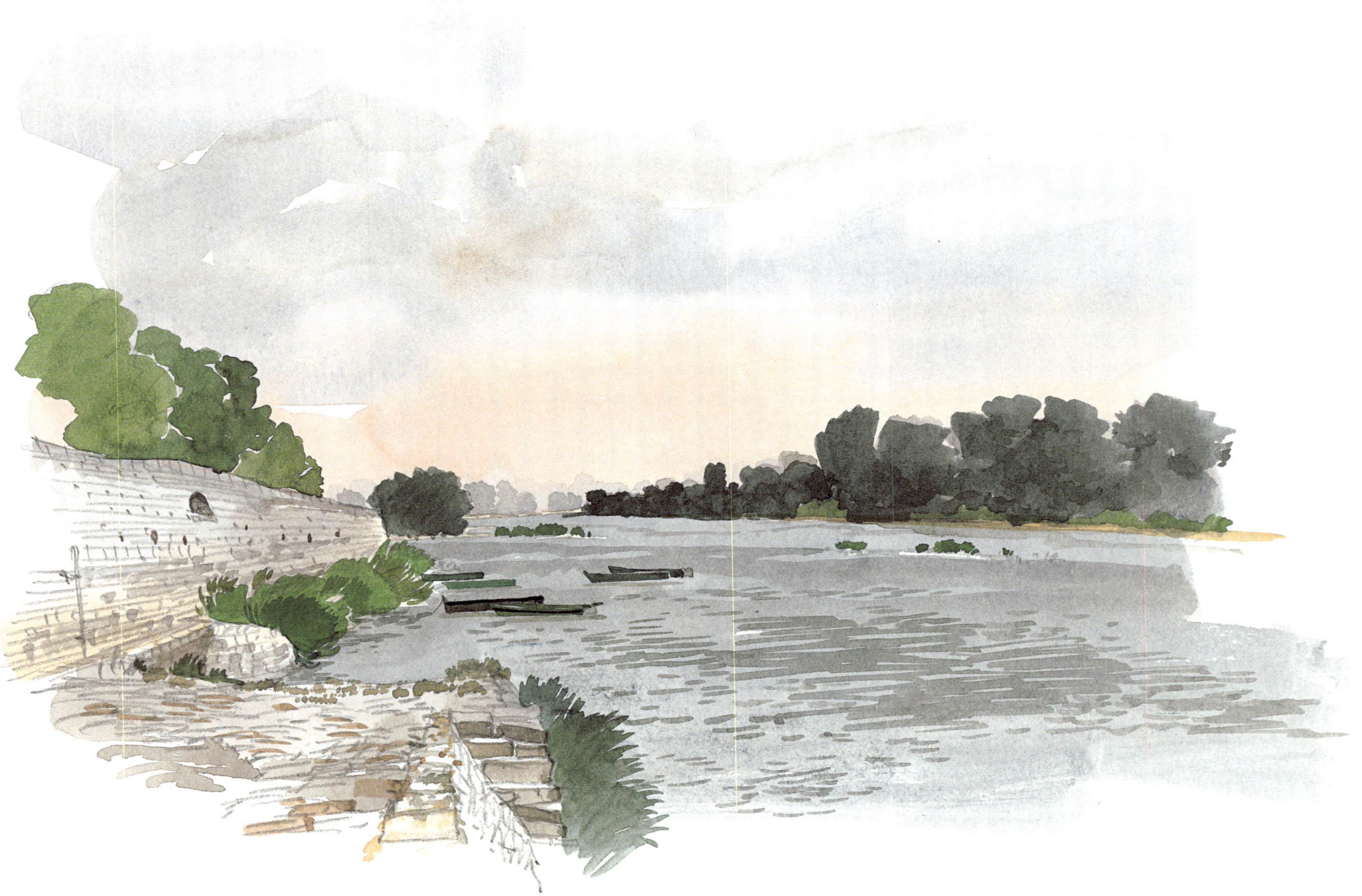

La Loire à Orléans.

Sommaire

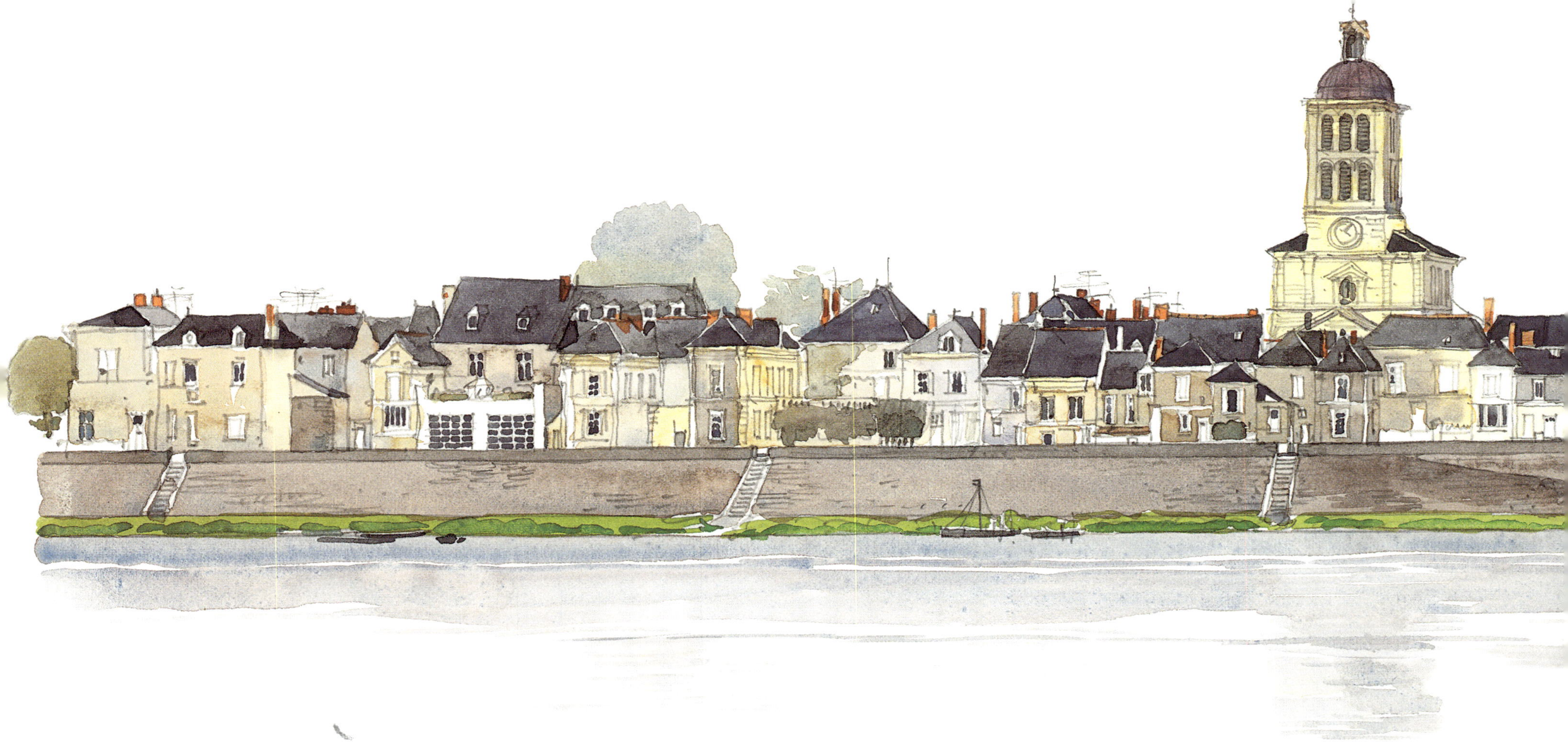

À l'origine de ce livre, une idée, parmi tant d'autres : puisqu'il s'agit d'un livre d'aquarelles, retournons à une source célèbre, Turner, et comme lui, choisissons de remonter le fleuve plutôt que de le descendre. La logique du cours du fleuve était inverse, mais un petit voyage entre Bouchemaine et Saumur suffit à nous convaincre.

Le coup de pouce de Turner

Lorsqu'en 1826, Turner gagne Nantes, il a déjà vu et dessiné Dieppe, Rouen, Cherbourg et le Cotentin, ainsi que la Bretagne : Morlaix, Quimper, Lorient. Il voyage en diligence et non par la côte, pour gagner du temps. Son vrai but, c'est Nantes. Avec ses 80 000 habitants, c'est une ville très prospère qui a fait fortune dans le commerce des esclaves d'Afrique et de la canne à sucre. La Loire attire irrésistiblement Turner lorsque début octobre il découvre la ville. Du port débordant d'activités il retient l'enchevêtrement des barques, les femmes qui ravaudent sur la rive, les mâts, les rames et les gaffes qui s'entrechoquent, les charrois, l'accumulation des colis, toute la vie qui anime l'île Feydeau alors totalement entourée d'eau.

Il peint les grandes voiles rectangulaires qui portent les bateaux vers l'amont du fleuve. Il semble avoir tellement hâte de partir vers l'est que l'on pense qu'il a emprunté un bateau à vapeur. Les sujets de dessins se succèdent à un rythme beaucoup plus rapide que celui de l'imprévisible navigation à voile. Il s'intéresse beaucoup aux gabarres.

Nous avons choisi, dans cet ouvrage, de nous intéresser, sauf en de rares exceptions, aux seules communes des bords de Loire, celles inscrites en 2000 au Patrimoine mondial de l'Unesco. Cet exercice de style peut paraître arbitraire, or cette portion de

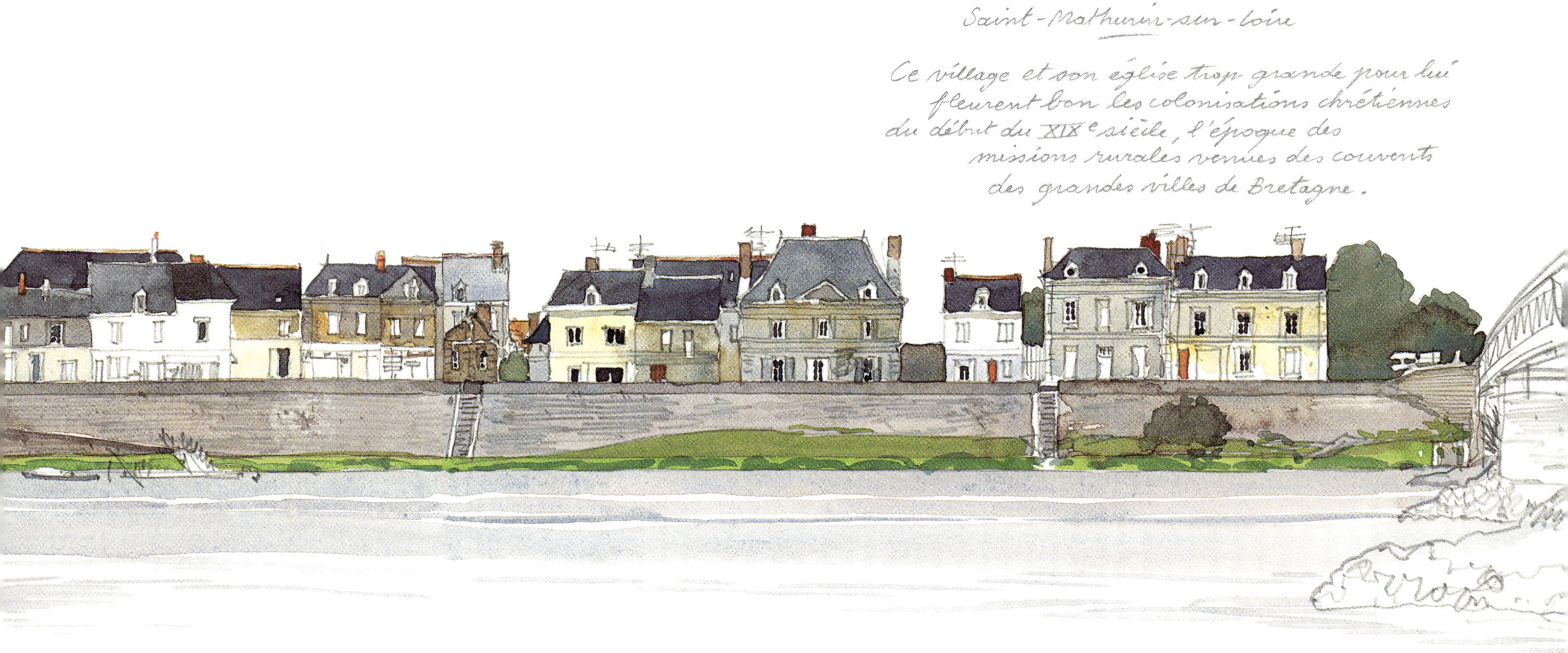

territoire possède sur toute la distance une image très homogène et une forte identité culturelle, historique et architecturale.

Une affaire de bateaux

La pirogue de base, taillée dans de simples troncs, est attestée dès le XIIe siècle par les découvertes archéologiques, mais elle est de toute évidence beaucoup plus ancienne. Sa technique de construction était si simple qu'on en a produit, notamment sur le cours moyen du fleuve, jusqu'au début du XXe siècle. On ne change pas une technique qui flotte et rend aisée la descente du cours de façon artisanale. Pour remonter à contre-courant, il fallait faire mieux : trouver le bon chenal, passer les ponts, profiter d'un vent favorable qui garantisse une bonne vitesse. Et puis il fallait sans cesse enlever ce fichu mât de 22 m de hauteur, hisser cette voile carrée de 300 m² de coton, sans véritables poulies de rappel. Atteler les bateaux en trains, les désolidariser pour passer les ponts, veiller que le vent ne les pousse pas sur les piles ou ne les entrechoque. Un travail de forçats, fait d'épreuves sans cesse renouvelées : hâler à trois ou quatre ; s'y mettre à quarante ou plus pour un train de bateaux ; remplacer le bœuf ou l'âne. Ne jamais relâcher les muscles, ni manger pour être sûr de repartir. Et dire que ces hommes disaient qu'ils s'attelaient à la bricole.

Évidemment, on ne navigue plus sur la Loire comme au début du XIXe siècle, mais les bateaux sont encore omniprésents par les chemins de halages, les petits ports de villages presque informels, les boires (petits chenaux), les girouettes, les pêcheurs qui tendent leurs filets en travers du courant, la poignée de passionnés qui tentent de ressusciter la tradition et font naviguer de magnifiques flottilles.

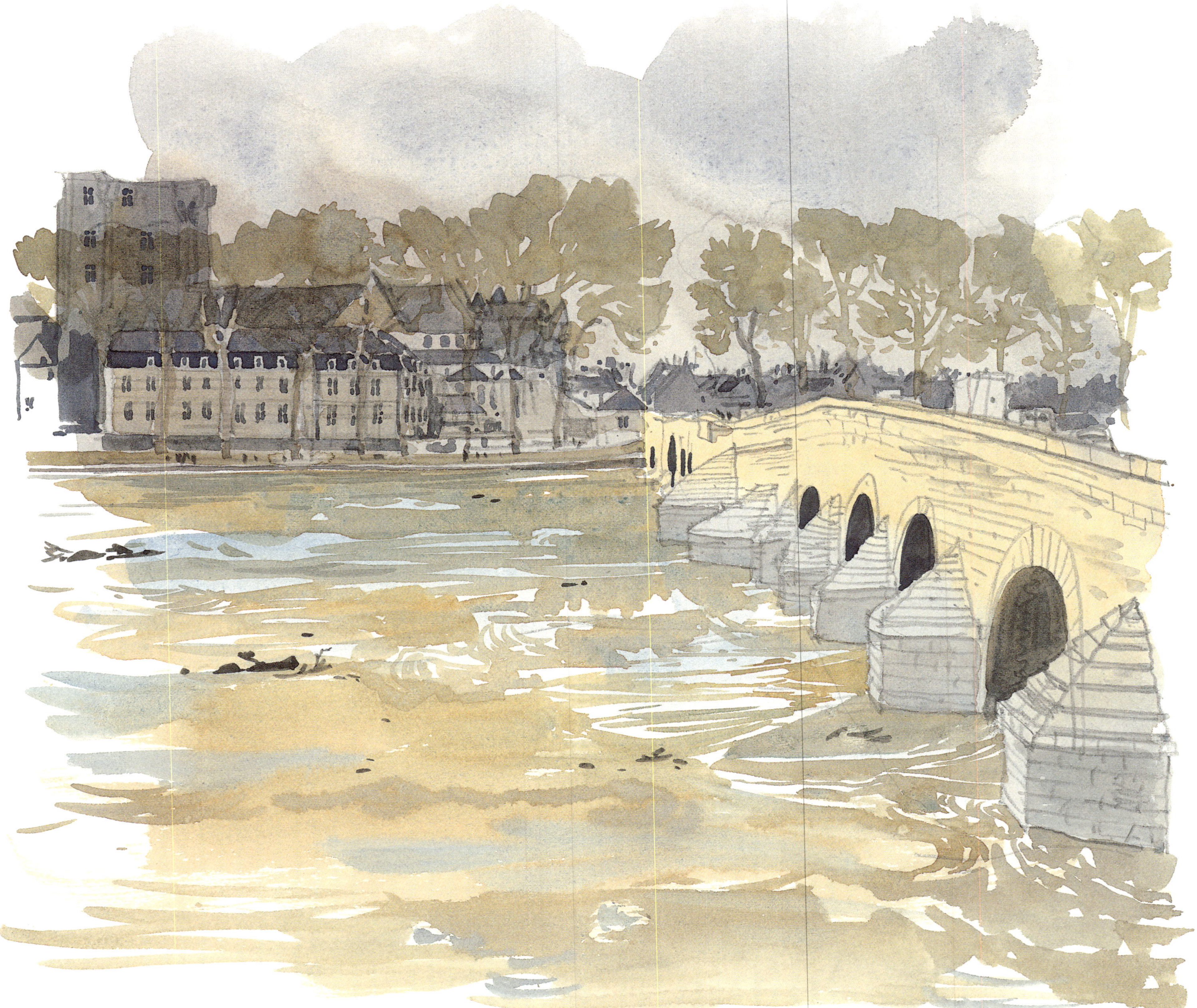

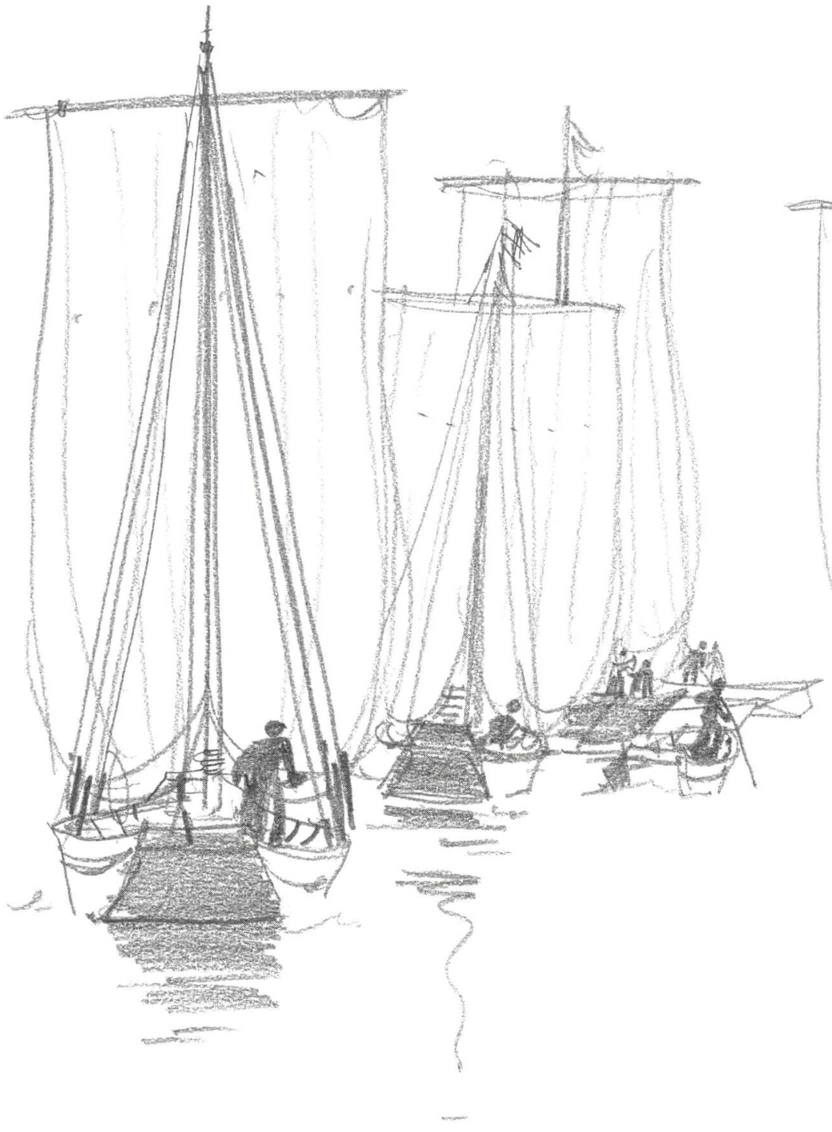

7 février 2003 : la Loire est en crue, impressionnante tant l'eau paraît menacer le vieux pont. Et dire que c'est une petite crue, ordinaire, presque banale. On imagine ce que pouvait être la fameuse crue du 3 juin 1856...

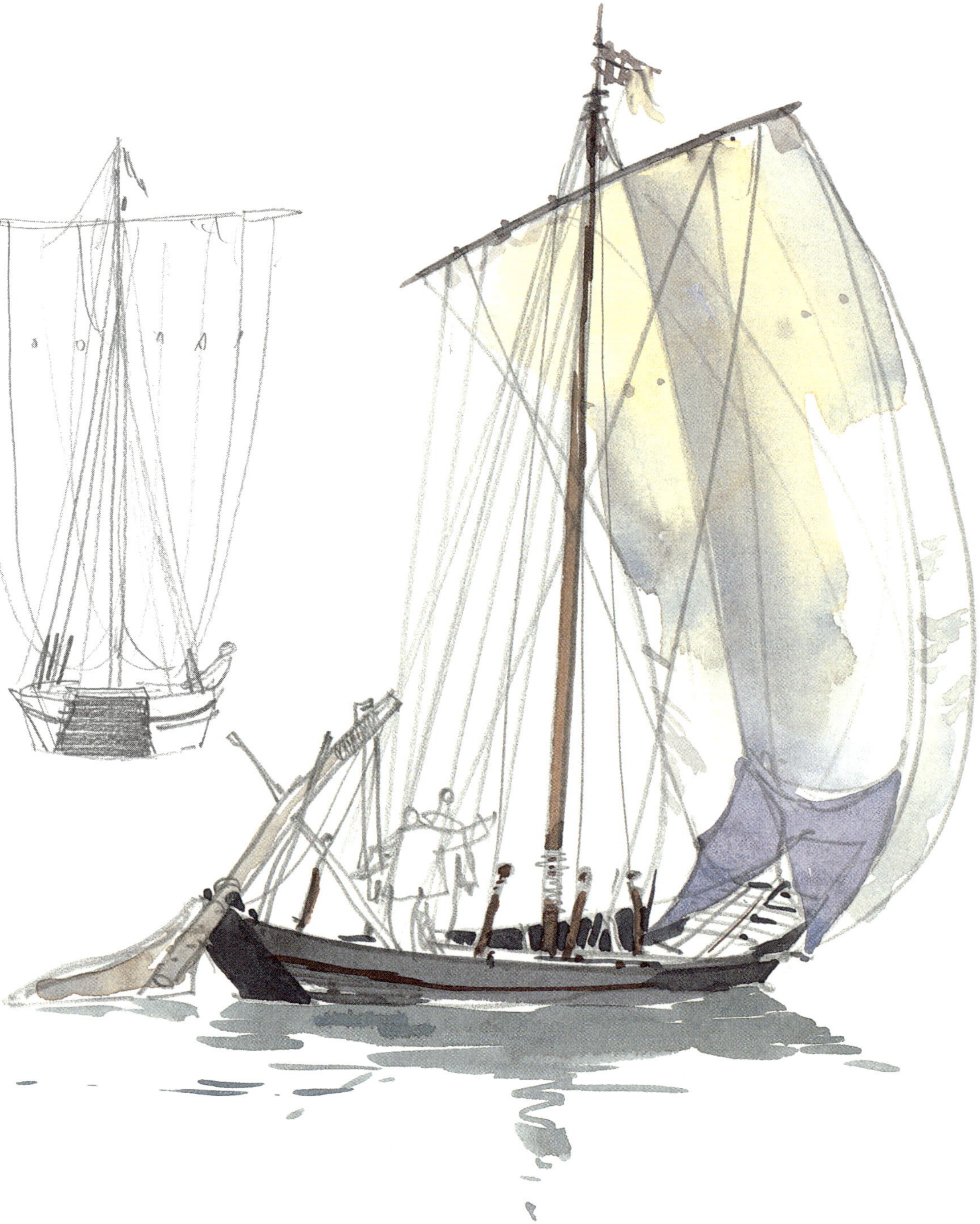

La marine de Loire renaît partout sur le fleuve. Gabares à lourds gréements de bois et de toile, gouvernails impressionnants. Marins d'opérette.

Aux alentours de la Bohale,
la Loire prend carrément ses aises dans son lit.
Elle s'étale, se vautre, prend toute
la place. Alors, on dit qu'elle est sauvage,
étrange paradoxe.

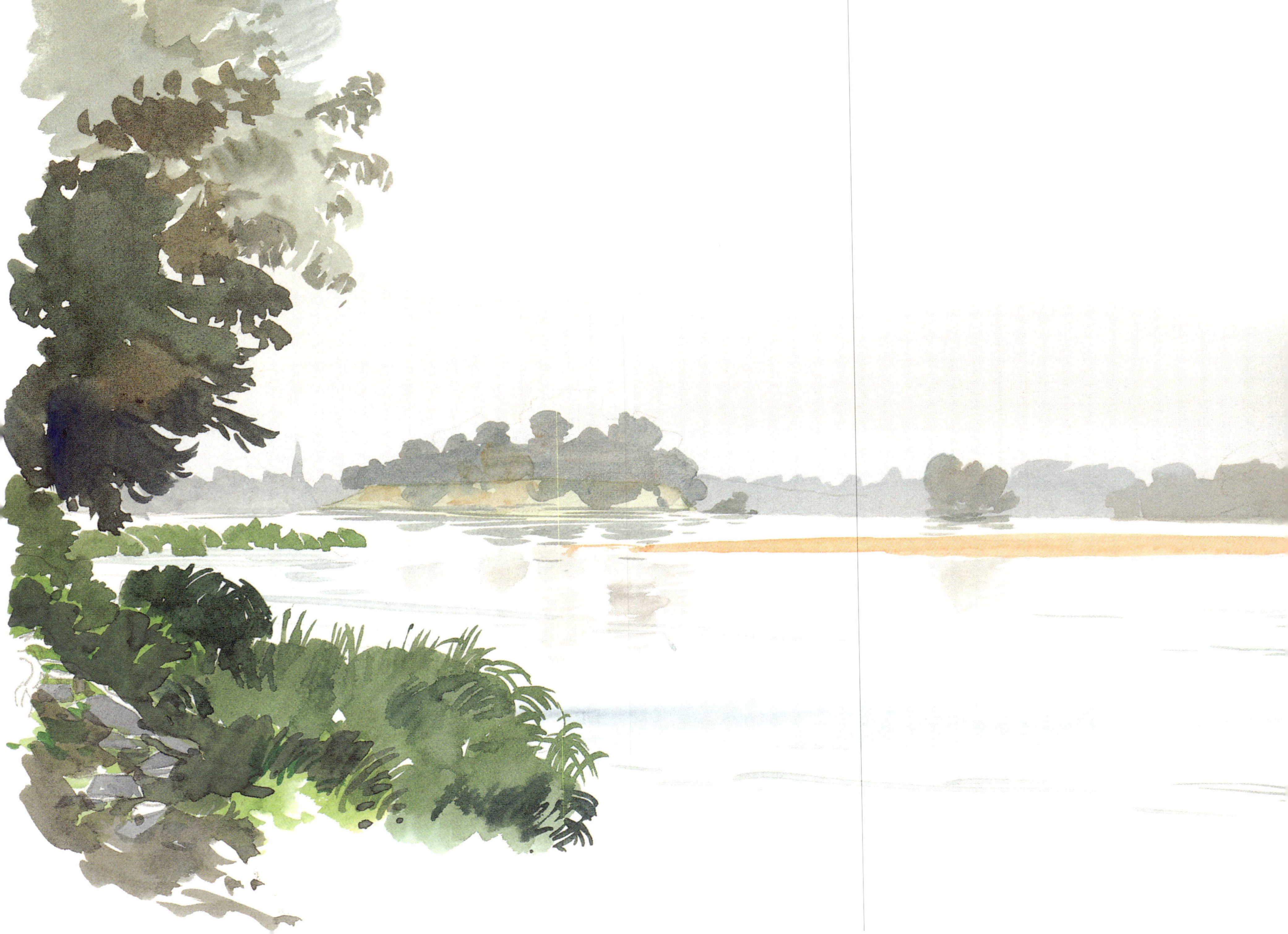

Fleuve sauvage

Voici qu'on nous parle de fleuve sauvage ; ce serait même le dernier d'Europe. Elle peut devenir furieuse, cette eau calme, indécise, qui s'insinue entre les bancs de sable jusqu'à les veiner comme des peaux grisâtres. Pour les uns, ce serait le fleuve Jaune, pour d'autres, comme Gracq, « une espèce d'Orénoque ou de Sénégal gris ou bleu ». Fleuve encombrant au début de son cours, embarrassé de ses largeurs, c'est vrai qu'il inonde volontiers, là-bas, du côté de l'Auvergne. On dit la Loire imprévisible, désordonnée, incapable d'avaler sereinement ses grands affluents. Mais franchement, qui pourrait croire, à partir de La Charité-sur-Loire, alors que les ponts en accent circonflexe commencent à se succéder, que ce fleuve est vraiment sauvage. Qui n'a pas remarqué que rapidement les digues succèdent aux digues. Qu'elles canalisent le cours de l'eau, même si elles font semblant de laisser l'eau jouer entre leurs rampes. Bien sûr, il y a ces fuites possibles vers des zones d'inondation, il y a tous ces écosystèmes que les savants professeurs de l'université de Tours se plaisent à vous détailler. On vous affirmera que la route qui menait les évêques de Blois à Tours avait la prudence de circuler à flanc de coteau et qu'on en fut bien aise lorsque le fleuve monta plus que de raison il y a quelques années. On le sait, un jour, il y aura cette fameuse crue mythique, qui noiera les zones industrielles imprudentes, qui permettra aux enfants des bas quartiers de jouer à Peter Pan et au capitaine Crochet sur des radeaux de chambres à air. Mais on sait qu'on aura le temps de la voir venir. On ne communique plus par cavaliers ou sémaphores entre Brives-Charensac et Angers.

En revanche, on peut dire que la bête sauvage est sérieusement égratignée, saccagée, souillée par les sablières qui déstabilisent son cours. S'il y a danger d'inondations dramatiques, ce sera bien à cause d'elles qui ont chassé les logiques millénaires de circulation de l'eau. Ne rions pas des professeurs. Ils ont raison quand ils montrent que les animaux sauvages disparaissent, que les oiseaux ne nichent plus, que les poissons se raréfient ou sont de moins en moins diversifiés. Quand ils vous expliquent que ces arbres épars et décatis, ces « trognes » dont on coupait régulièrement les jeunes branches pour faire des tressages, constituaient autrefois tout un entrelacs de haies qui servaient à prévenir les débordements.

Fleuve à histoire

Les gens sérieux voudraient vous faire croire, comme si on était encore à l'école, que la Loire prend sa source au mont Gerbier-de-Jonc, là-haut chez les Auvergnats. C'est évidemment faux, le vrai fleuve, le Grand Fleuve de la Renaissance italienne naît à « Léonard de Vinci » – appelé aussi Amboise – en 1518. C'est attesté. Ce n'est pas un nom de lieu inscrit sur les cartes ? Peu importe, c'est vrai, et c'est comme ça.

Ce fleuve n'a bien évidemment pas attendu l'arrivée d'Italiens de talent pour exister. Il y a belle lurette que l'on avait reconnu son art de vivre. Déjà, l'empereur romain Auguste avait développé de grandes villes agréables : Angers, Tours, Orléans. Saint Martin fait de Tours un sanctuaire chrétien.

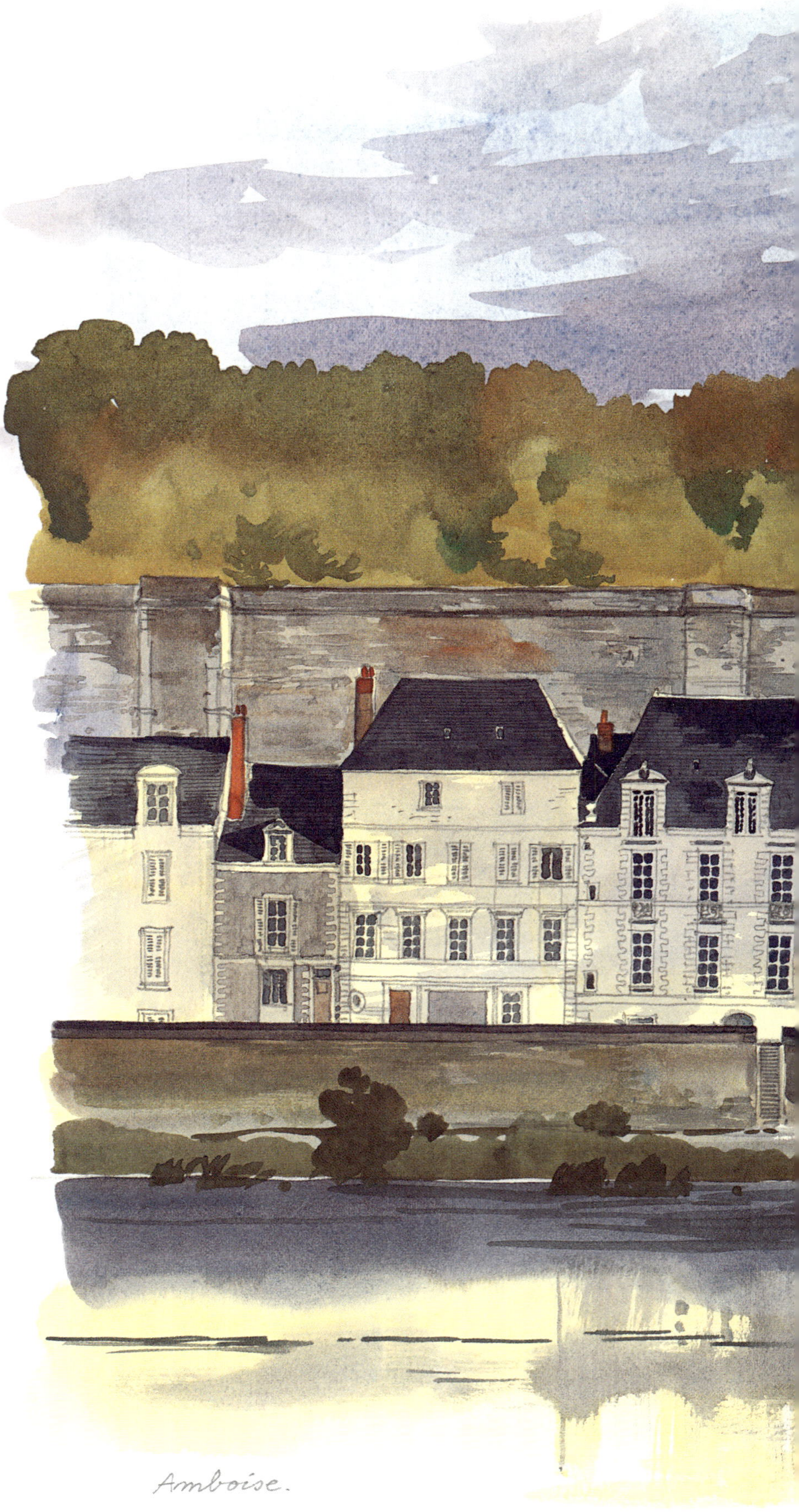

Amboise.

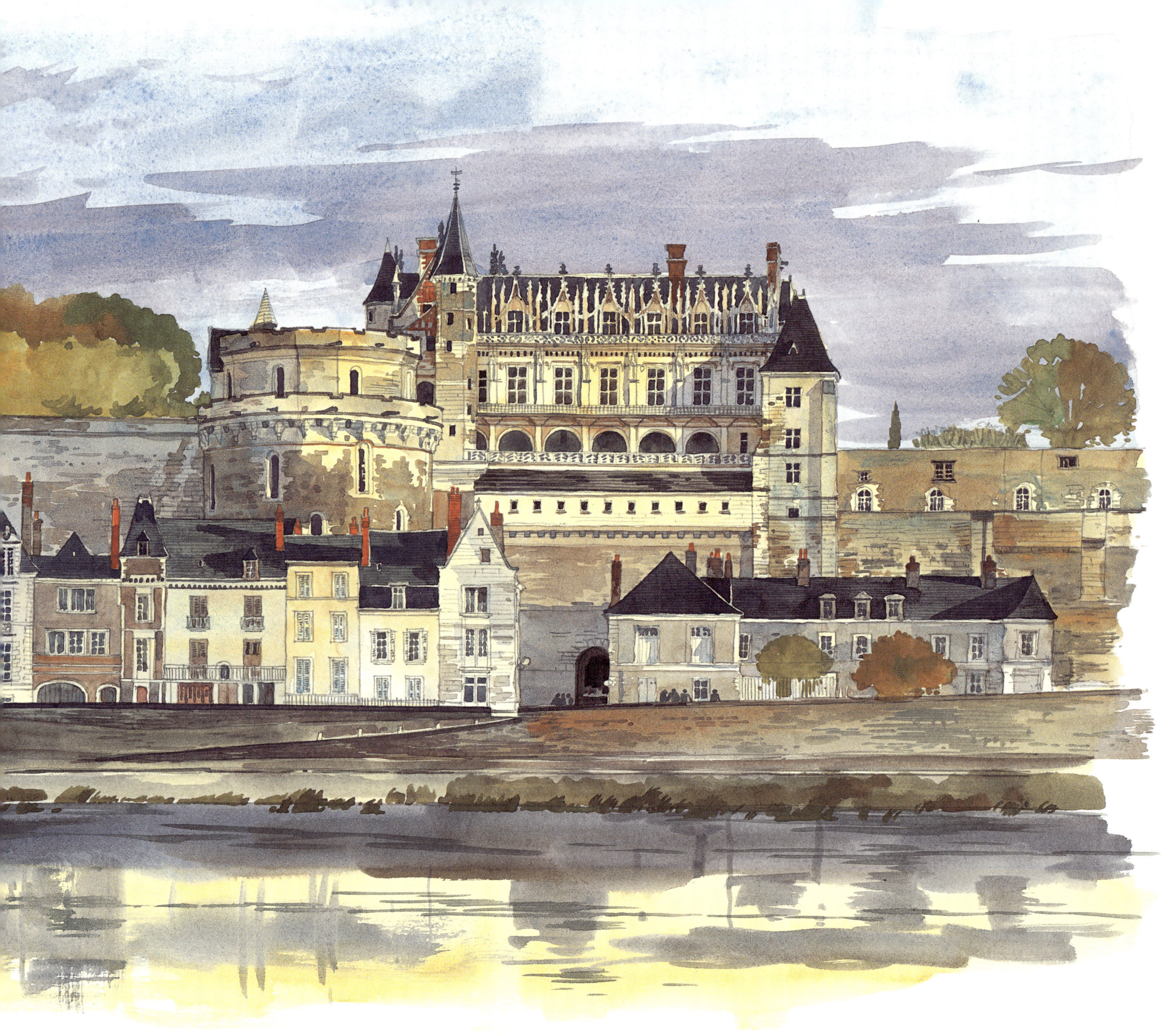

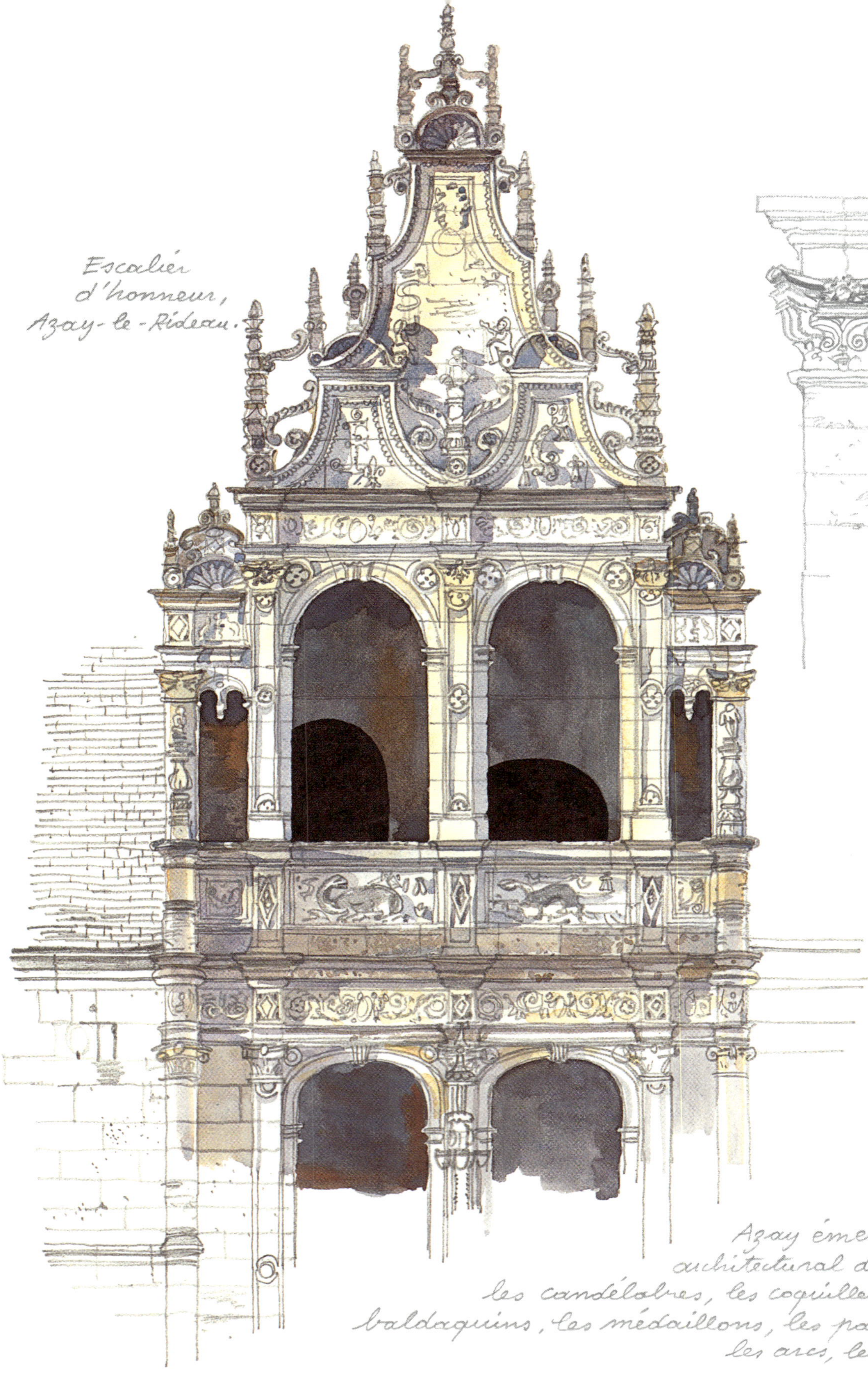

Escalier d'honneur, Azay-le-Rideau.

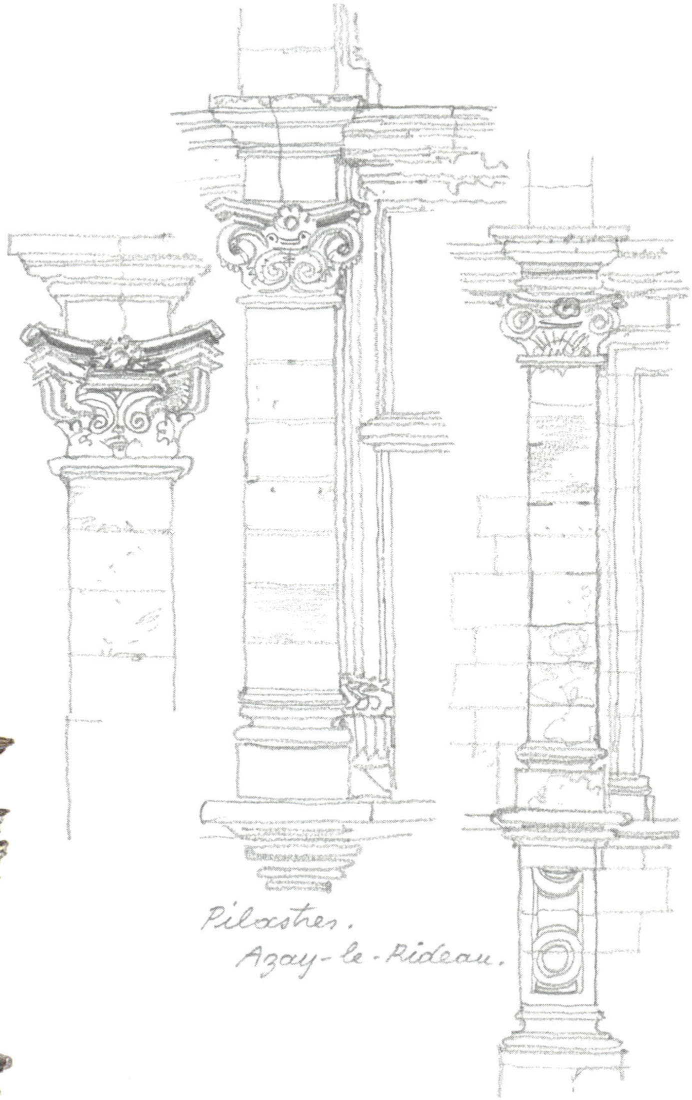

Pilastres. Azay-le-Rideau.

De toute évidence, pour l'humour et le plaisir, Catherine de Médicis ne crai-

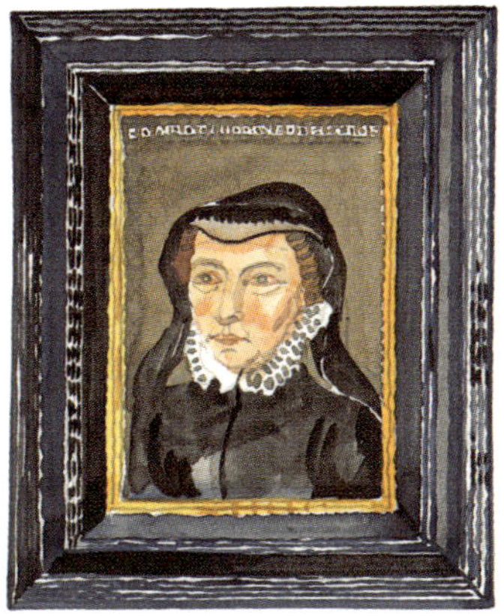

gnait personne. Son existence était le prix à payer pour que les raffinements de l'Italie s'enracinent au bord de ce fleuve d'esprit encore très fruste.

Frise sur une tour de Chaumont-sur-Loire.

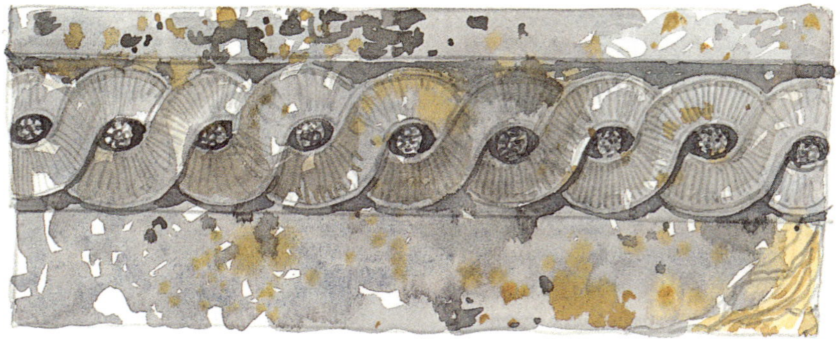

Azay émerveille. On y trouve tout le vocabulaire architectural de la première Renaissance : les pilastres, les candélabres, les coquilles, les rinceaux, les balustrades, les baldaquins, les médaillons, les parapets, les doubles bandeaux, les culots, les arcs, les gargouilles et même les putti.

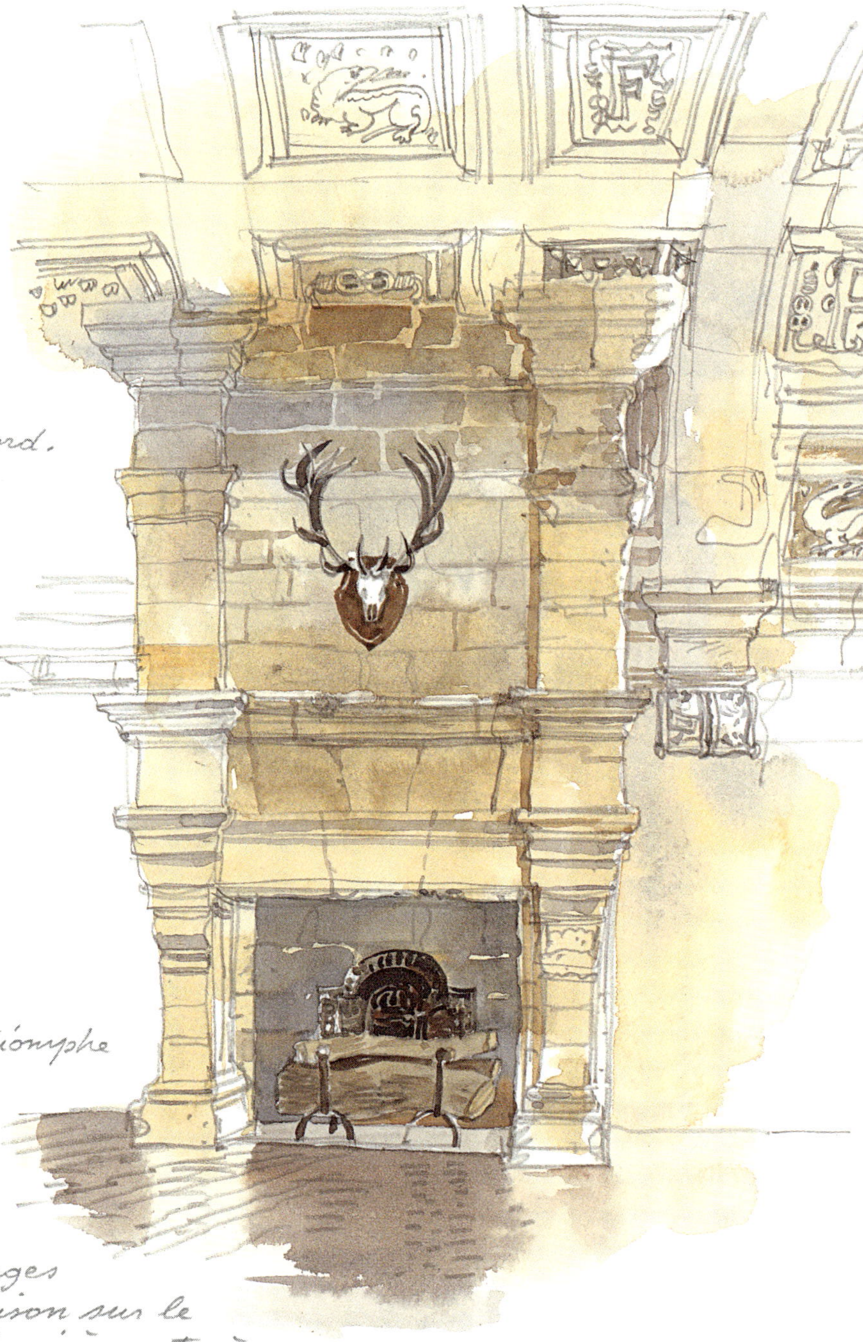

Chambord.

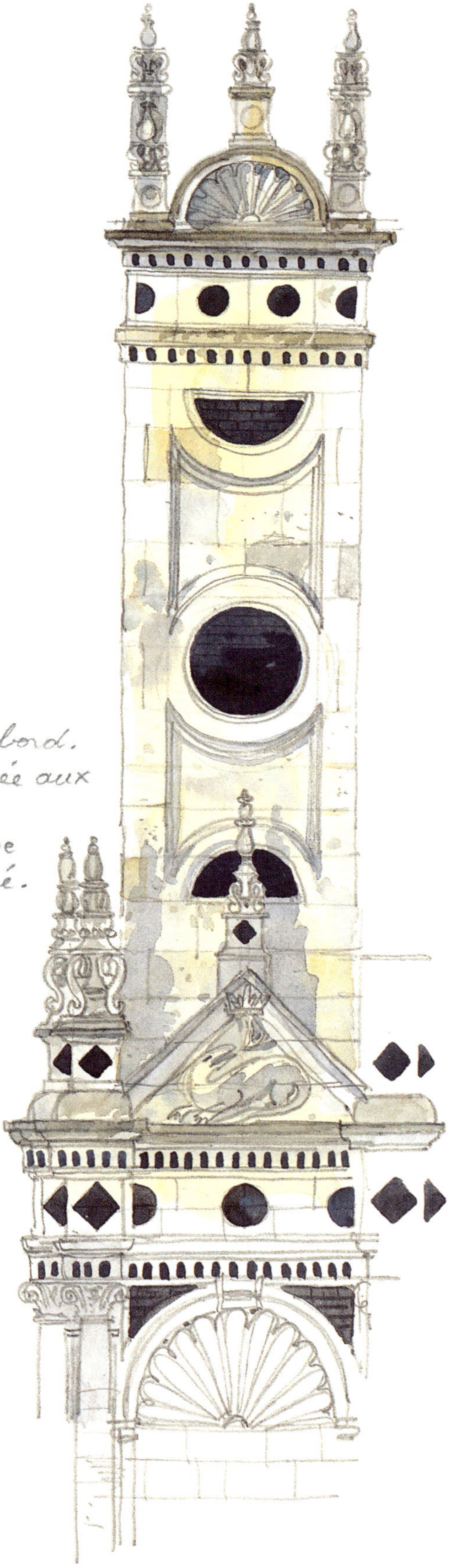

Chambord. Cheminée aux décors d'ardoise incrustée.

La première Renaissance triomphe à Chambord. Même si le plan général joue encore à la forteresse, les fenêtres larges ouvrent la maison sur le paysage. La lumière entre à flots. Le dessin des façades est rythmé par l'alternance des niches et des pilastres. Les matériaux de couleur contrastée (noir et blanc) dessinent une gaieté jusque dans la moindre cheminée. Les escaliers se dévergondent : double révolution, volées droites... À l'intérieur, les plafonds à caissons permettent de multiplier les motifs décoratifs sculptés.

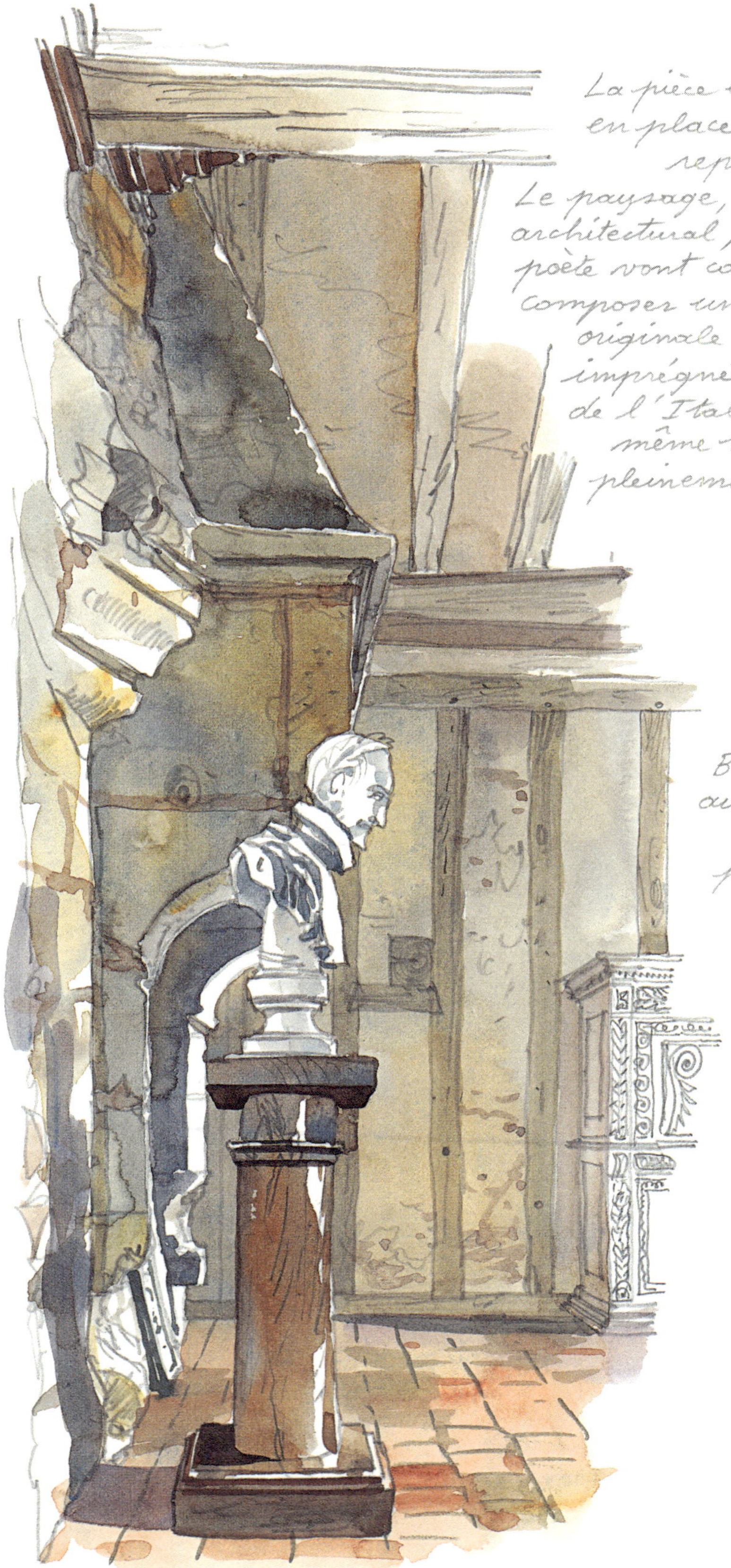

Ce n'est pas si loin de là, en 732, qu'on arrête l'envahissement des Sarrasins. Les grandes abbayes apparaissent (Solesmes, Saint-Benoît, Marmoutier, Fontevraud), tandis que la maison d'Anjou étripe celle de Blois. Au IXe siècle, et pendant plus de cent ans, les incursions des Normands, facilitées par la navigation sur le fleuve, mettront la contrée à feu et à sang, jusqu'à la paix de Saint-Clair-sur-Epte en 911. Plus tard, les Anjou régneront sur une grande partie de l'Europe. L'architecture civile et religieuse est remarquable. Chinon est capitale de France. Jeanne d'Arc repousse les Anglais.

C'est entre Angers et Orléans que se conforte le royaume de France et que des villes moyennes et douces à vivre deviennent royales et capitales. Angers est une vraie capitale, protégée par un château aux multiples tours. Tours ne donne plus aujourd'hui, à cause des guerres qui l'ont détruite, l'image de la ville puissante qu'elle était. Si Chinon est une bourgade qui se pousse un peu du col, on ne peut en dire autant de Blois, aux palais et aux églises dignes des plus belles villes d'Europe. La silhouette de la cité, vue de la rive gauche avec ses clochers et ses toits composés, est l'une des plus belles et des mieux conservées.

Mais ce sont surtout les châteaux, hérités des savoir-faire italiens de la Renaissance, qui font la fortune du paysage ligérien : Chambord, Chaumont-sur-Loire, Blois, Amboise, Azay-le-Rideau, Chenonceaux, Ussé, Villandry, Saumur, Serrant et tant d'autres, plus modestes, chantent encore aujourd'hui la joie de vivre dans ce pays de cocagne où le printemps et l'automne semblent plus longs et plus doux que n'importe où ailleurs. Ici,

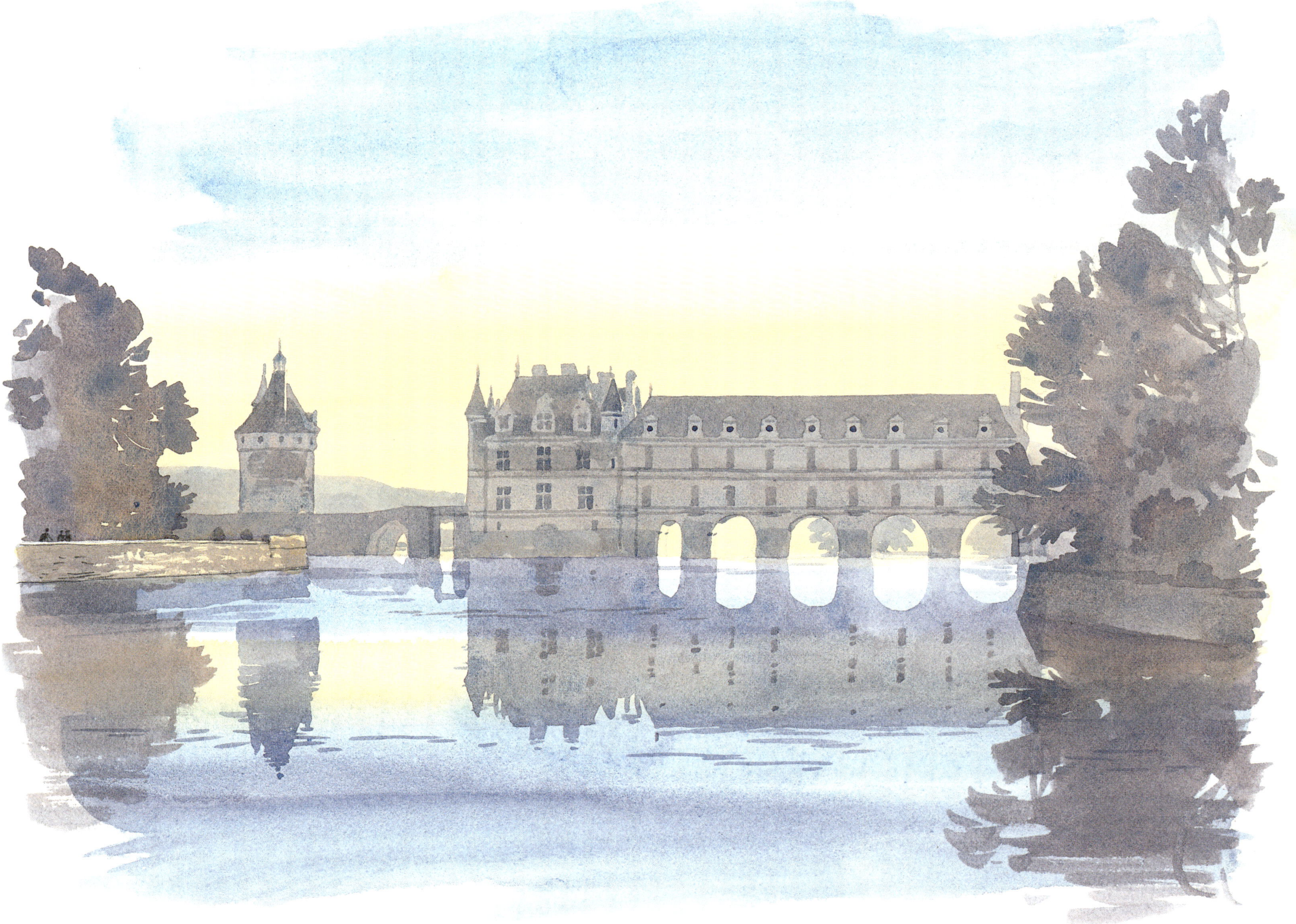

Chenonceaux, star incontournable des châteaux de la Loire… n'est pas inscrit au Patrimoine mondial de l'Unesco.

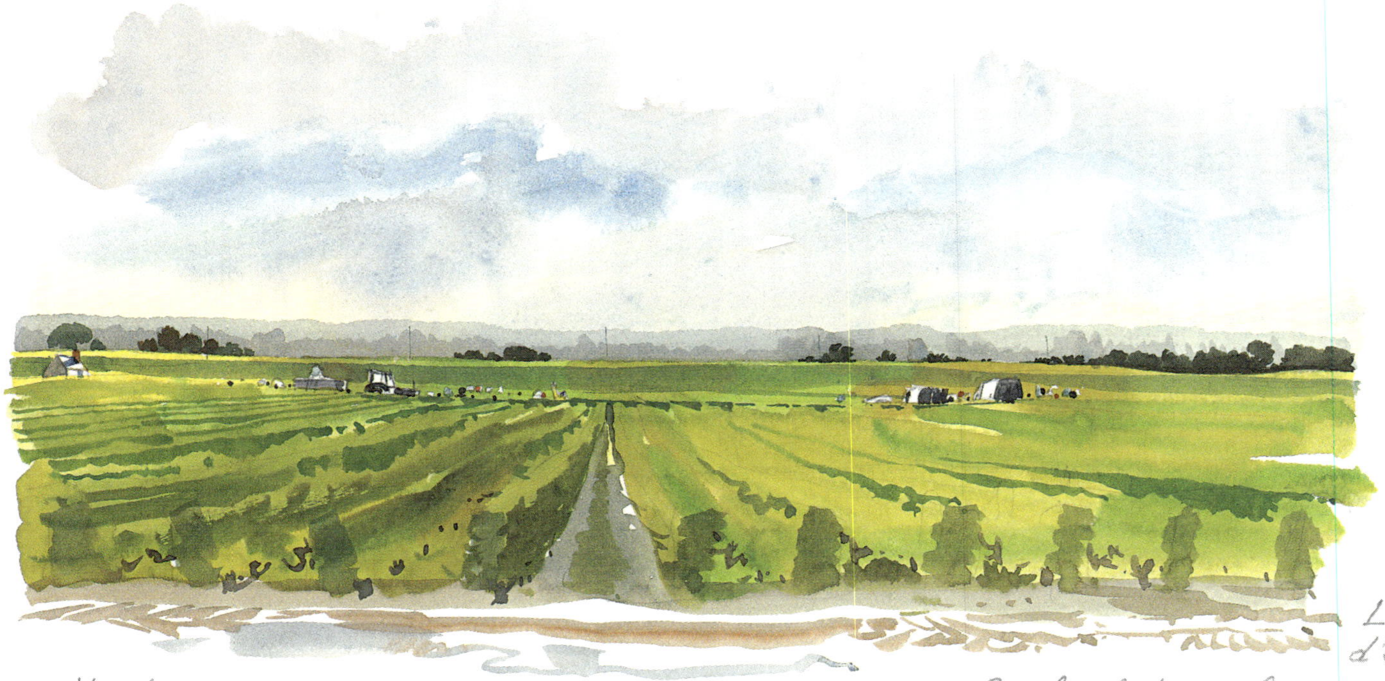

Vendanges 2001, Vouvray.

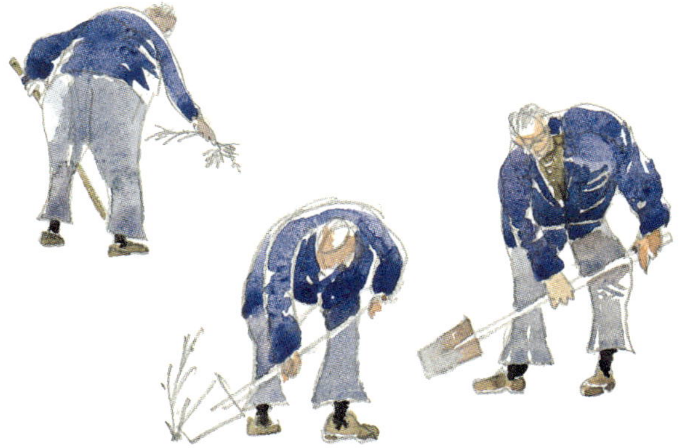

La falaise cache bien son jeu : d'en bas, la vigne est invisible. Sur le plateau, les rangées de ceps paraissent abandonnées au milieu du vide.

la Loire n'est plus sauvage. Elle est jardinée, peignée, apprêtée, comme pour un dîner de fête. Et ce dîner d'amis, c'est comme si toute la région s'y sentait invitée. Il existe peu de régions où la moindre maison joue à se donner des airs de château comme ici. Un meneau, une tourelle, une porte géminée, un pilastre suffisent à donner un air aristocratique à la moindre baraque. Il est vrai que le calcaire blanc, le tuffeau, surtout surmontés de la coiffe noire de l'ardoise, font tout de suite plus habillés. Il est vrai aussi que les jardins contribuent largement à empeser le paysage. Il n'empêche, c'est comme si, à la fréquentation régulière des princes, on ne savait plus porter ici les costumes des paysans.

Que faire avec ce fleuve ?

« Notre équipage nous amènerait fort bien à terre, mais c'est pour nous divertir que nous allons sur l'eau [...]; il est vrai qu'on se croit obligé de prendre des bateliers à Orléans comme à Chartres d'acheter des chapelets. » Lorsqu'elle écrivait ces mots, Madame de Sévigné ignorait à quelle vitesse le fleuve allait se disqualifier pour le transport. À quel point le chemin de fer allait ruiner l'économie ancienne, mais pour mieux en faire renaître une autre. Les essences de végétaux précieux ne remontent plus le fleuve comme avant et pourtant Orléans est restée une capitale de la production de parfums. Les fèves de chocolat ne flottent plus jusqu'à Blois et pourtant, certains jours, certains quartiers, à l'ouest de la ville, embaument de cette industrie. À Tours, l'art de la soie n'a pas complètement disparu et pourtant les vaisseaux de la ligue hanséatique n'accèdent plus ici. À Angers, on fabrique encore des liqueurs aux parfums coloniaux. Et que dire de tous ces vignobles installés ici par les Romains au Ier siècle de notre ère ? Au plus près du

Les cabanes modestes de Saint-Nicolas-de-Bourgueil abritent des vignerons qui s'appellent presque tous Mabileau. C'est ce sens mesuré de l'aventure qui fait sans doute le bon vin.

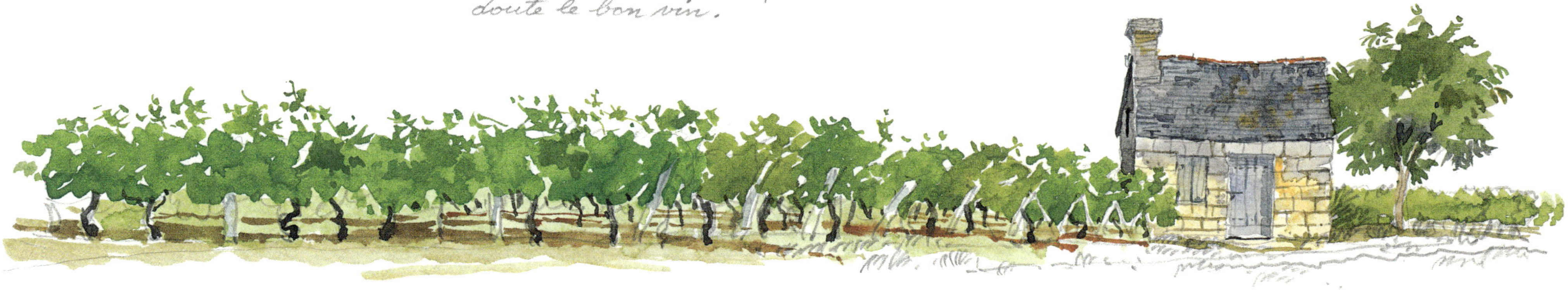

Alocasias, fougères arborescentes, Cryptomérias, bananiers s'acclimatent à Chaumont-sur-Loire sans trop de problèmes tant la volonté de communiquer avec le monde entier est partagée par tous.

fleuve, pour faciliter le transport comme il y a deux mille ans. Ce fleuve bien vivant aide à garder mémoire et l'on ne peut s'empêcher d'y produire la vie avec un grand sens de la qualité. Tout, sauf une illusion du passé, mais une économie moderne et dynamique bien qu'habillée, encore, avec une certaine affectation. Récemment, une grande portion de cette vallée a été inscrite au Patrimoine mondial de l'Unesco. Non que cela élève cette région au rang des plus sublimes du monde, mais parce que cela permet de reconnaître que l'on trouve ici un équilibre rare entre la nature, les hommes, leurs productions architecturales, agricoles, industrielles. Un équilibre qui pourrait servir de modèle à trop de pays qui s'écroulent en s'endormant ou à tant d'autres qui se pervertissent en grandissant trop vite. Voilà ce qu'il faut faire avec ce fleuve et ses habitants : les laisser couler à leur rythme. Ils savent trop bien ce qui est bon pour eux.

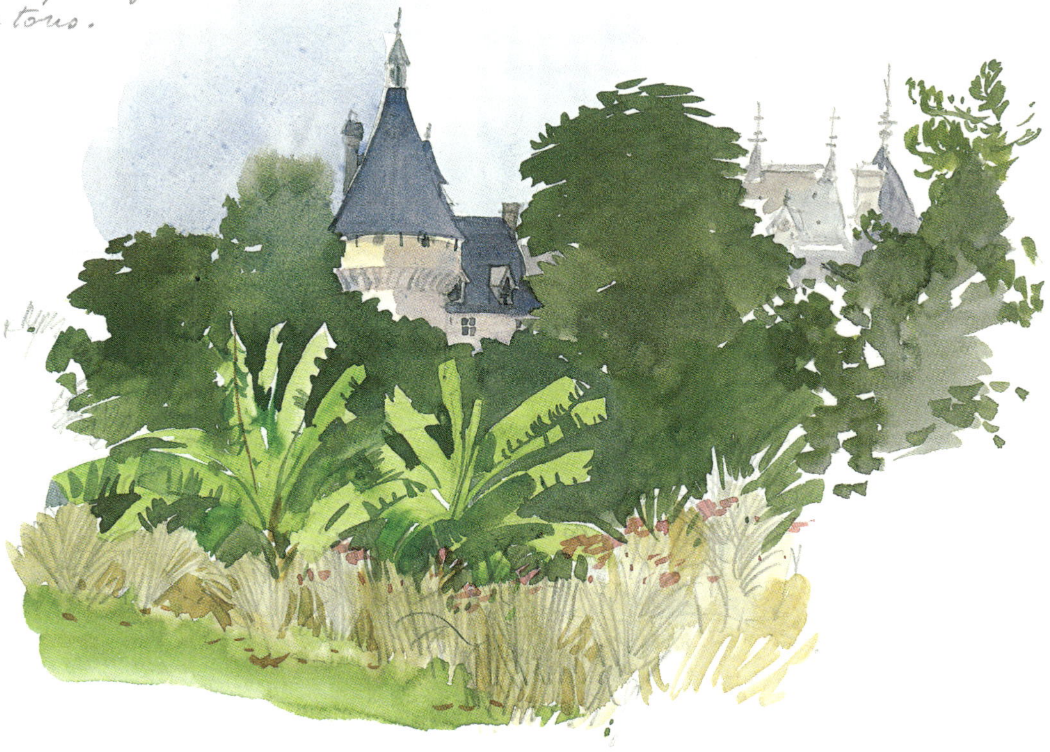

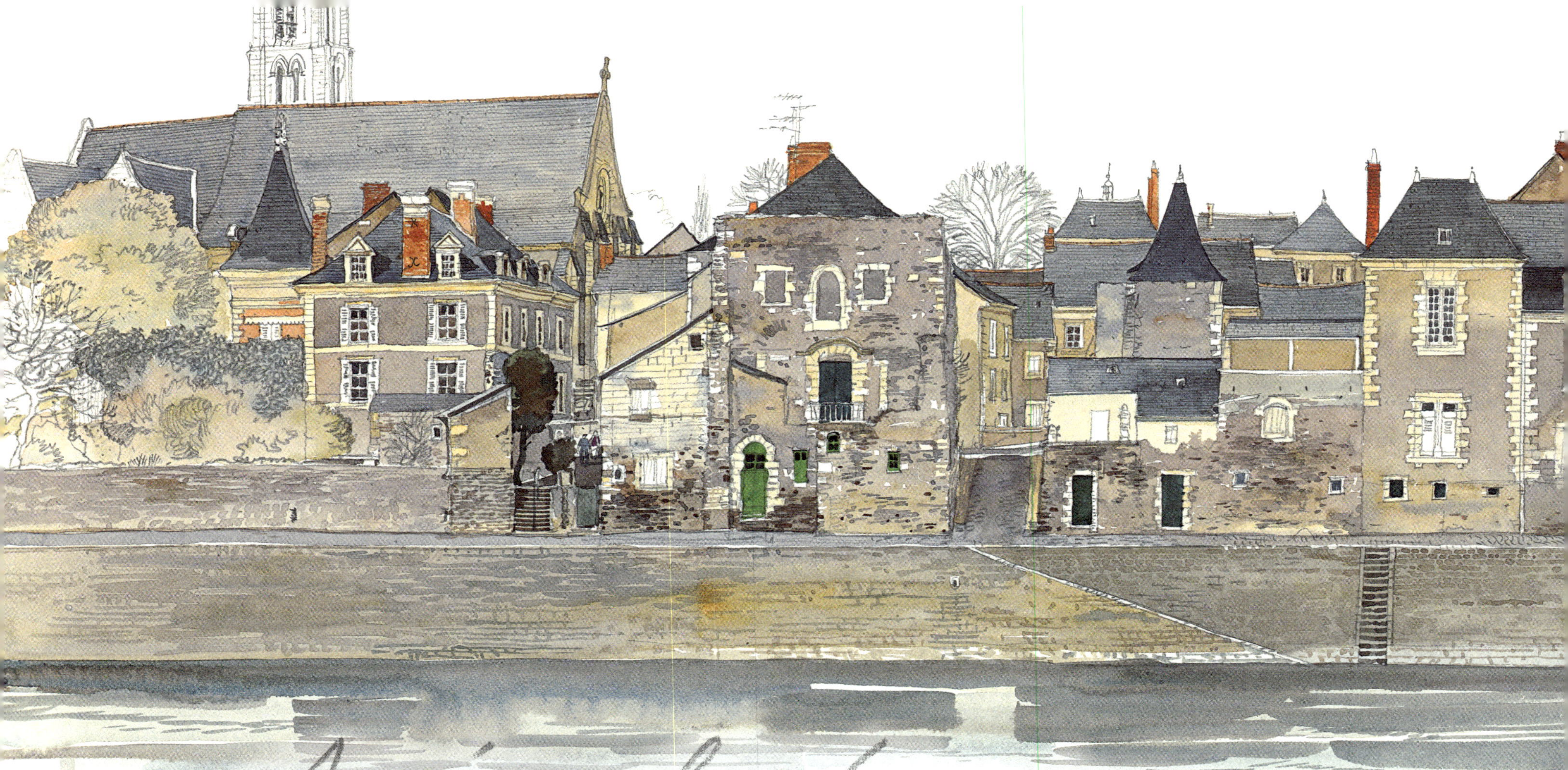

Anjou, la douceur

Ici, la Loire a encore le parfum de la mer. On vient à peine de la quitter et le vent que l'on sent dans le dos est toujours chargé de senteurs de sel. La Loire paraît presque banale, tant le sol est plat. Lorsque vient la saison des hautes eaux, ces zones verdoyantes sont recouvertes. Parfois à peine vingt centimètres mais qui suffisent à créer une poésie infinie. L'eau et le ciel se rencontrent. Rien de dramatique ici.

Serrant ne se prend plus depuis longtemps pour un château fort. Les tours rouges sont encore là, mais les appareillages de pierre blanche, les fenêtres lumineuses, les ailes aimables, la grille accueillante montrent bien que la guerre est finie et que le bal commence dans ce premier ou dernier château de la Loire, selon le sens que l'on emprunte.

En face, Chalonnes ne vous séduit pas ? C'est que vous avez mal regardé vers l'amont, à l'endroit où une église fait semblant de faire obstacle à un léger tournant du fleuve. Barrage peu sérieux. Les quais eux-mêmes, malgré leur hauteur, ne sont pas trop défensifs. D'ailleurs, tout près, à portée de regard, la colline angevine se prend sans y croire pour une falaise. Les vignes et le vin doux règnent ici depuis toujours.

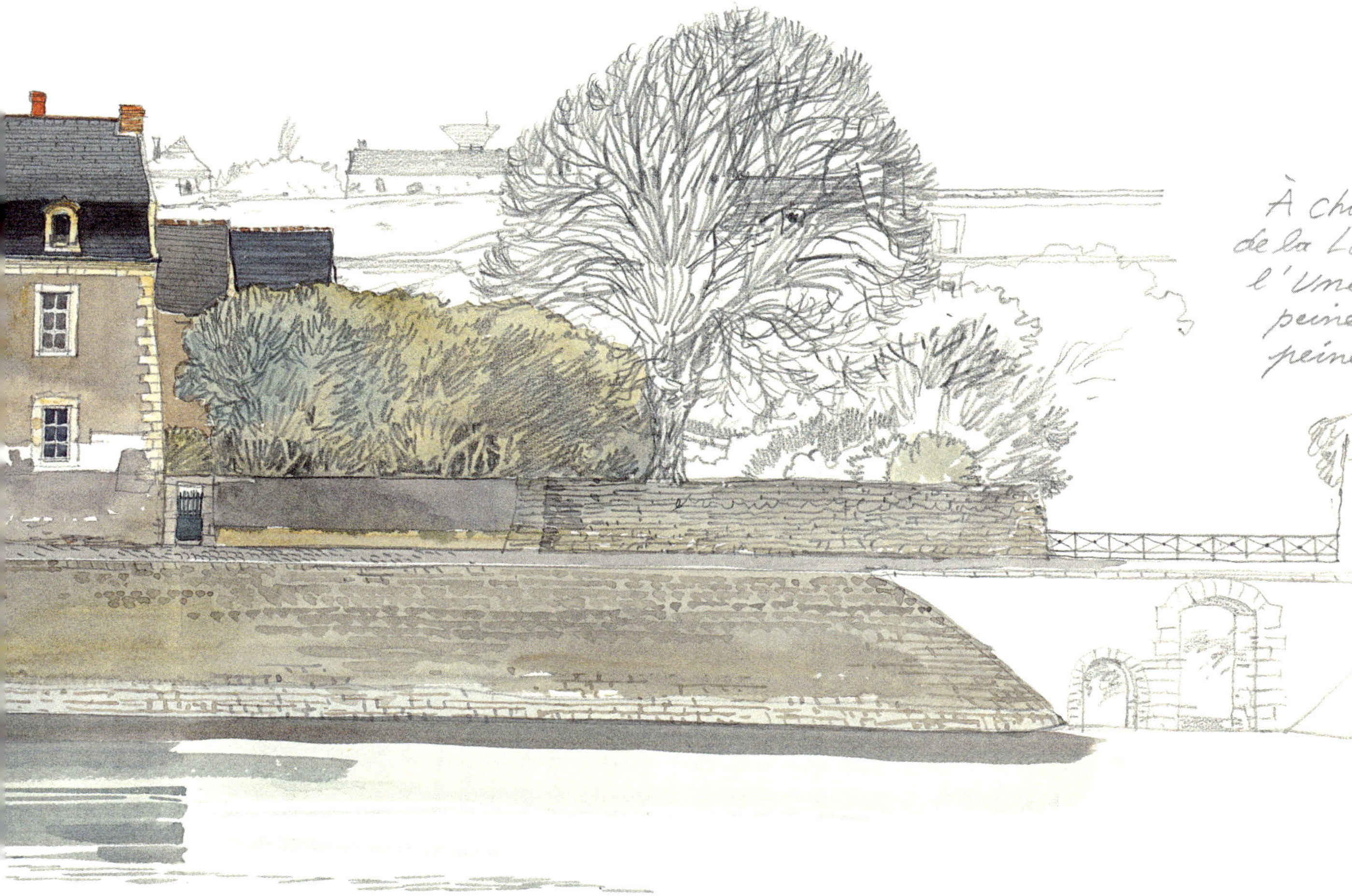

À Chalonnes commence le classement de la Loire au Patrimoine mondial de l'Unesco. Comme si Montjean, à peine plus bas, n'en valait pas la peine. On y trouve encore, autour du promontoire, les traces des exploitations de charbon et de chaux du XIXe siècle. À Montjean, les péniches sont grosses comme de vrais bateaux. Chalonnes peut dormir sur ses lauriers tout neufs. L'hiver, les frondaisons dénudées révèlent des trésors modestes : un château ruiné, un présidial du Moyen Âge, deux églises, une forêt de petits toits raides.

À Bouchemaine se rejoignent la Loire et la Maine, deux courants qui se fondent dans une infinie lenteur. Angers somnole avec raison. Le portail de la cathédrale Saint-Maurice a été, au fil des siècles, vandalisé par les chanoines, les protestants, les révolutionnaires, et pourtant les plissés des statues qui ont survécu en paraissent à peine affectés. Les tours noires du château, rayées de blanc, feraient presque penser à des robes de paisibles danseuses campagnardes. Les guerres étaient violentes en ces lieux ? Décidément, la Loire est douce ici, comme le confirment le château de Saumur « troubadourisé » au XIXe siècle par un architecte poétiquement correct, et l'église de Cunault où, jusqu'à la Révolution, on trempait la châsse de Saint Maxenceul dans le fleuve en souvenir des huguenots qui, ne pouvant la détruire, l'y avaient jetée. Elle était alors partie toute seule se réfugier à Gennes, signe que ce fleuve savait être magnanime. Montsoreau serait une forteresse du bord de l'eau ? N'ayez pas peur, il suffit de se serrer contre son mur pour que votre inquiétude fonde. Et toujours cette douceur, confirmée à Candes-Saint-Martin, dont la silhouette de l'église et des maisons étroitement mêlées fait penser à un gros chat gris en sommeil.

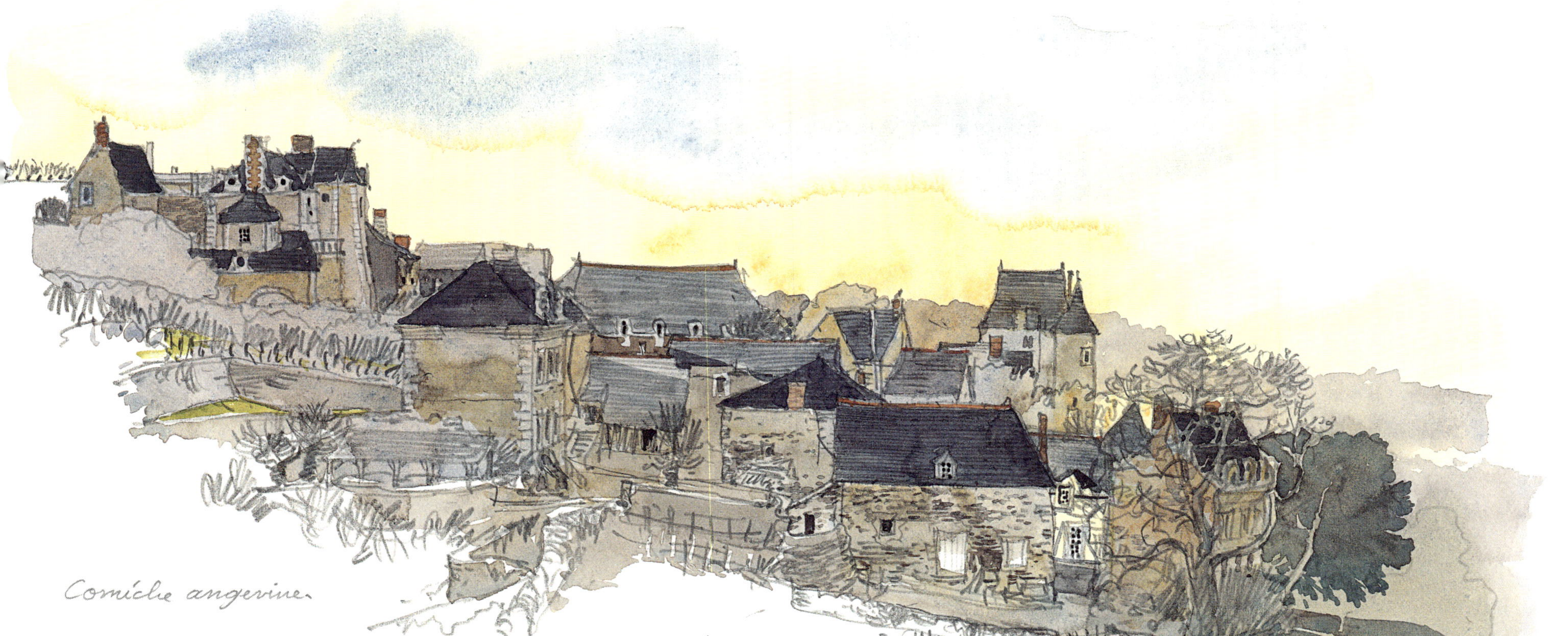

Corniche angevine.

Entre Rochefort et Chalonnes, la route s'élève en corniche. Un instant de confusion pourrait faire croire que l'on va voir la mer ; il ne faut pas rêver, elle est encore loin. Le rêve est ailleurs : il est dans l'harmonie de ces villages qui se sont construits lentement, au fil des siècles.

Moulin de la Roche.

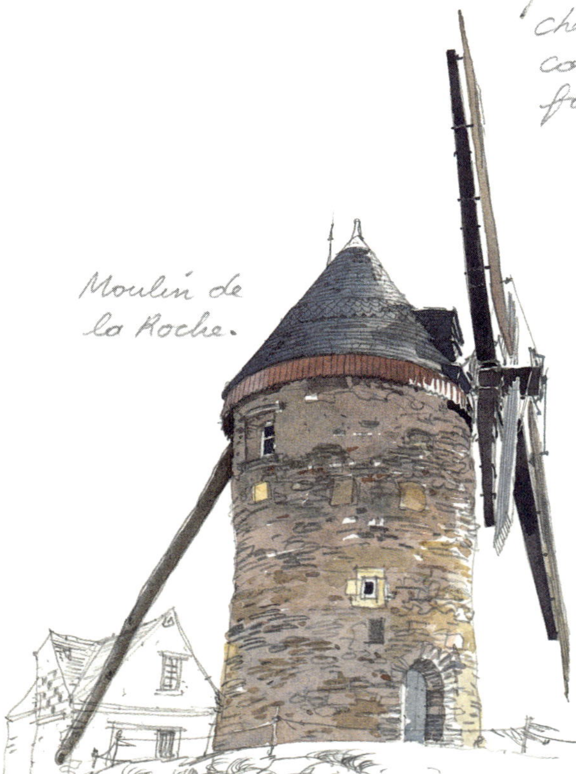

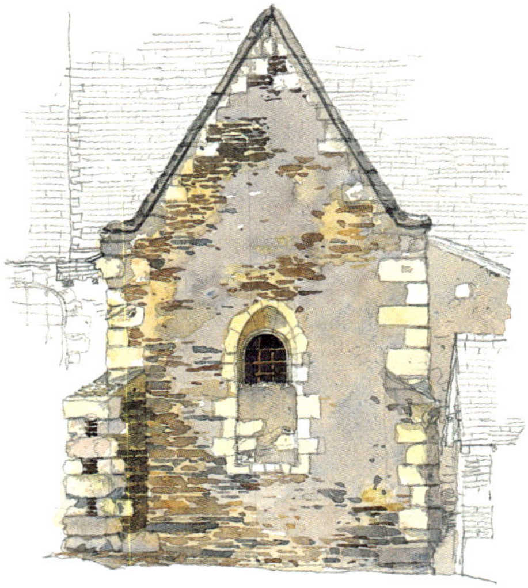

Église d'Épiré.

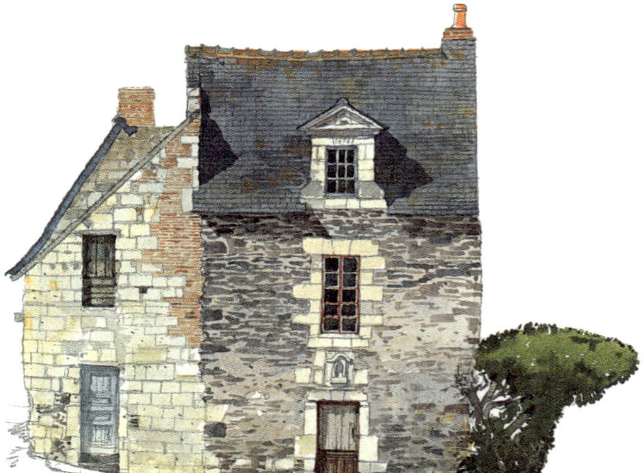

Béhuard.
Maison au pied de l'église. XVIIe siècle.

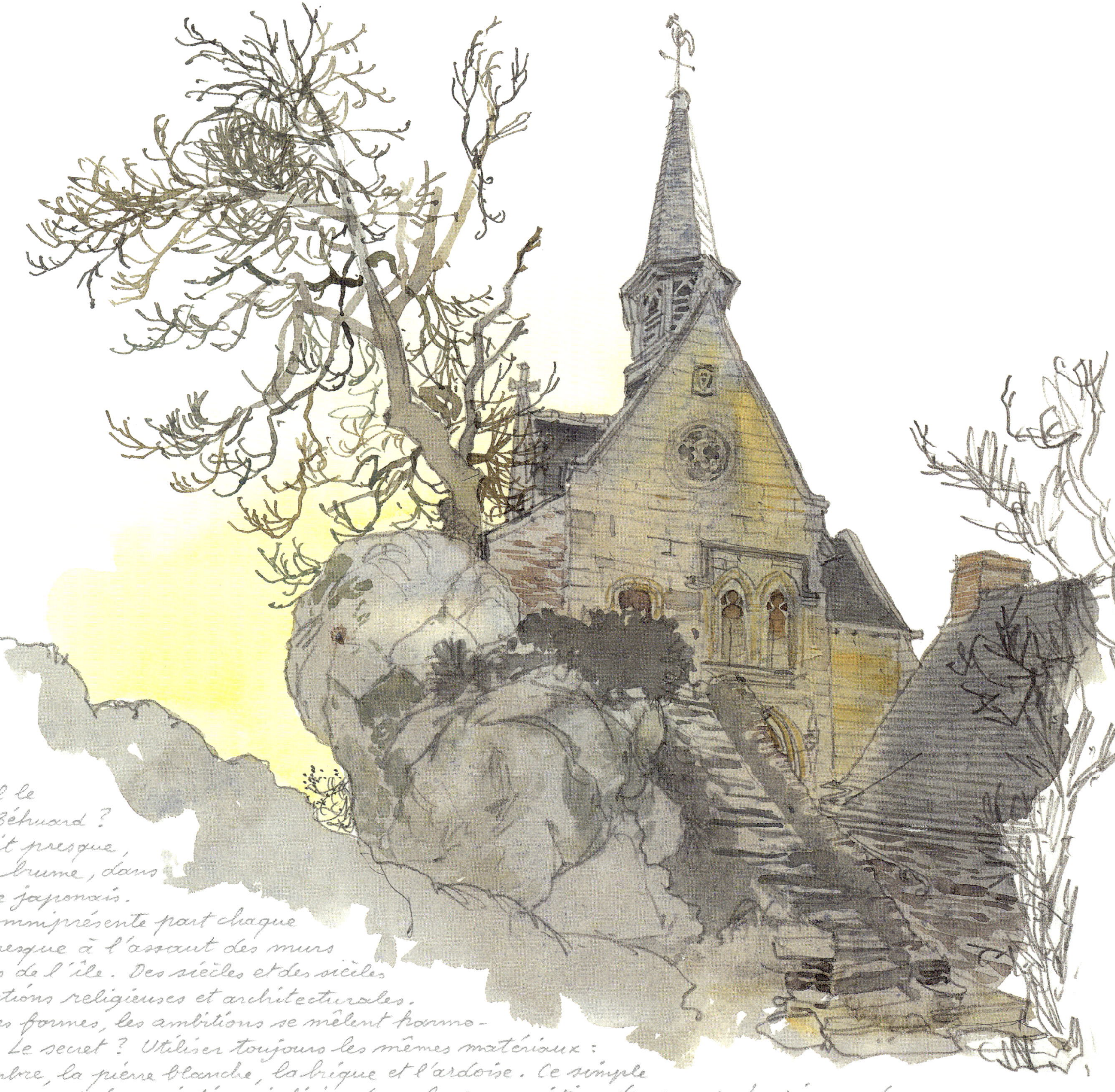

D'où vient-il le
rocher de Béhuard ?
On se croirait presque,
les jours de brume, dans
un paysage japonais.
Ici, l'eau omniprésente part chaque
année ou presque à l'assaut des murs
des maisons de l'île. Des siècles et des siècles
de stratifications religieuses et architecturales.
Les styles, les formes, les ambitions se mêlent harmonieusement. Le secret ? Utiliser toujours les mêmes matériaux :
la pierre sombre, la pierre blanche, la brique et l'ardoise. Ce simple
vocabulaire permet des variations infinies dans la composition des murs. Le pignon de
l'église Notre-Dame est un chef-d'œuvre dont la composition complexe défie l'entendement.

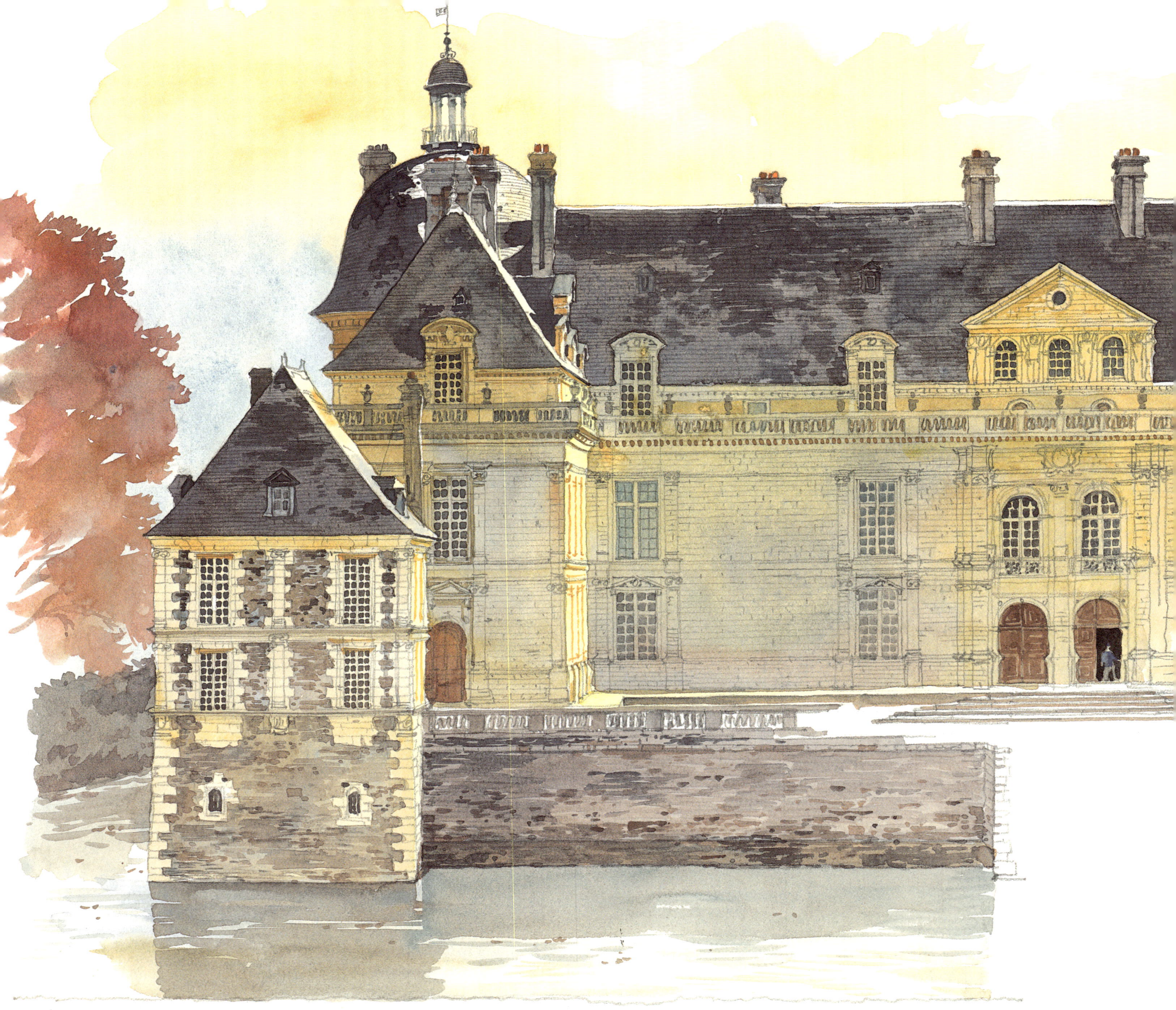

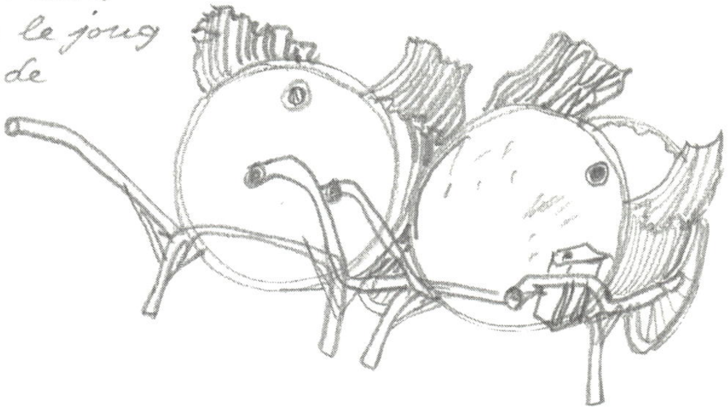

Brûlots à sarments
attelés sous le joug
d'un vigneron de
Savennières.

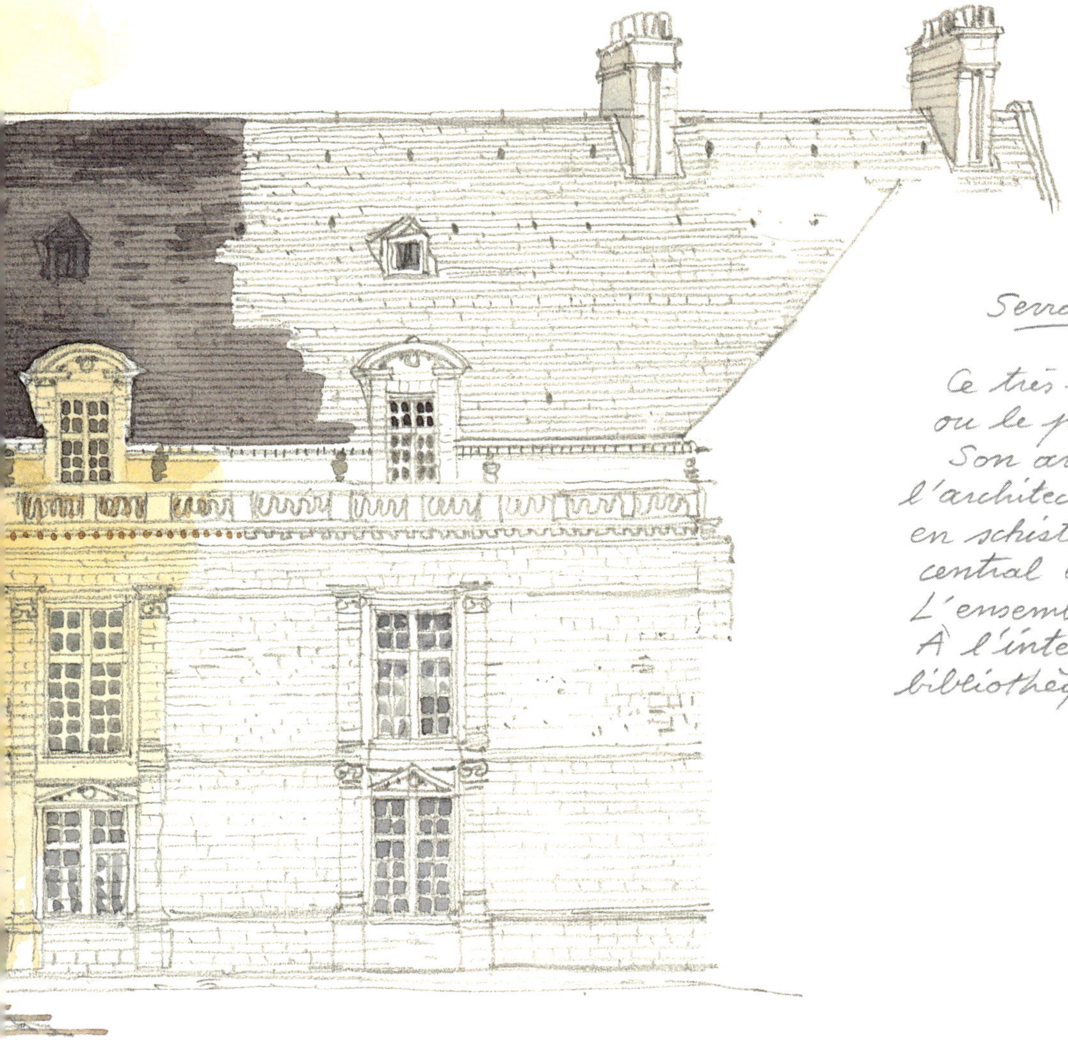

Serrant

Ce très beau château est le dernier
ou le premier des châteaux de la Loire.
Son architecte est Philibert Delorme,
l'architecte de Fontainebleau. Construit à partir de 1546
en schiste et en pierre blanche, il se compose d'un corps
central et de deux ailes terminées par des tours à clocheton.
L'ensemble dégage un grand équilibre.
À l'intérieur, c'est l'escalier Renaissance et surtout la
bibliothèque que l'on remarque.

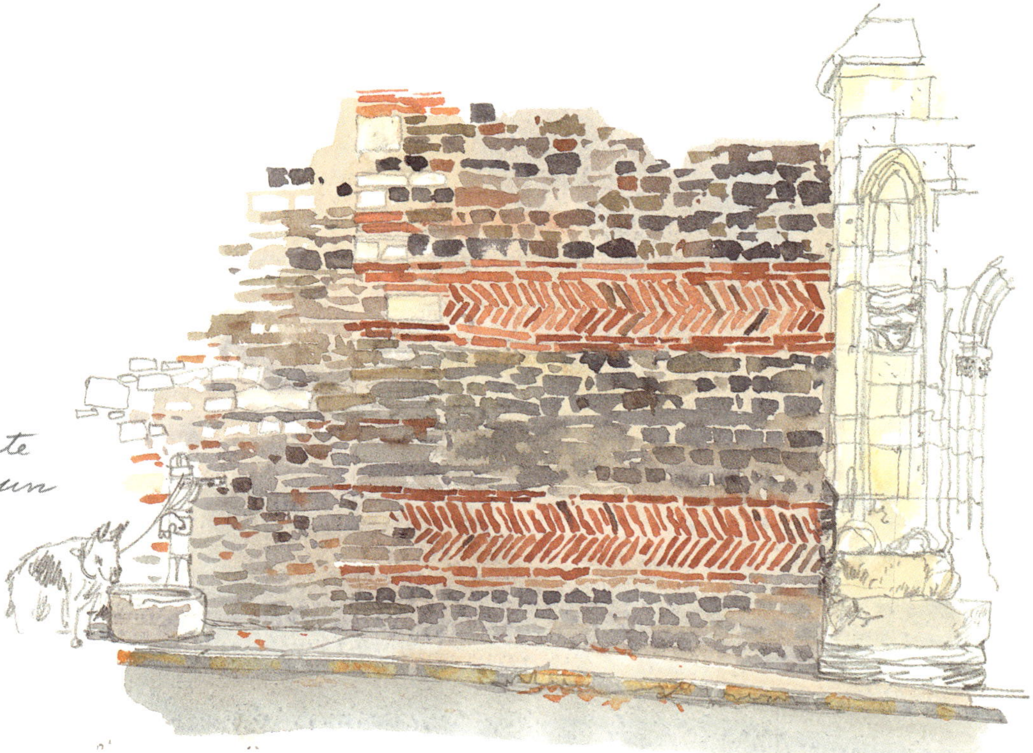

L'église de Savennières présente
un beau chevet roman et surtout un
mur pré-roman décoré de briques
appareillées en arêtes de poisson.
Savennières est aussi un village
producteur de vins blancs de grande
qualité et d'appellation contrôlée.

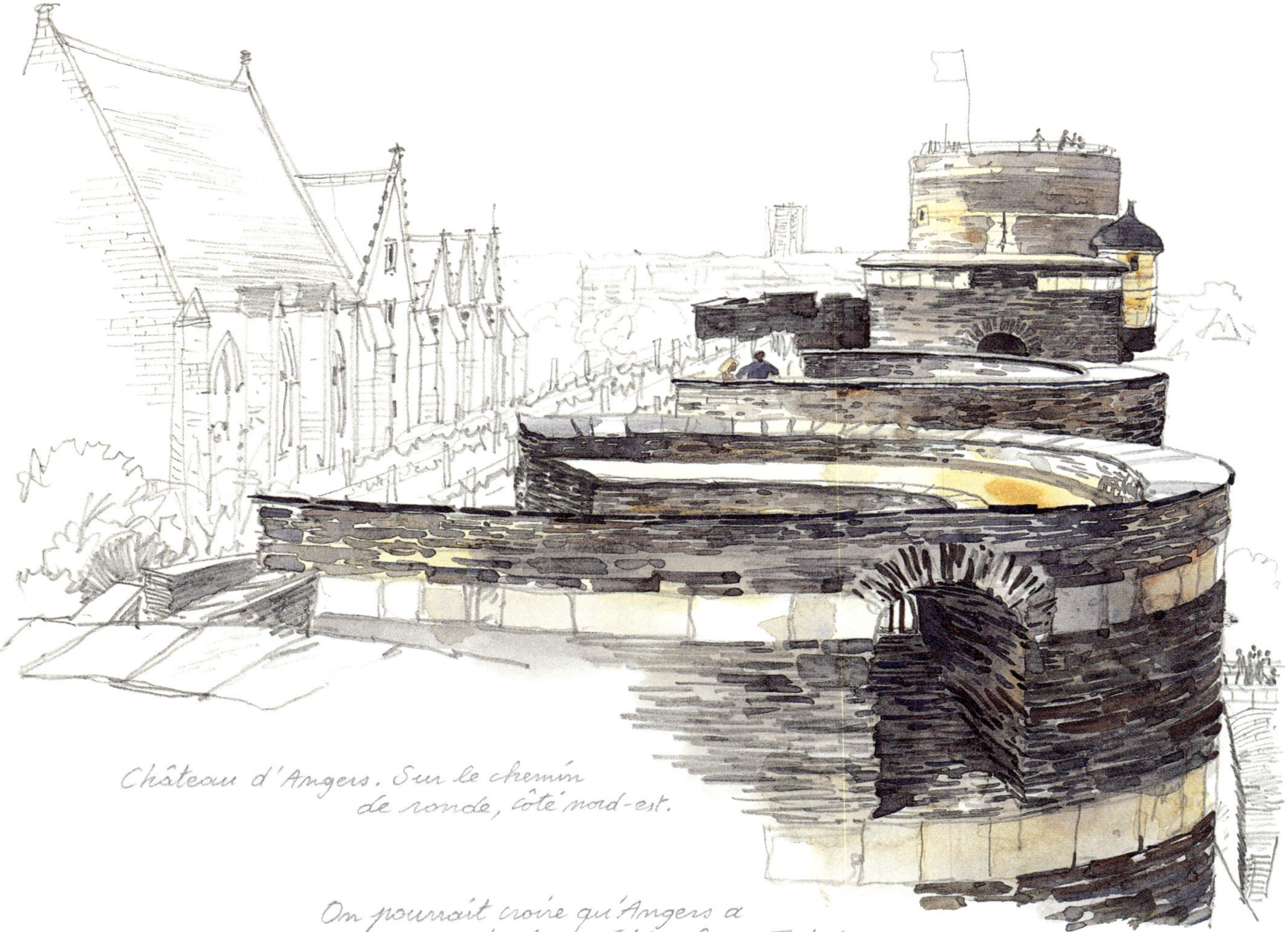

Château d'Angers. Sur le chemin de ronde, côté nord-est.

On pourrait croire qu'Angers a toujours été calme. Fatale erreur.

Ici, on s'est joyeusement étripé pendant des siècles, depuis les Romains jusqu'à Louis XI, en passant par les fameuses bandes des Foulques et autres Plantagenêt. Quand la région n'y suffisait pas, on allait porter la guerre en Palestine, en Angleterre, à Naples ou en Sicile. Bien sûr, on rétorquera que le Bon Roi René était amateur de poésie, d'art et de philosophie. Il était amateur de roses et d'œillets, de parfums et de jardins fleuris. Il aimait aussi la bonne chère et les animaux exotiques emprisonnés dans les fossés de ses résidences.

De tout ceci, il reste l'énorme château, évidemment, dont les tours tricotées à rayures par une improbable princesse, baignent dans un salmigondis de broderies de buis. Difficile d'être un bâtiment sérieux à l'intérieur d'une telle masse de pierre. Une chapelle, quelques tourelles, un jardin suspendu flottent ici entre ciel et terre. Même le logis du gouverneur a préféré se terrer dans un angle.

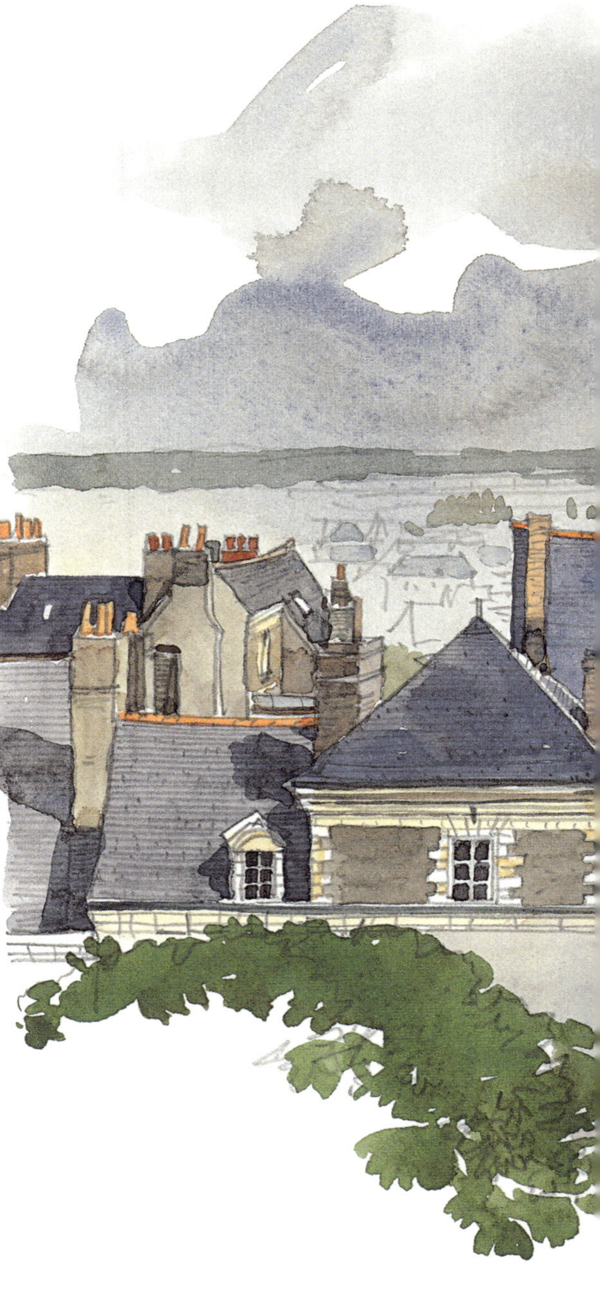

Les toits d'Angers le laissent pressentir : ici la vie est devenue calme, un peu abrutissante même, pour dire les choses franchement. Alors on marche, de rue de saint en rue de saint : Saint-Martin, Saint-Maurille, Saint-Laud, Saint-Lazare, Saint-Aubin, Toussaint. Maisons propres, léchées. Parfois, le schiste qui transperce sous l'enduit apporte un peu de texture, de grossièreté sans excès. Alors il faut partir à la perpendiculaire, vers la lumière, pour trouver ces petites places où les terrasses permettent de déguster le vin blanc ou de rencontrer ces dizaines d'étudiants qui ont appris instinctivement à contourner le poids de l'histoire de la ville.

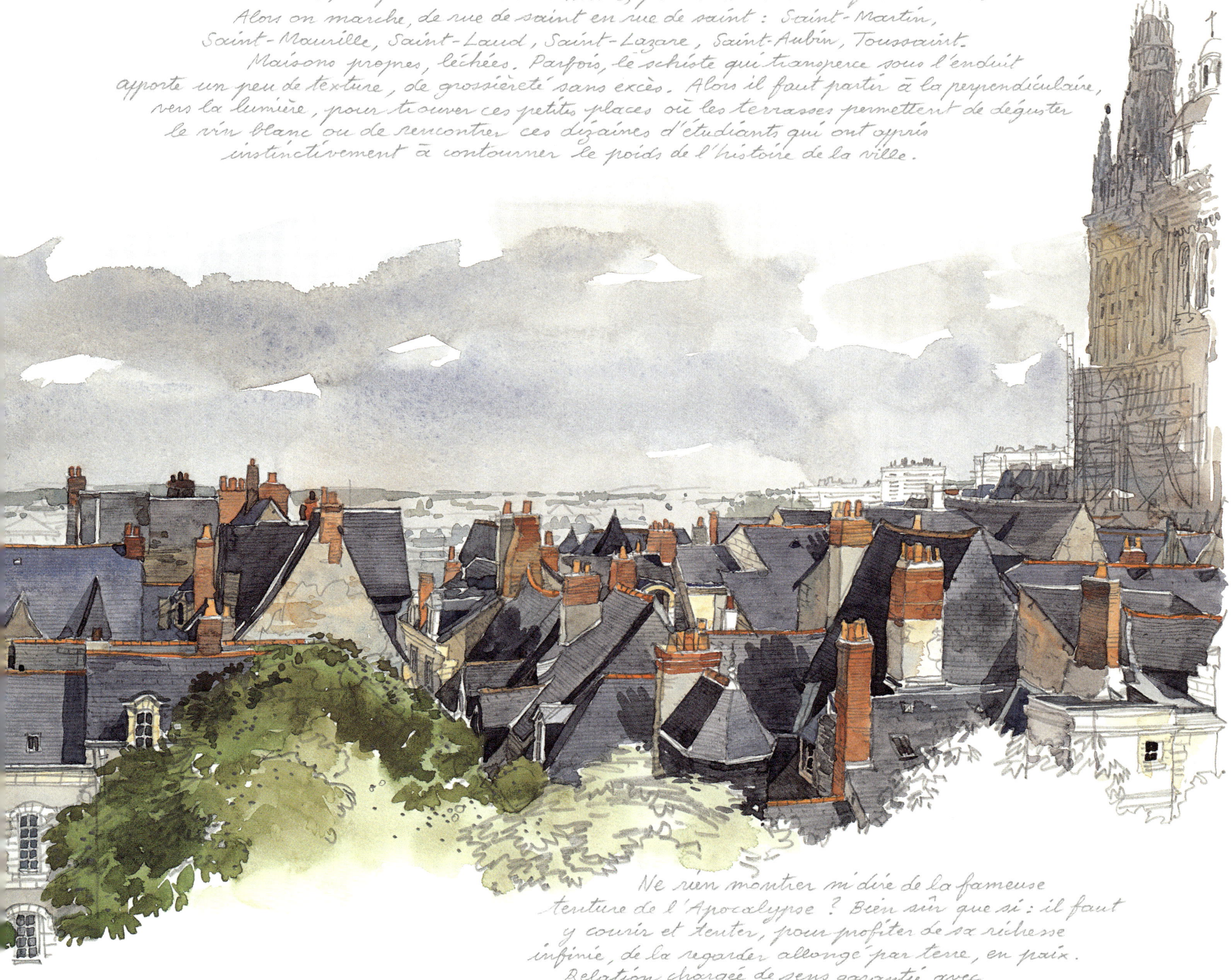

Ne rien montrer ni dire de la fameuse tenture de l'Apocalypse ? Bien sûr que si : il faut y courir et tenter, pour profiter de sa richesse infinie, de la regarder allongé par terre, en paix. Relation chargée de sens garantie avec les gardiens du temple.

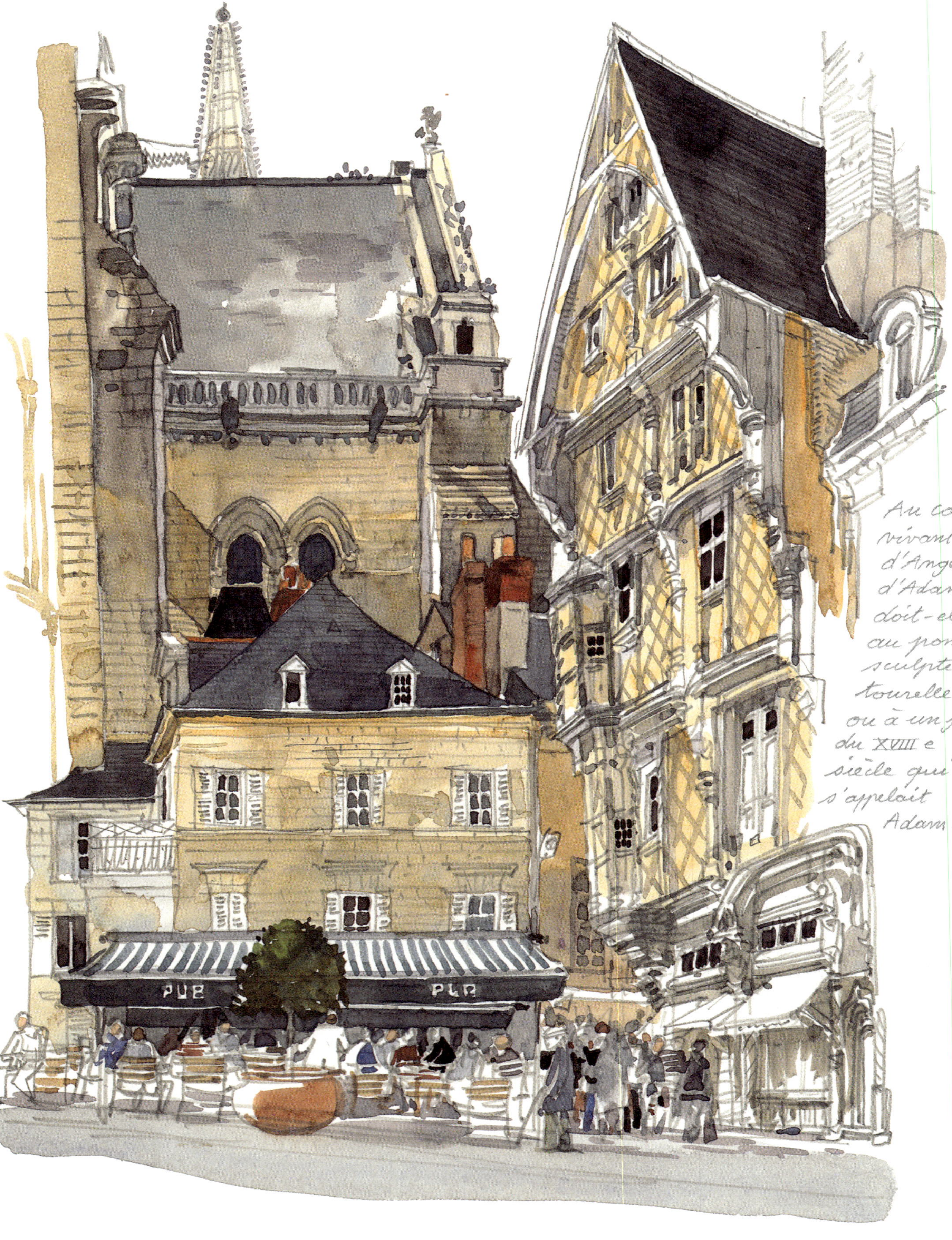

Au coeur du plus vivant quartier d'Angers, lamaison d'Adam, du XVe siècle, doit-elle son nom au pommier sculpté d'une tourelle d'angle ou à un juge du XVIII e siècle qui s'appelait Adam ?

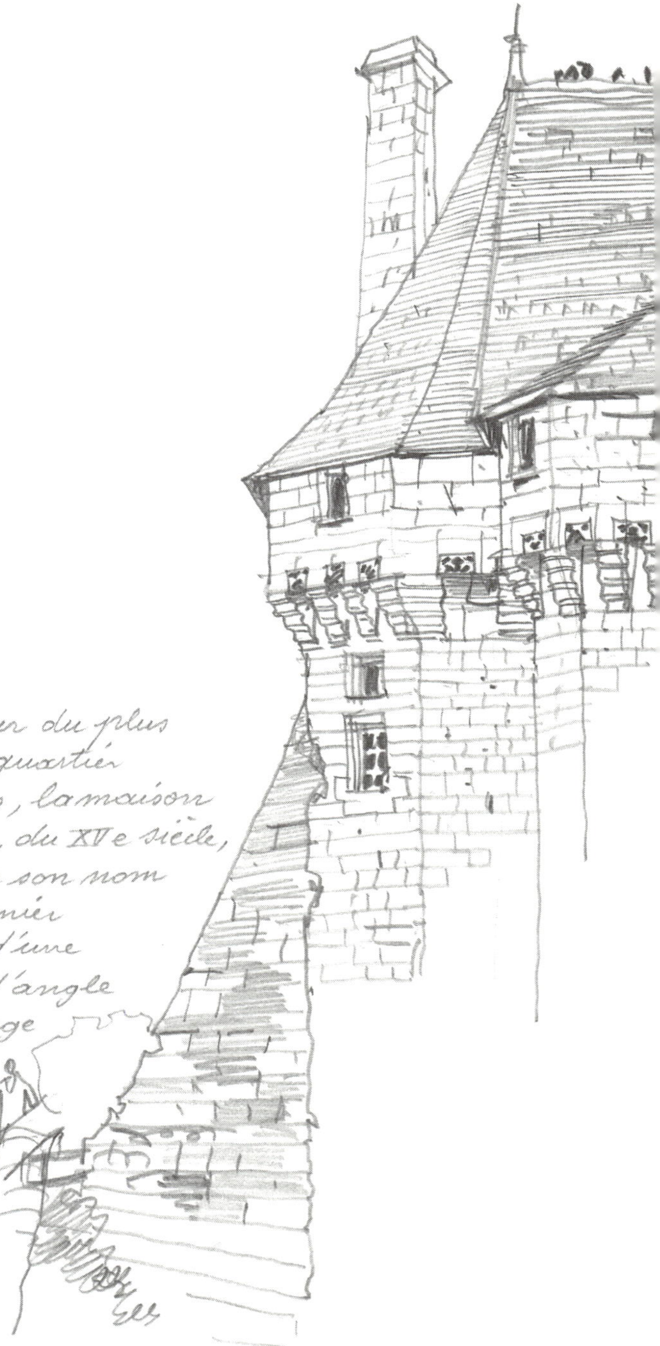

Château des Ponts-de-Cé,
résidence favorite du Roi René.
Musée des Coiffes.

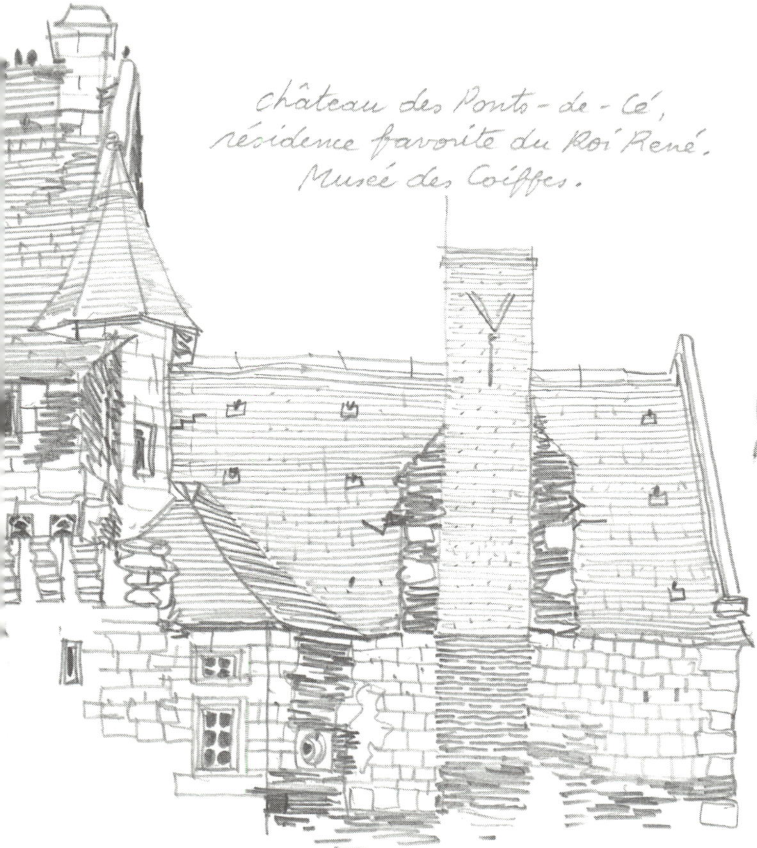

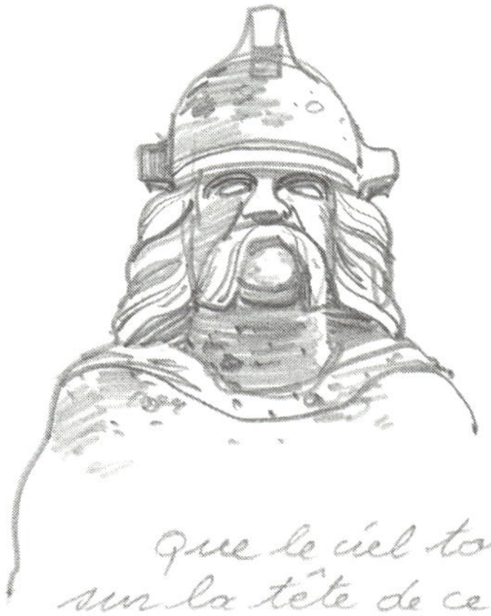

Que le ciel tombe sur la tête de ce Gaulois, campé au milieu du principal pont, incongru et de pur style des années 1930.

Au pays de l'ardoise... L'église Saint-Aubin, des Ponts-de-Cé.

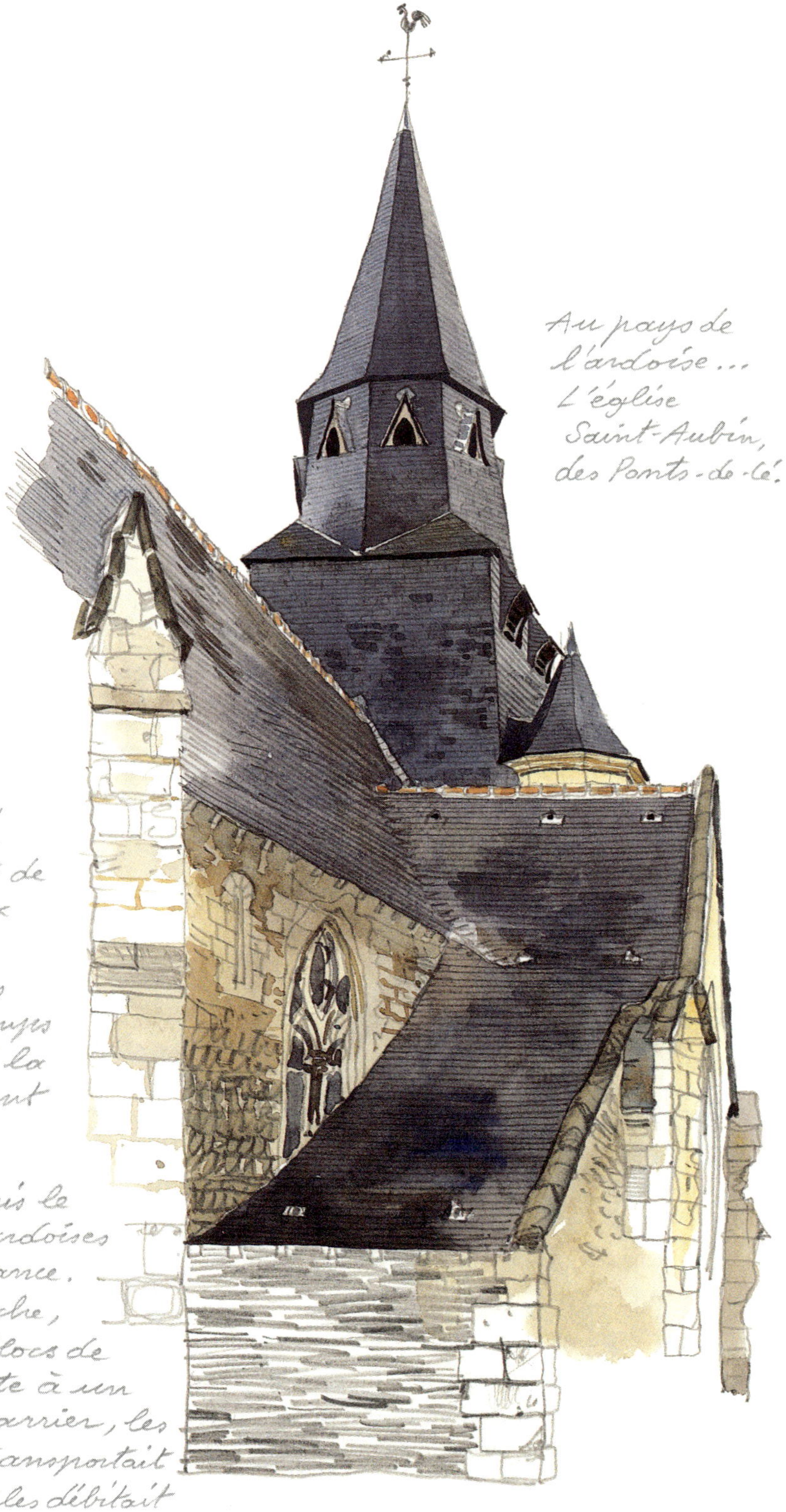

Quatre bras d'eau à traverser : l'Authion, la Loire, encore la Loire, le Louet. Les quatre ponts de Cé ne sont pas de trop pour ces deux kilomètres et demi d'eau. Au milieu, le château porte encore la trace des coups de canon essuyés par ses murs. Ici, au temps de Charles IX, le capitaine Strozzi fit jeter à la Loire huit cents ribaudes qui distrayaient trop ses soldats.

De Trélazé sont partis, depuis le XII e siècle, les milliards d'ardoises qui couvrent les toits de France. À une époque encore proche, l'ouvrier achetait les blocs de schiste à un carrier, les transportait et les débitait chez lui.
Musée de l'Ardoise.

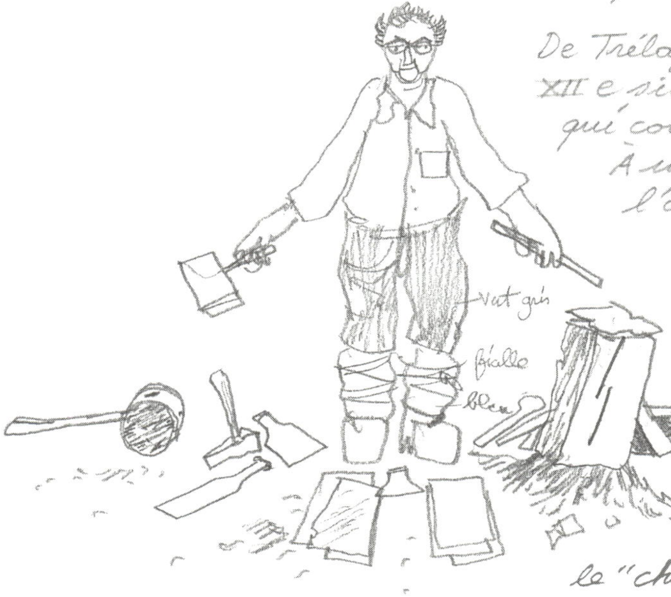

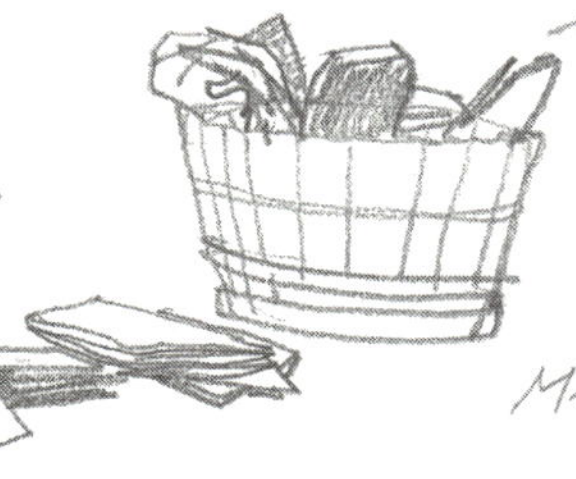

le "chapus"

Abbaye de Saint-Maur

Saint Placide sauva Saint Maur des eaux. Il avait cellule ici, au VIe siècle. Le XVIIIe a adouci la règle et permis le chauffage. Pour l'eau à l'étage, il suffisait d'attendre la crue. Le lieu semble n'avoir pas bougé depuis des siècles. Les rives feuillues du fleuve justifient le nom archaïque du lieu (Glanfeuil), et sur le coteau, la vigne des abbés a survécu.

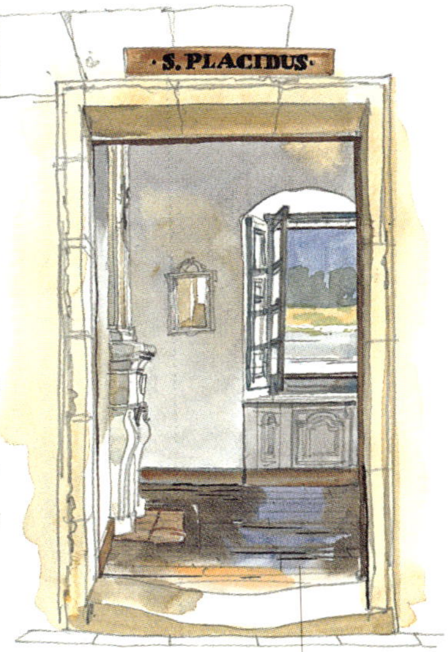

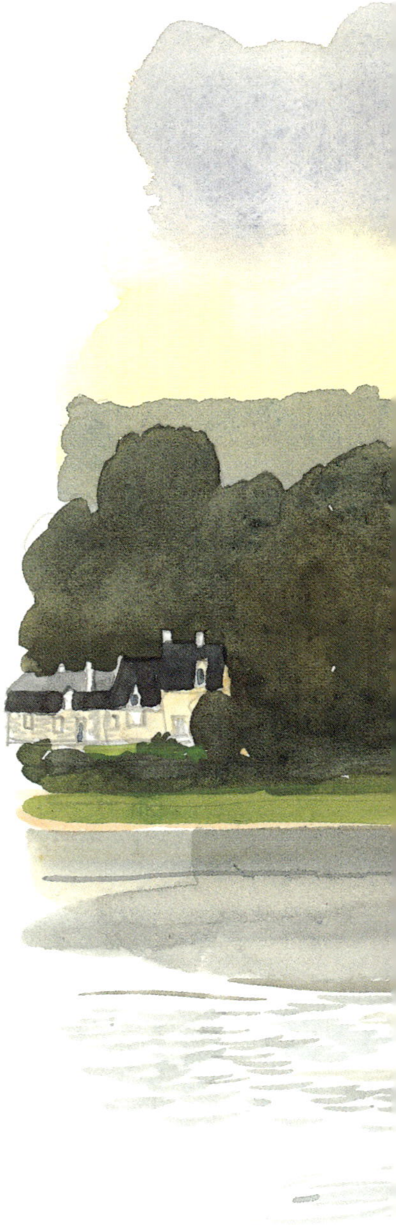

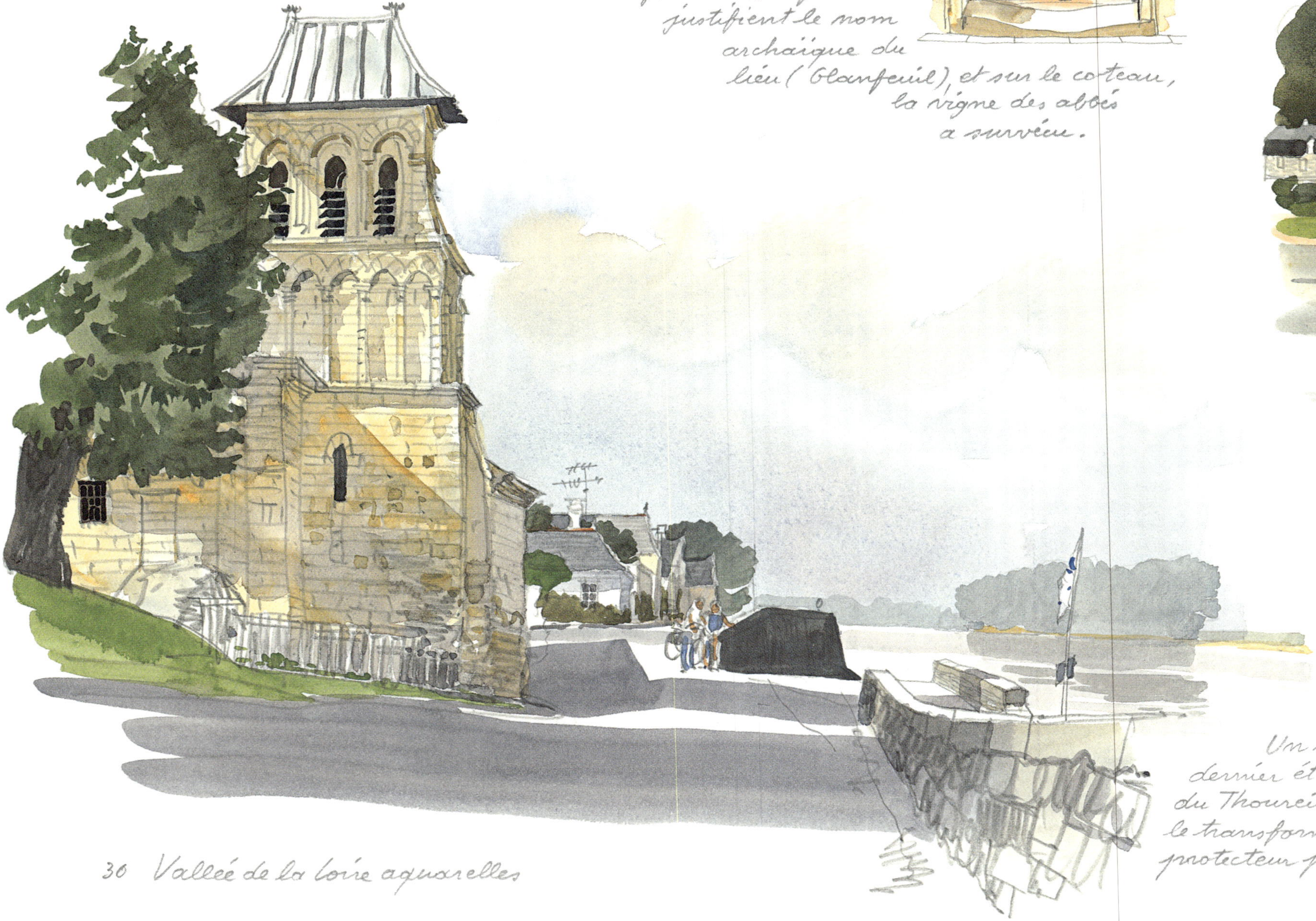

Un bon feu au dernier étage du clocher du Thoureil suffisait à le transformer en fanal protecteur pour les marins.

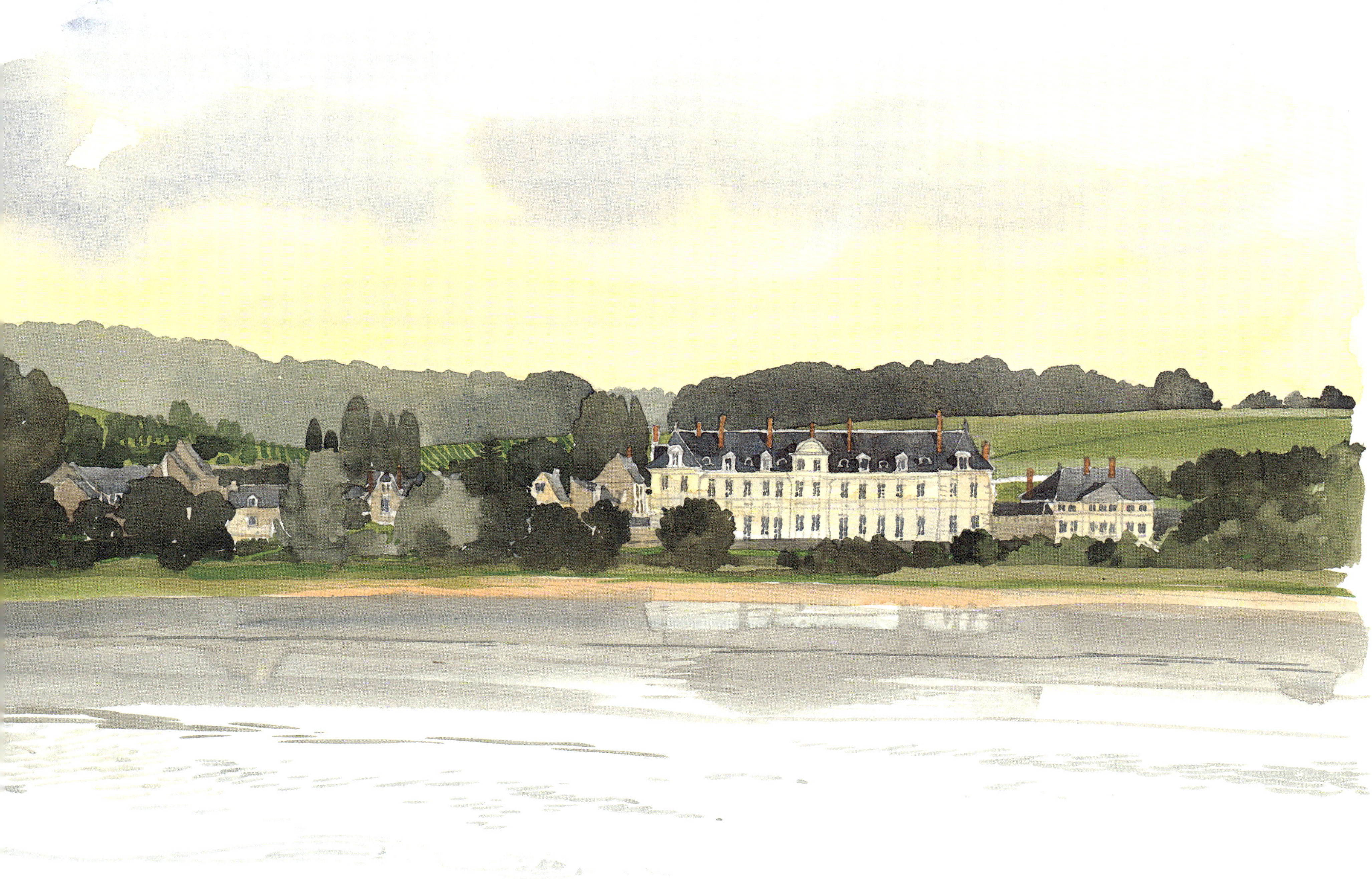

L'abbaye de Saint-Maur a des airs de château.
Elle rappelle Ménars ou Pontlevoy,
près de Blois : immense caserne régulière, à peine égayée par
quelques lucarnes. Le logis abbatial est plus aimable.
Devant, le fleuve, très large et sans île. On se prend à
rêver du charme du lieu avant le tracé de la route d'asphalte et avant
le mur, quand la rivière et l'abbaye
communiquaient directement.

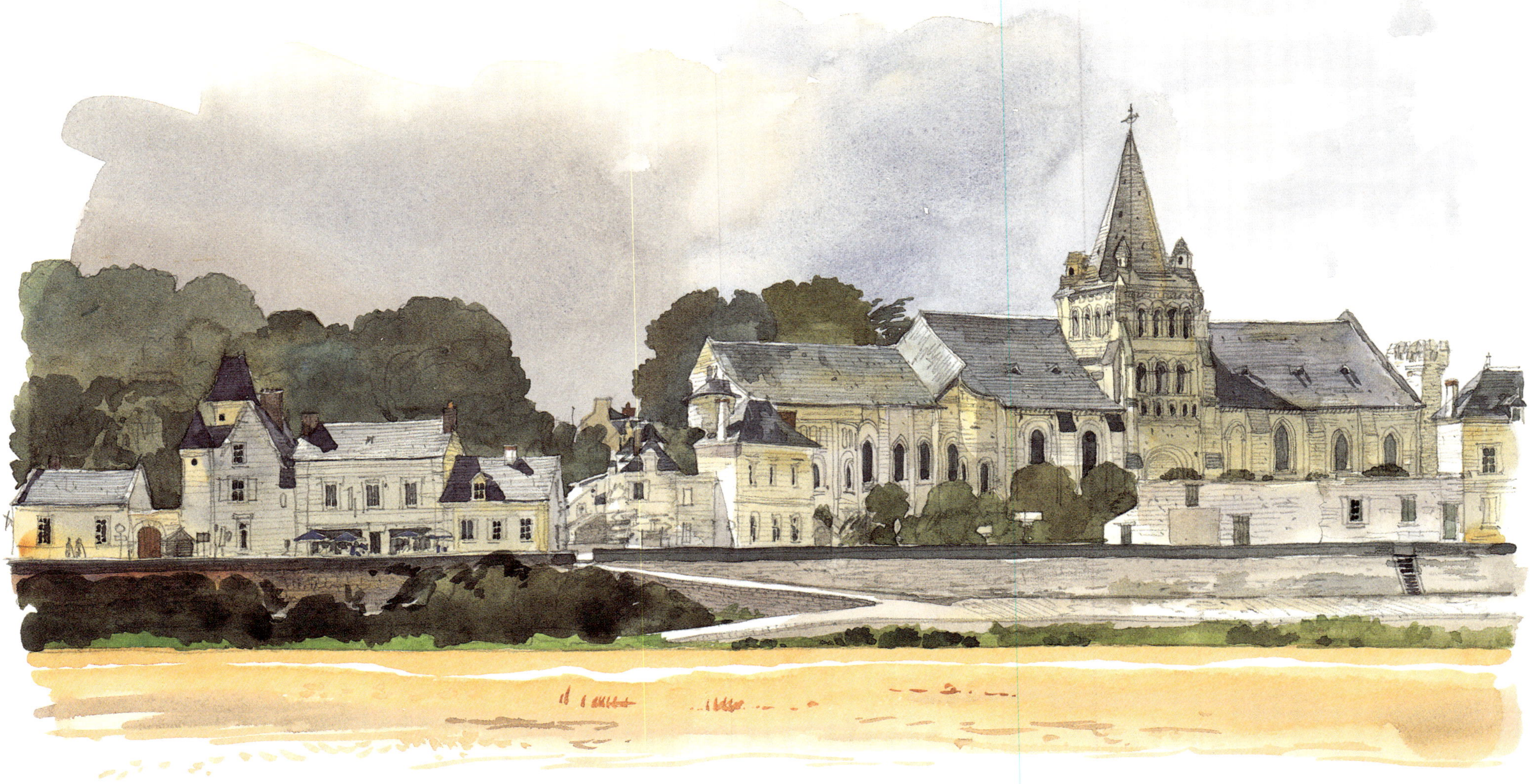

Pourrait-on passer devant Notre-Dame-de-Cunault sans y prendre garde ? Un clocher massif, une façade sans grands ornements, seulement une vierge à l'enfant, mutilée et encadrée par deux anges sévères. Et pourtant : 52 m de

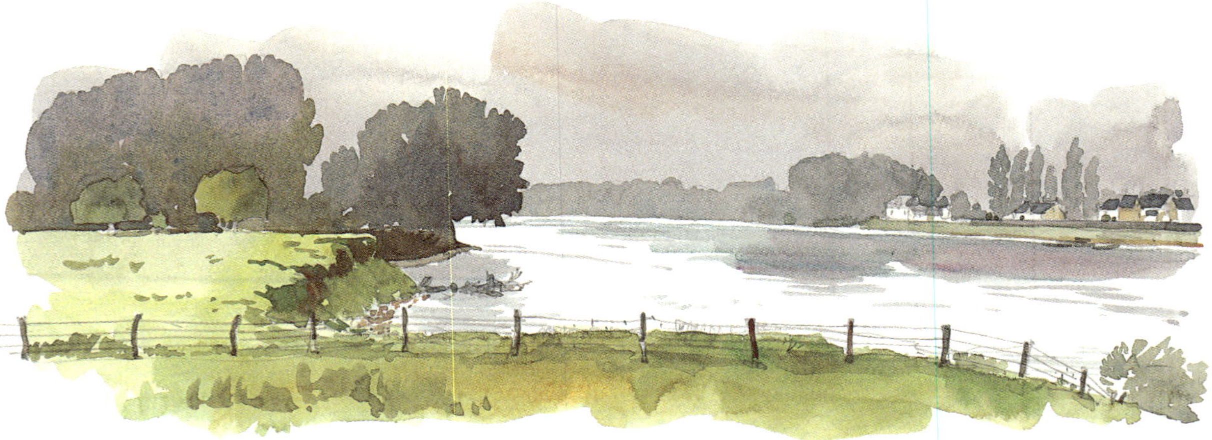

long. Une dizaine de marches à descendre pour entrer dans l'église silencieuse. Une hauteur de voûte vertigineuse, digne des grandes abbayes bénédictines. La lumière blonde, éblouissante. Un pèlerinage attirait ici des foules immenses.

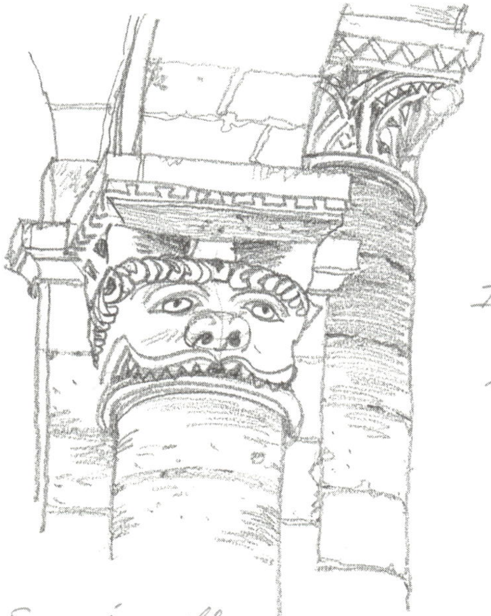

Trèves. L'énorme tour rescapée d'une forteresse du XVe siècle et les cyprès donnent l'impression furtive qu'on est du côté de Tarascon. La lumière n'y est pas pour rien. Nous sommes au pied de l'église de Trèves. Le village de tuffeau et de roses trémières enserre la large nef romane de la petite église.

Ici la Loire prend un lent virage. De loin en loin, des îles vertes dont les berges sont mordues par le courant en saison de hautes eaux. Plusieurs frênes semblent assez vieux pour avoir connu les grandes crues de 1856 et 1866. Les prés gras rappellent que l'on pratiquait ici l'élevage des indispensables bêtes de trait. En été les téméraires arpentent à pied des bancs de sable infinis parfois hauts de deux mètres.

Sans jumelles, impossible de contempler le moindre des deux cent vingt-trois chapiteaux des XIe et XIIe siècles de Notre-Dame-de-Cunault. Ne pas oublier la prochaine fois !

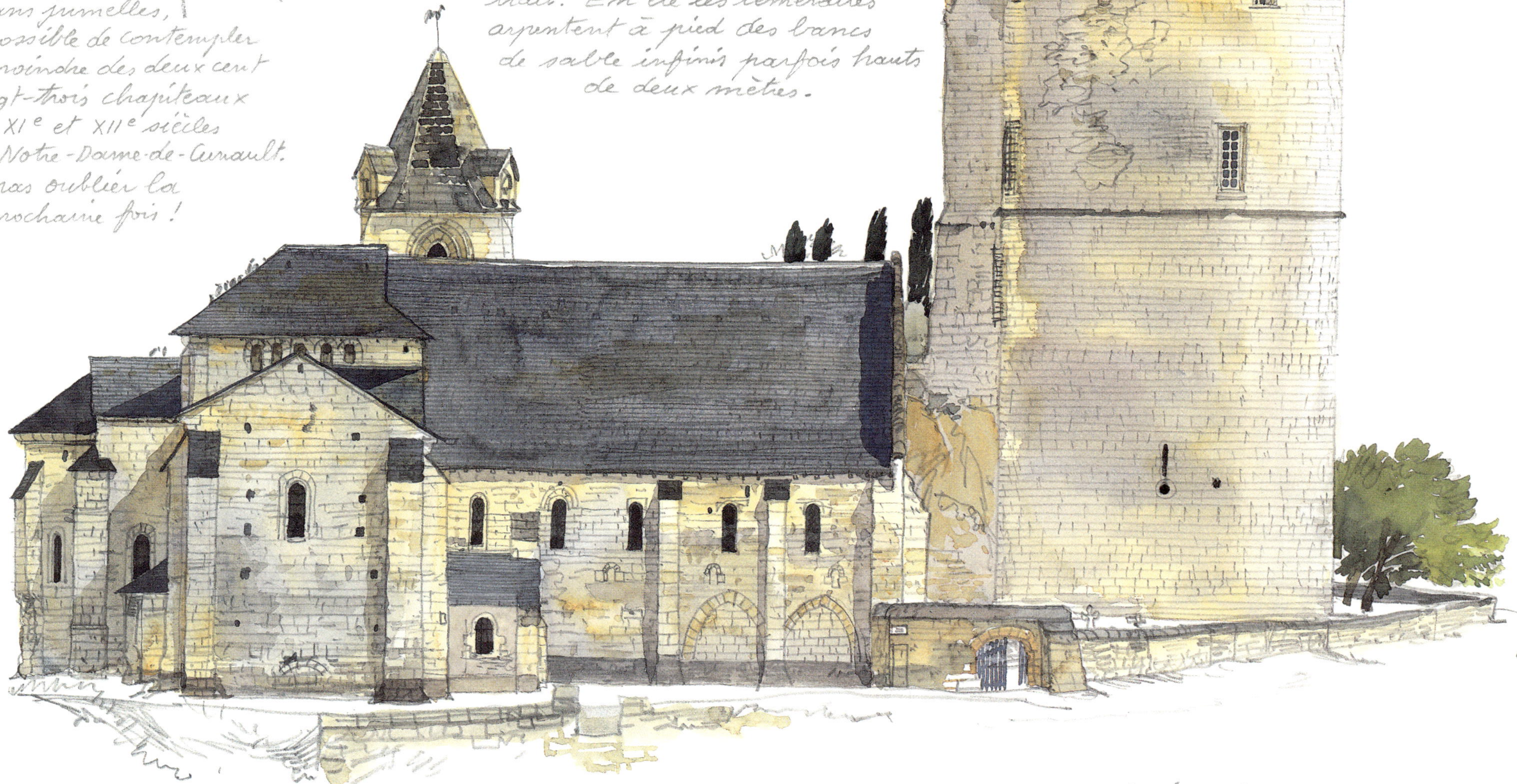

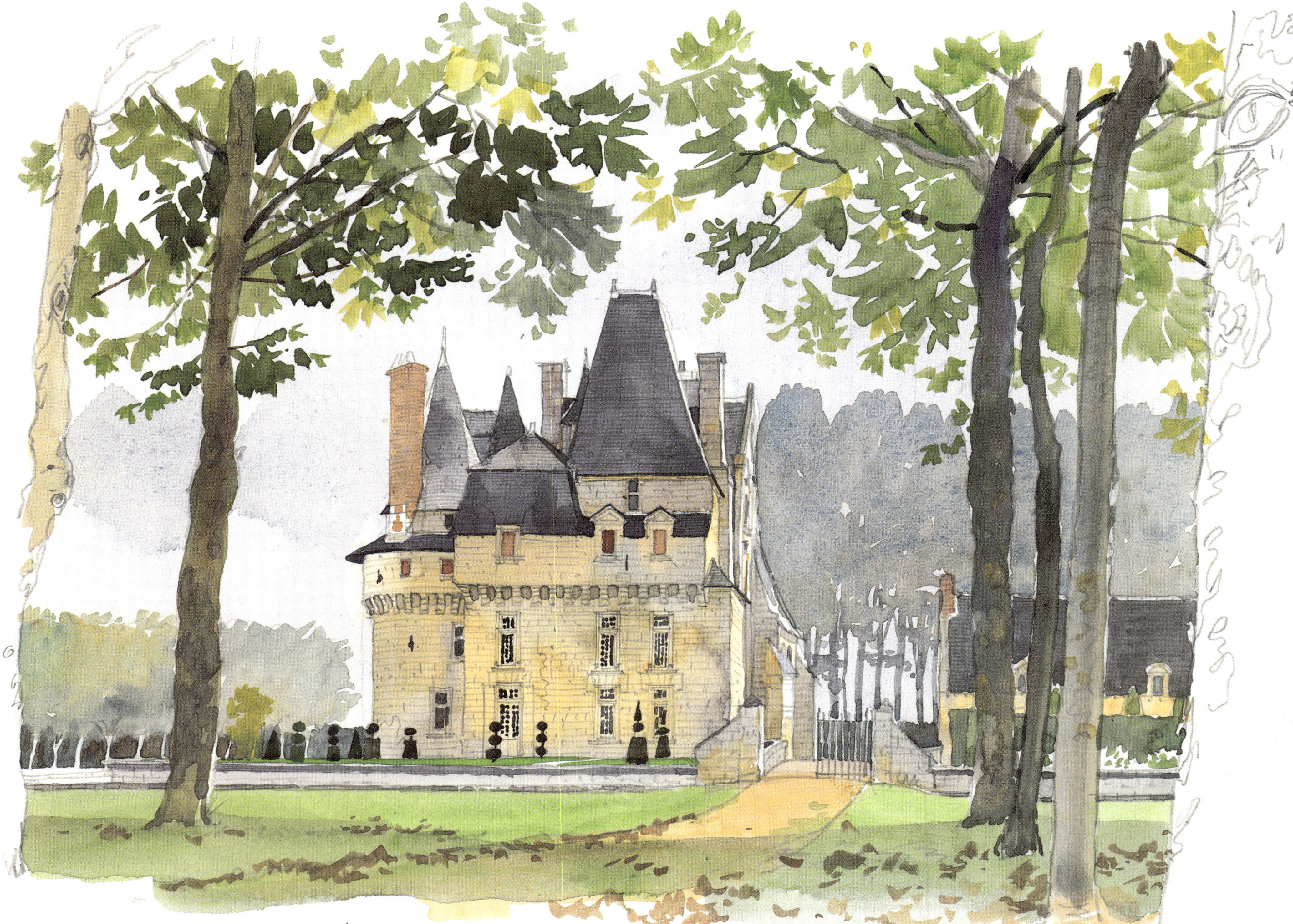

Boumois est un paisible château à deux faces :
une façade gothique du XVe siècle rappelle que ce point de la rive droite nécessitait pour être tenu une puissante forteresse. L'autre, du XVIe siècle est celle d'un monde apaisé, celui de la Renaissance.
Le pigeonnier est intact, mais ce qui frappe le plus, c'est l'harmonie du rapport entre le château et sa vallée.

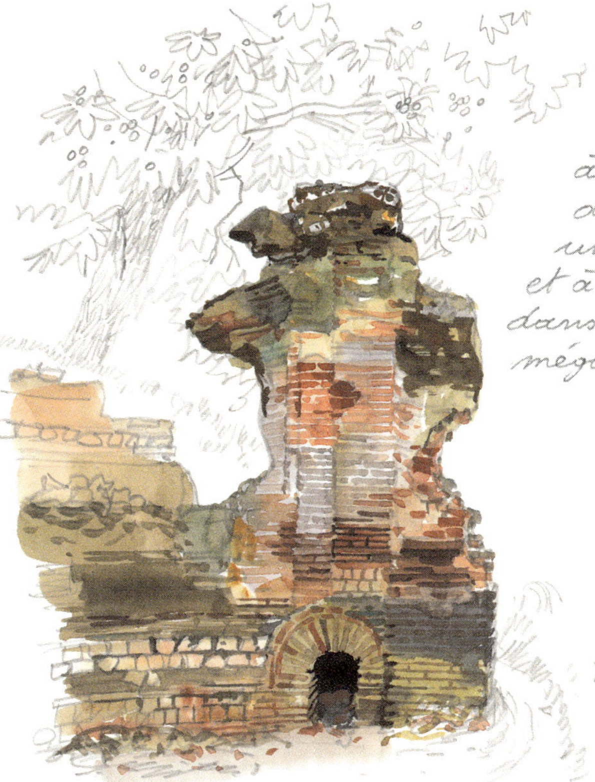

Nymphée gallo-romain de Gennes.

Gennes était vraisemblablement à l'époque gallo-romaine un sanctuaire dédié au culte des eaux. Il en reste un amphithéâtre, des thermes à nymphée et à exèdres, un aqueduc, et plus loin, dans les vallons boisés, plusieurs mégalithes préhistoriques, les plus purs d'Anjou.

Ici, à Saint-Martin-de-la-Place, les maisons de tuffeau grisé par le temps s'étalent le long de la rue principale, à l'abri de la levée toute proche, pour former un village sans épaisseur. Au début de l'été, les roses rouges regorgent des moindres espaces vides. Parfois, on croit sentir un parfum d'iode dans le vent d'ouest. D'ailleurs, c'est ici, au bord du fleuve, que naquit la vocation de Dupetit-Thouars, marin de Bonaparte et mort à Aboukir en 1798.

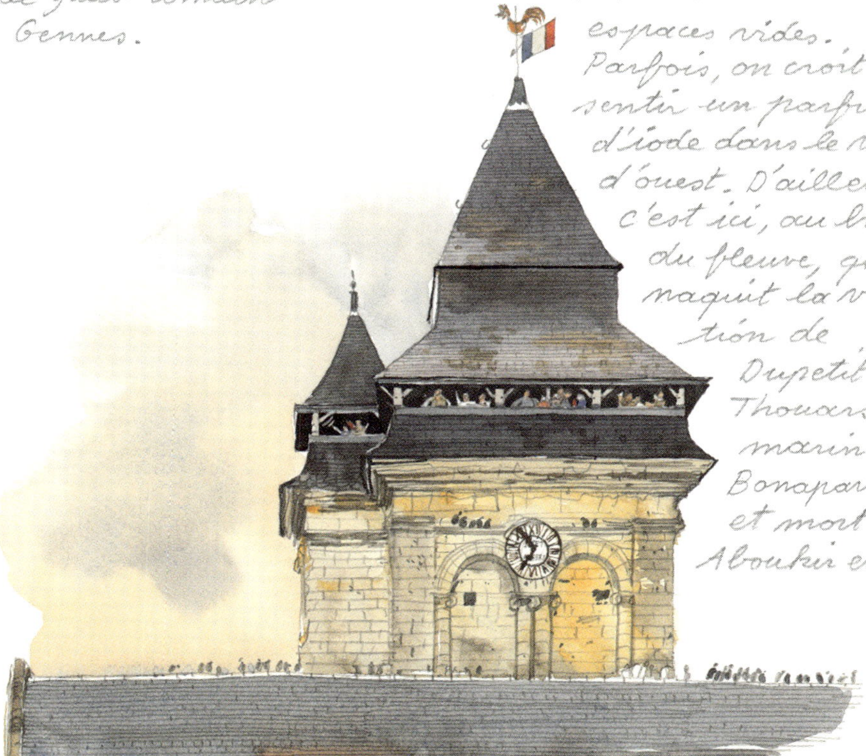

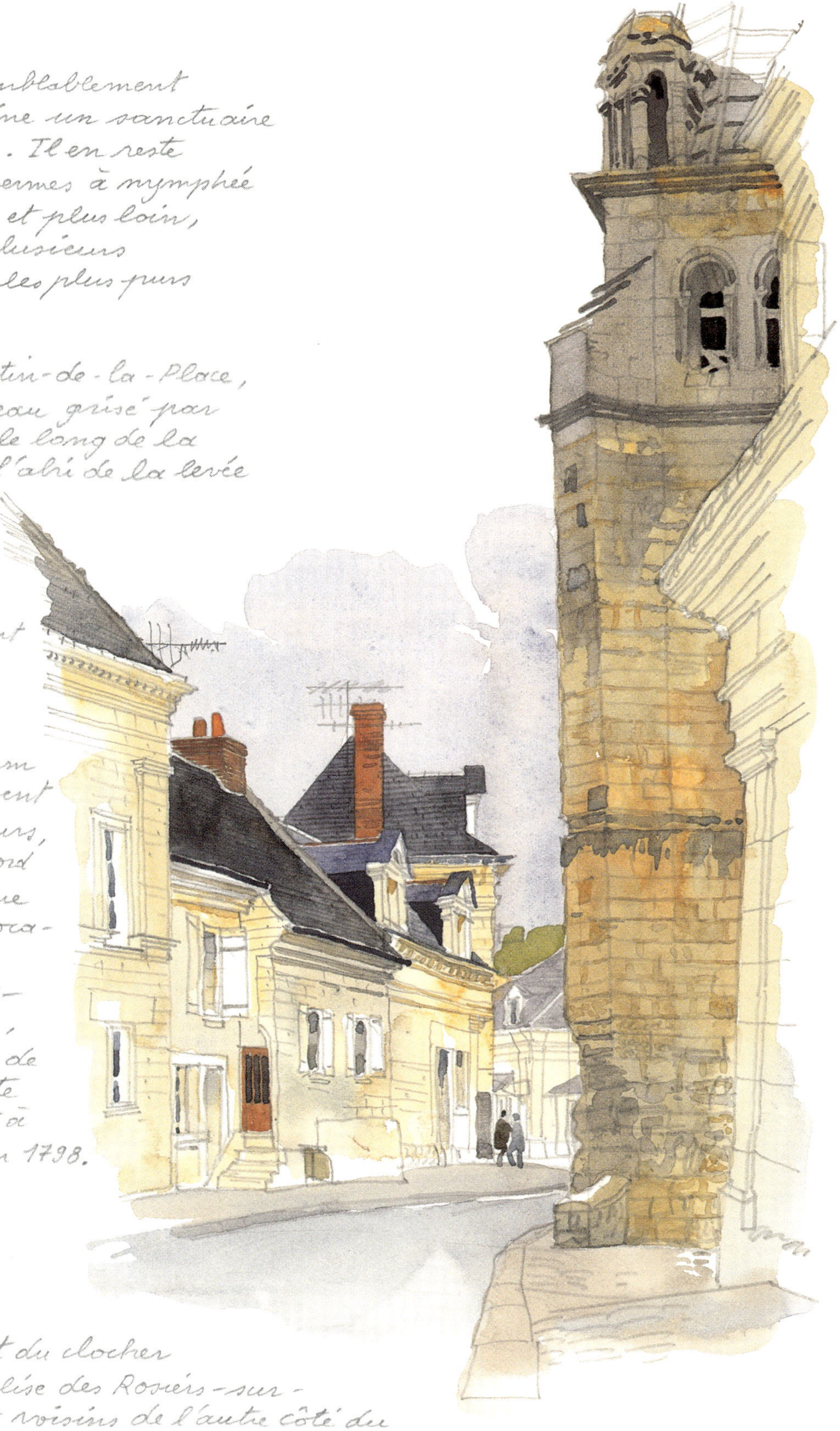

Du haut du clocher Renaissance de l'église des Rosiers-sur-Loire, vous pourrez faire coucou aux voisins de l'autre côté du pont suspendu, ceux de Gennes.

La Loire regorgeait de poissons.
Au début du XXe siècle, on y pêchait plus de quarante espèces. Aujourd'hui, elles se sont raréfiées. Brochets, sandres, brêmes et même anguilles se font rares, décimés par la pollution, les cormorans et les silures. Le saumon, si commun autrefois qu'on le qualifiait d'une dizaine de noms différents, a presque totalement disparu. Les pêcheurs professionnels, de moins en moins nombreux, bénéficient de concessions sur une portion du fleuve.
Les poissons nobles (brochets, sandres, anguilles) sont vendus aux restaurants ; les poissons peu intéressants (silures notamment) servent à fabriquer de la nourriture pour animaux.

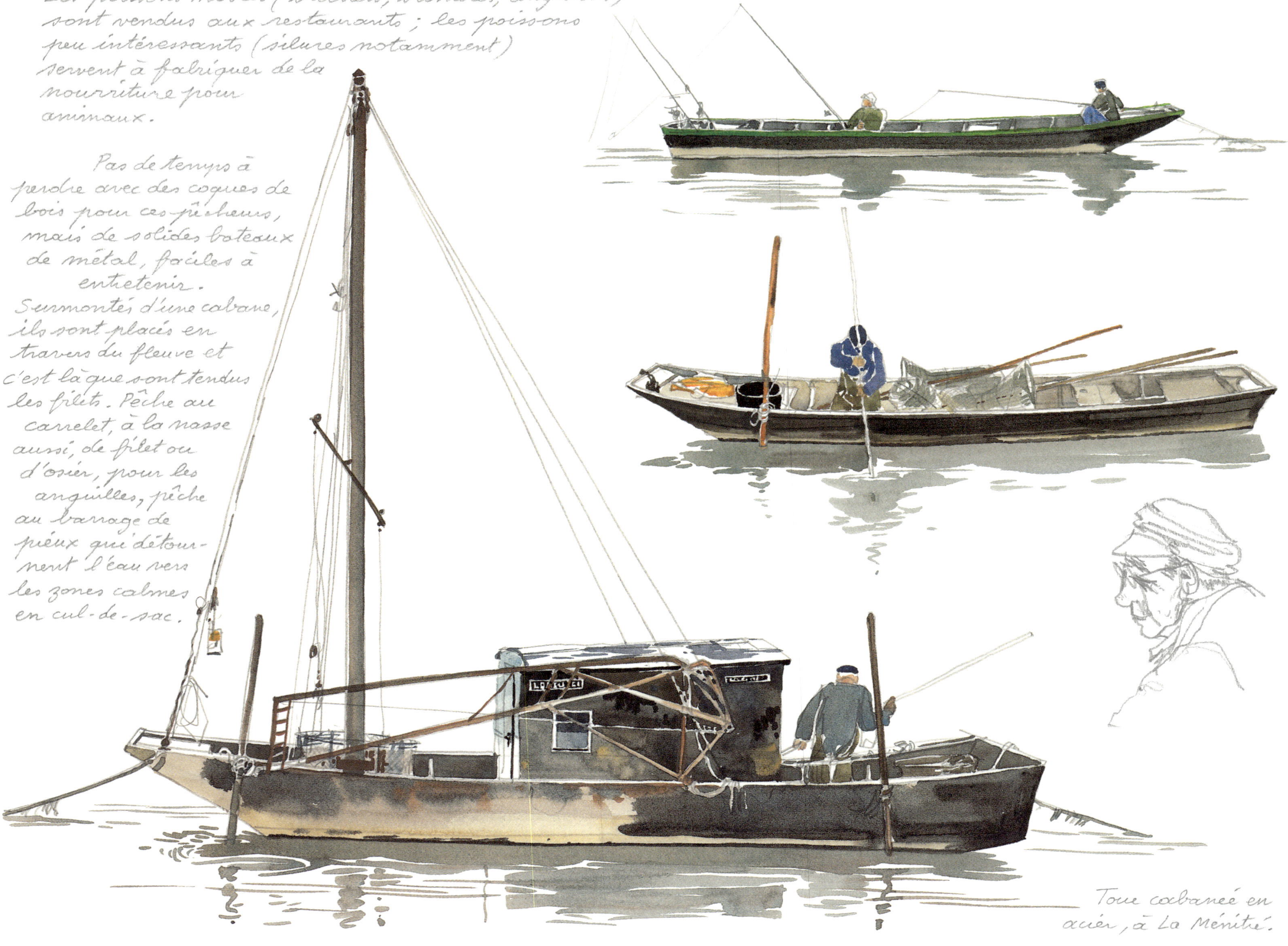

Pas de temps à perdre avec des coques de bois pour ces pêcheurs, mais de solides bateaux de métal, faciles à entretenir. Surmontés d'une cabane, ils sont placés en travers du fleuve et c'est là que sont tendus les filets. Pêche au carrelet, à la nasse aussi, de filet ou d'osier, pour les anguilles, pêche au barrage de pieux qui détournent l'eau vers les zones calmes en cul-de-sac.

Toue cabanée en acier, à La Charité.

Pour les marins de Loire, le pire des vents est le vent du nord-ouest, le vent de galarne. Chaque direction avait son nom : le vent du nord s'appelait bise, celui du sud-ouest vent de basse mar, celui du sud-est matineau et celui d'est soularne. Ces vents étaient si difficiles à gérer que les mariniers passaient beaucoup de temps à observer les girouettes en bois qui coiffaient le sommet des mats de bateaux. Elles étaient légères et donc sensibles au moindre souffle, à la hauteur de la versatilité de celui-ci. Plus leur élaboration artistique était grande, moins elles étaient efficaces. On en retrouve encore beaucoup, en métal, sur les toits des maisons. Certaines représentent des animaux exotiques, singes, perroquets... beaucoup des bateaux ou des scènes de la vie quotidienne. Un grand nombre d'habitants des bords de Loire ont hérité de l'habitude atavique de marcher "le nez en l'air".

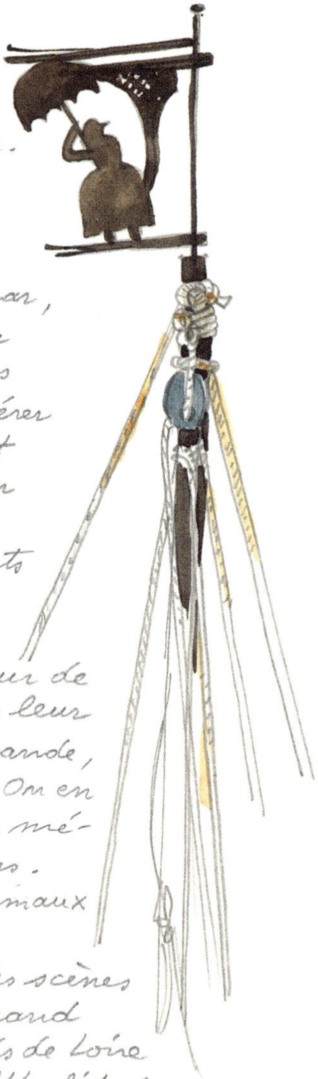

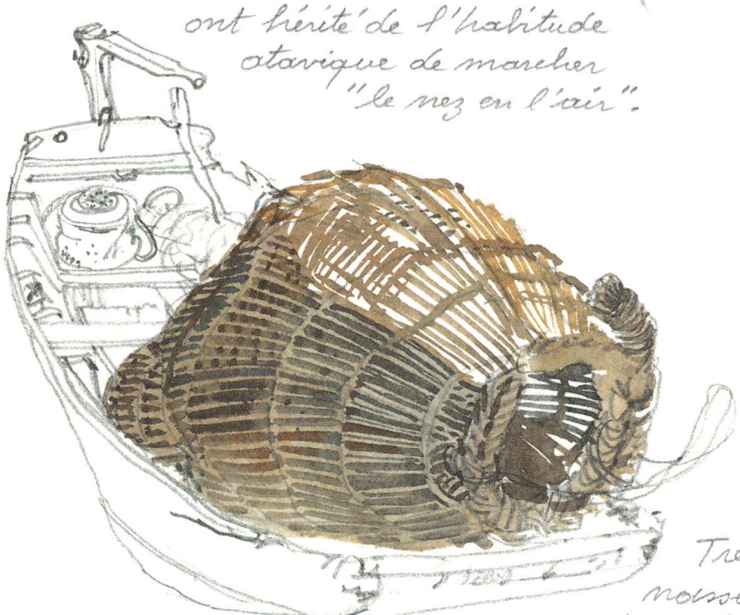

Très grosse nasse en osier, pour capturer les anguilles. Écomusée de Montjean-sur-Loire.

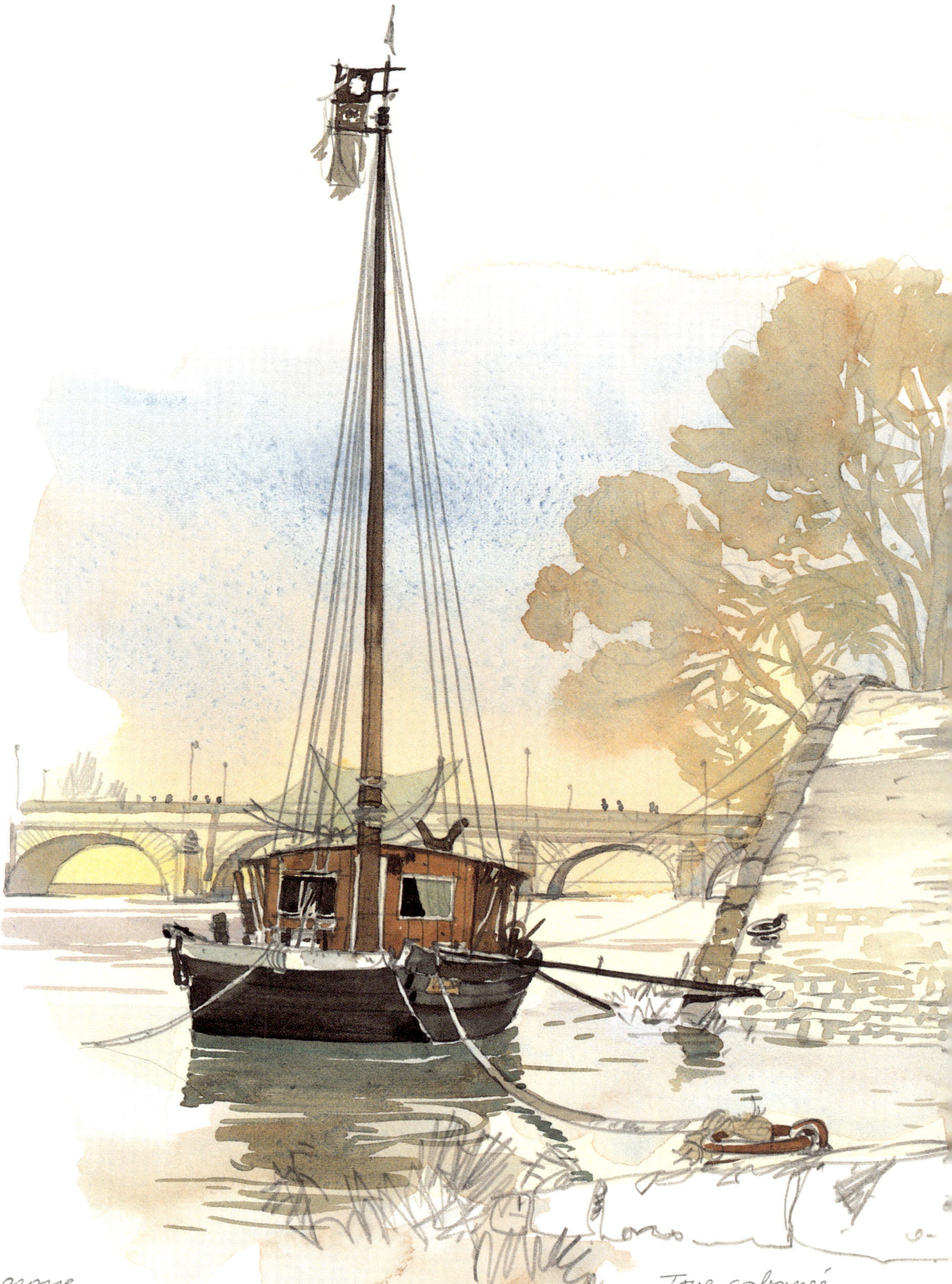

Toue cabanée en bois, à Saumur.

Pour les entrelacs de rues pleines de noblesse qui jouent à cache-cache avec le château, Saumur ne craint personne.

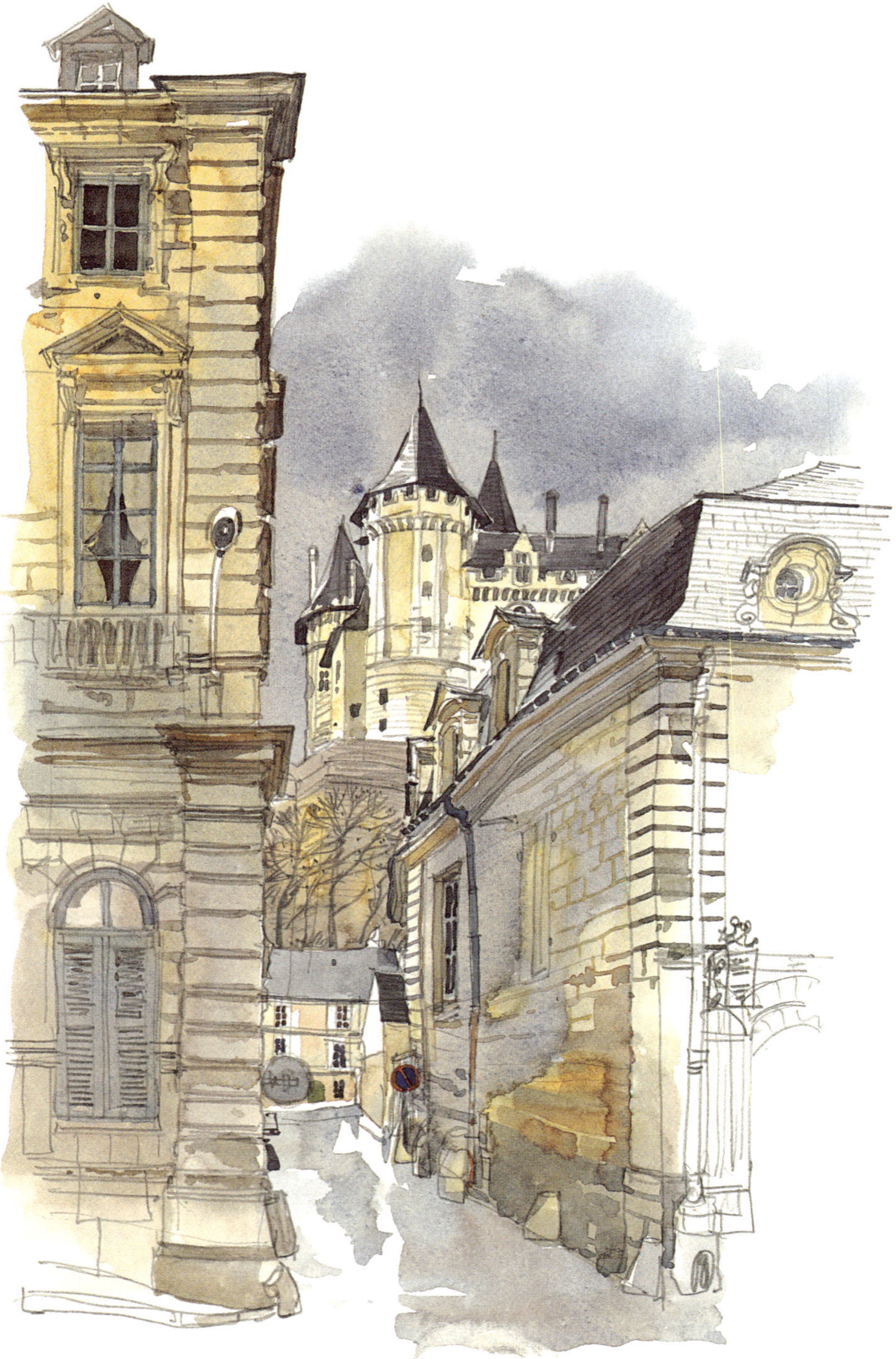

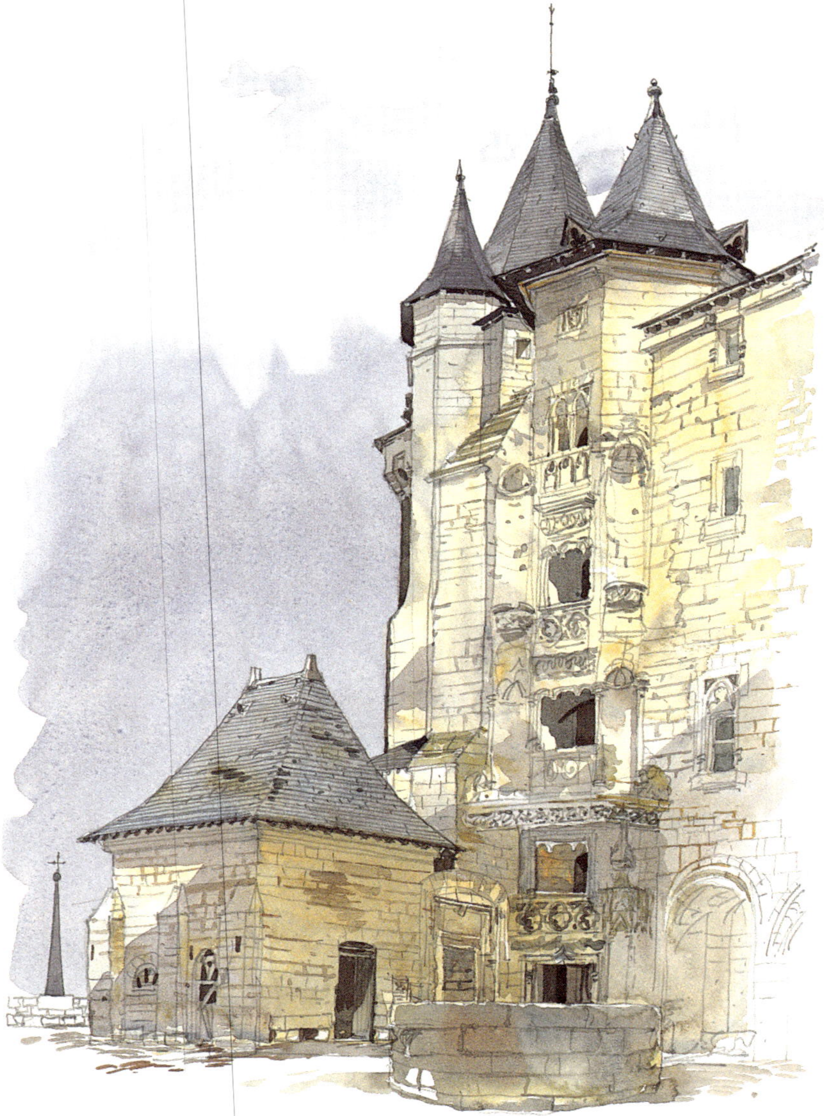

Saumur est pour les Français une sorte d'image subliminale. La quintessence d'une ville et d'un château qui mêlent les enluminures médiévales aux maisons misérables de la littérature du XIXe siècle ; une atmosphère de sous-préfecture avec un théâtre pour opérettes faciles, une mairie un tantinet scrogneugneu, des magasins sagement à la mode devant lesquels se déploie la parade déambulatoire de la jeunesse locale.

Bien qu'impressionnante,
la falaise du château est fragile.
Il a fallu la conforter au fil des
siècles et des sièges, ce qui ne l'a pas empêchée
récemment de s'écrouler en partie et de
se répandre dans la basse ville.

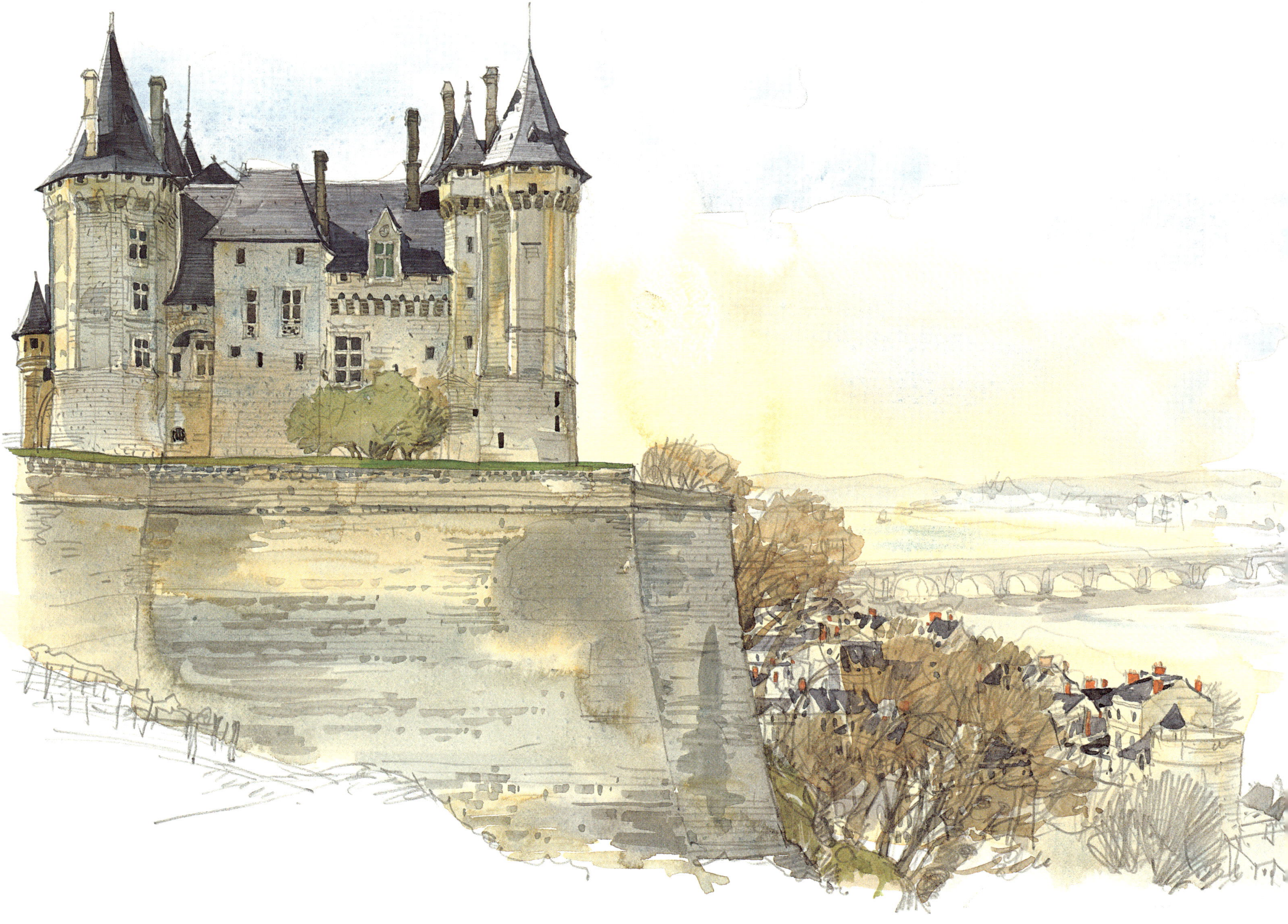

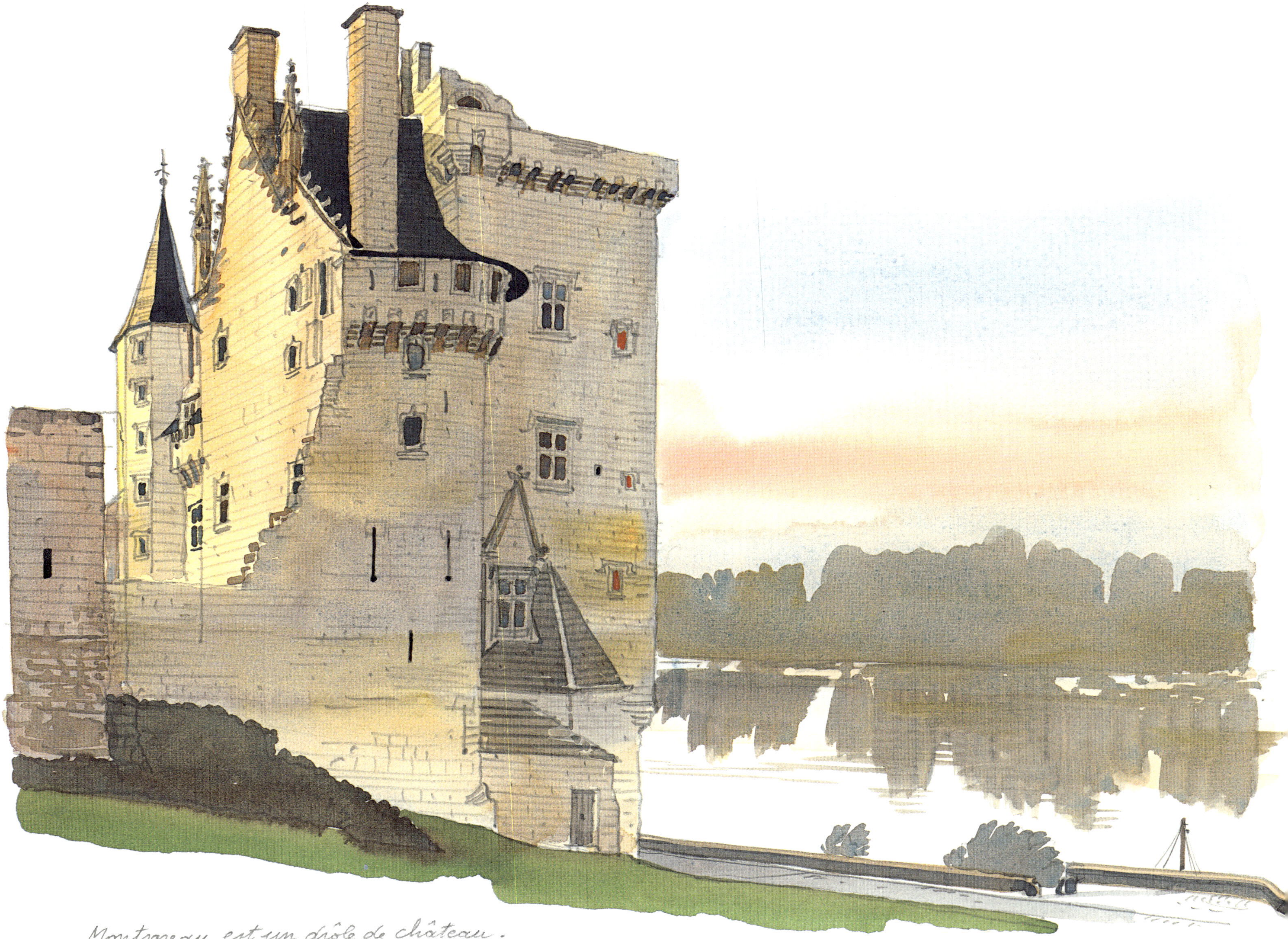

Montsoreau est un drôle de château.
Destiné à protéger le fleuve, il donne plutôt l'impression
de le regarder couler. Et puis quand on l'observe par derrière, c'est comme
si on n'en avait construit qu'une tranche avant d'arrêter :
à quoi bon faire la guerre dans un endroit pareil ?

Touraine, le jardin des rois

Tout d'abord il y a la vigne. Invisible au premier regard puisqu'elle pousse sur le plateau, mais omniprésente à travers les maisons de vignerons et les habitations troglodytes dont les vastes caves plongent loin dans la falaise. Bourgueil, Chinon, Vouvray, Montlouis résonnent comme des promesses de félicité. Nous sommes au pays de la « dive bouteille » et des appellations complexes où le profane a peine à se retrouver. Nous sommes au pays des festins d'« entonneurs » où la matelote d'anguille le dispute aux rillettes et aux rillons, le fromage de Sainte-Maure aux poires tapées de Rivarennes. Nous sommes au pays de la sieste.

Fini de rêvasser. Fontevraud n'est pas là pour la bagatelle. Ici, on mettait à l'abri les dames de qualité, transformées en abbesses actives. Tout près, Rabelais rêvait lui aussi d'un monde clos et idéal, où une abbaye aurait réuni la science et la sagesse du monde entier et où on se serait fait la guerre en gardant le sens du ridicule. À Chinon, Jeanne d'Arc fait au quasi Roi le coup de la pucelle inspirée tandis qu'à Ussé dort la Belle du bois.

La fête peut commencer. Tours danse sur son pont, Amboise n'en finit pas de célébrer Léonard de Vinci. Tout le monde en est : Fourchette esquisse, grâce à son propriétaire, un pas de rock and roll, Chanteloup se déguise en jardin chinois, Talcy flirte avec Ronsard, qui balançait encore à l'époque entre la tonsure et la poésie. Villandry se prend pour une grosse légume de la Renaissance ; pourquoi se gêner. Chaumont fait danser, dans d'insolites jardins, éléphants, maharadjahs et princesses d'Europe centrale. C'est que nous sommes aussi au pays des jardins, depuis le Moyen Âge. Ici s'élaborent encore les jardins de demain.

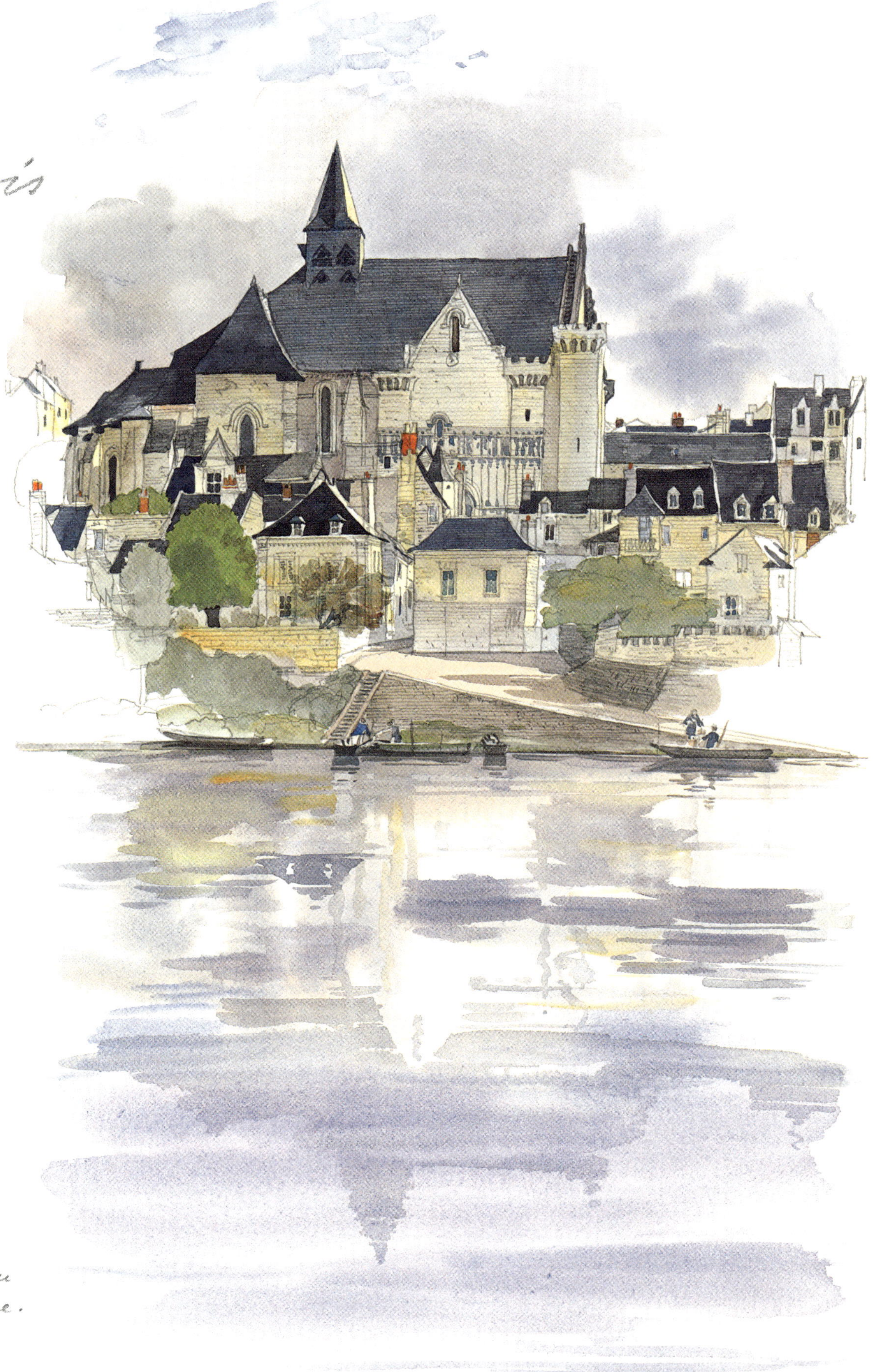

Candes-Saint-Martin. Sans doute le plus beau village des bords de Loire.

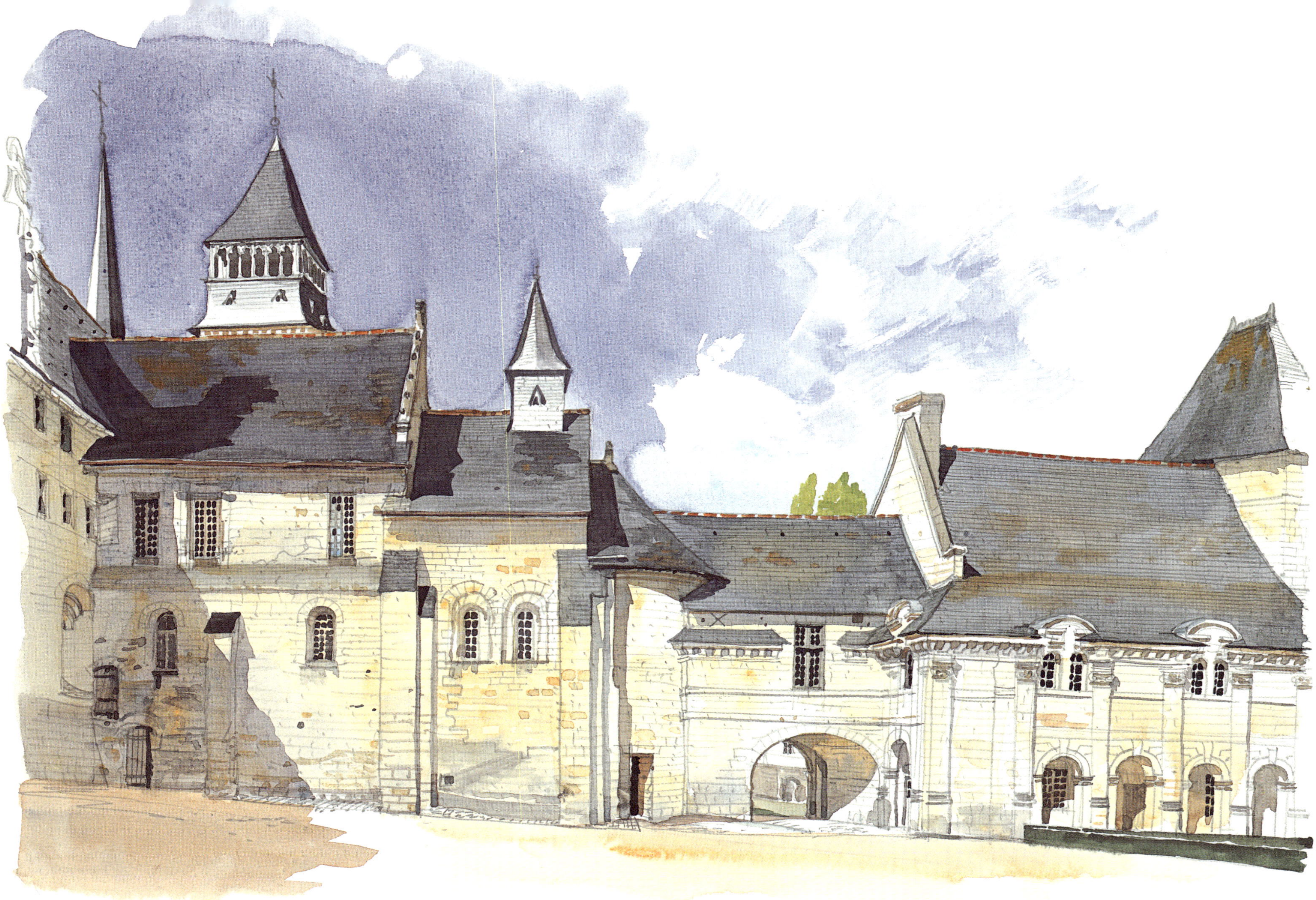

Fontevraud - l'Abbaye. Arrêtez-vous un instant devant cette cascade de toits. Ils sont plus d'une demi-douzaine, architectes ou maçons, à avoir oeuvré successivement. Résultat irrésistible de délicatesse, d'équilibre. Aucun n'a cherché à briller plus que les autres. Réponses parfaites pour cet établissement aristocratique où dorment une dizaine de Plantagenêt et où les abbesses étaient généralement princesses royales retirées de force du monde.

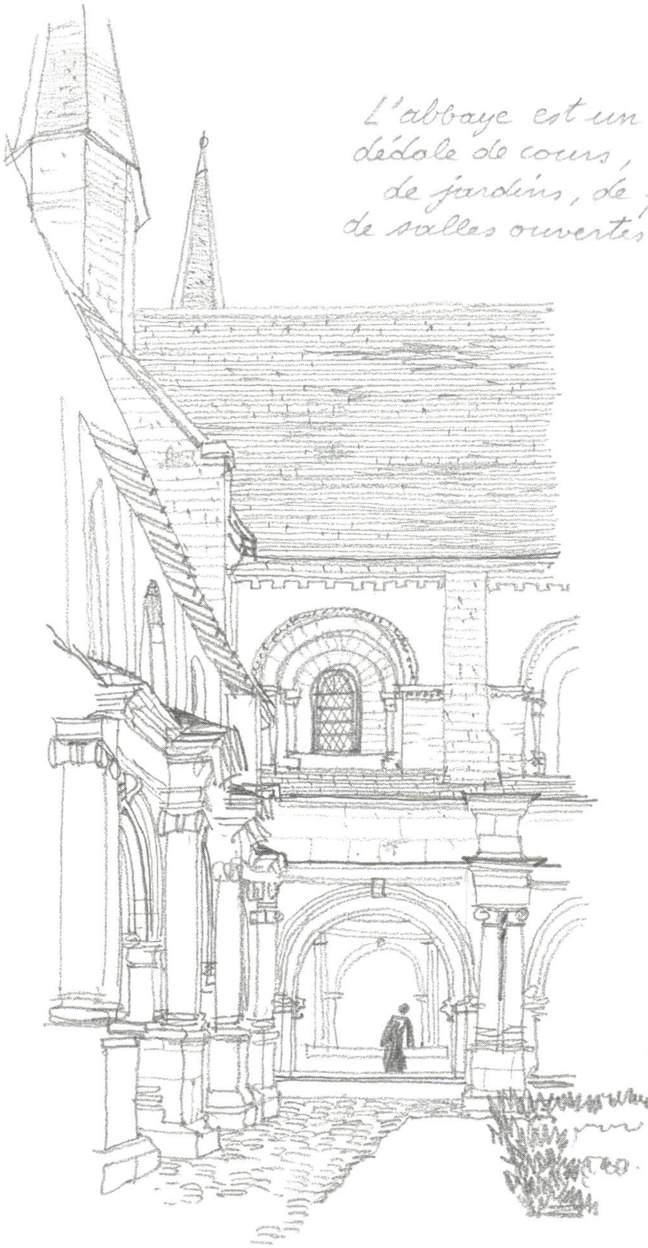

L'abbaye est un délicieux
dédale de cours, de cloîtres,
de jardins, de passages,
de salles ouvertes.

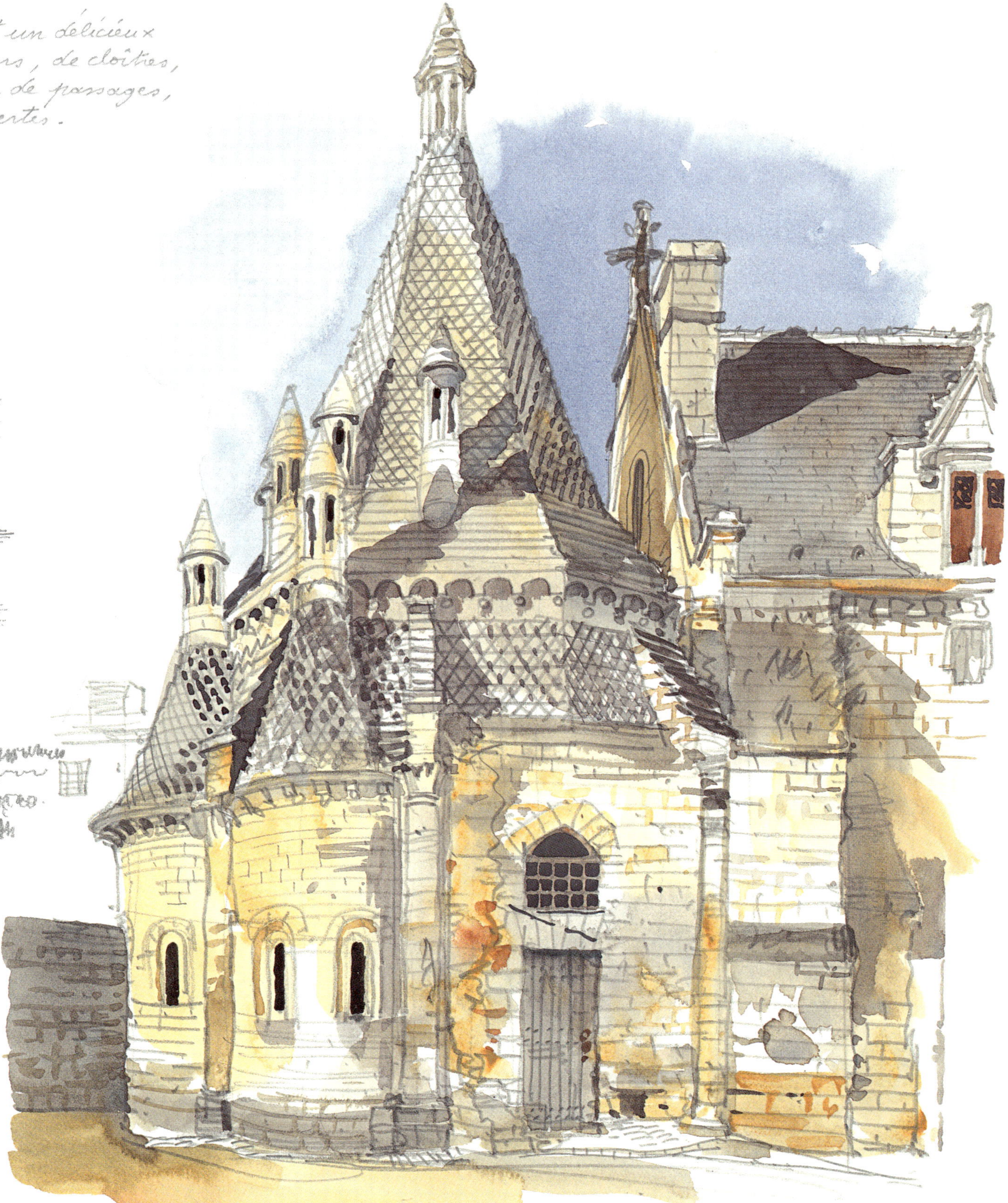

Affublée en 1904
d'un supplément de lanternes
lyriques dont elle aurait sans
doute pu se passer, la cuisine
octogonale de Fontevraud,
toute de pierres taillées en
pointes de diamant, ne craint
pas qu'on la déloge.

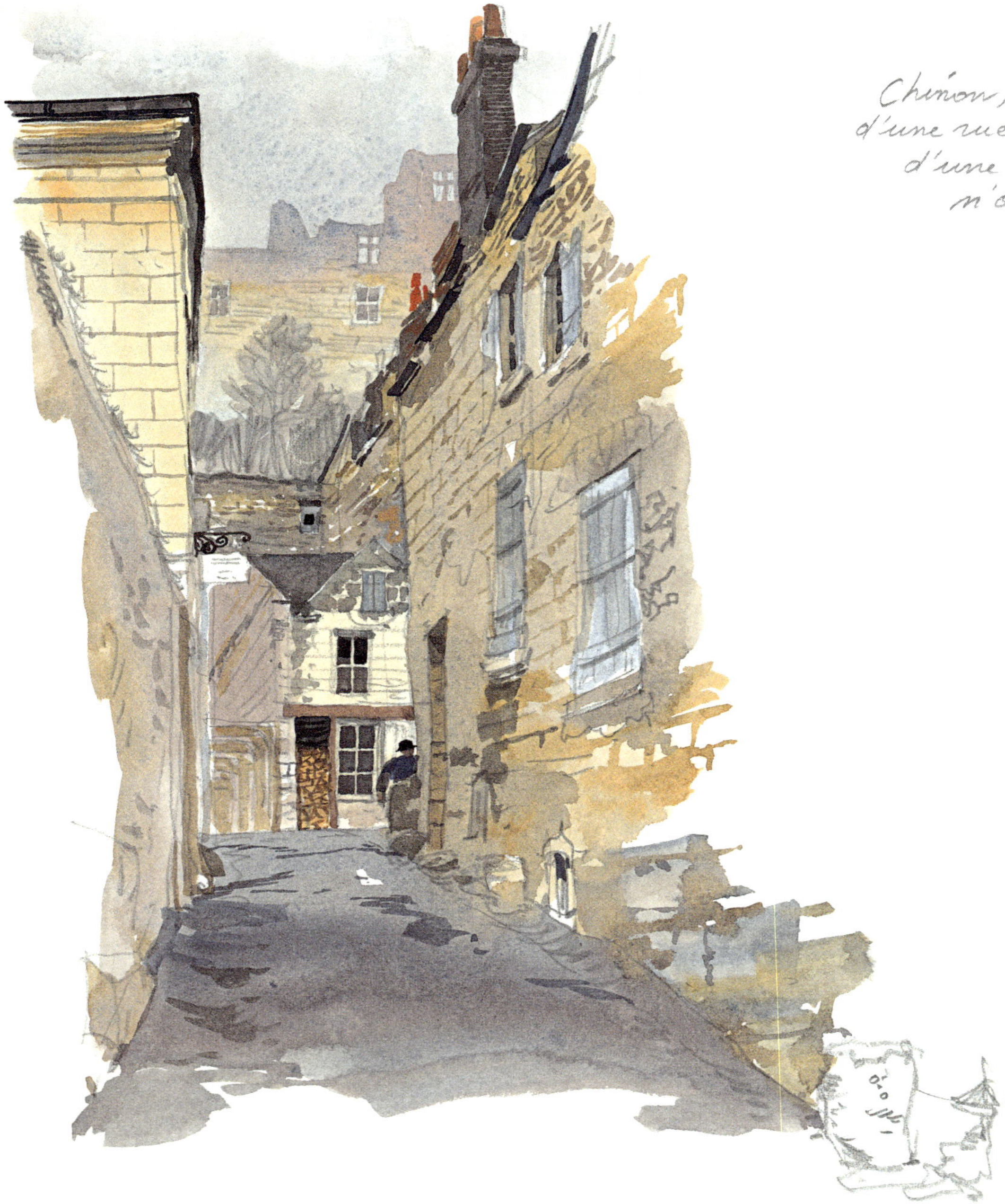

Chinon, c'est le passage subit
d'une ruelle sombre à l'illumination
d'une façade. Les siècles, ici,
n'ont plus d'importance.

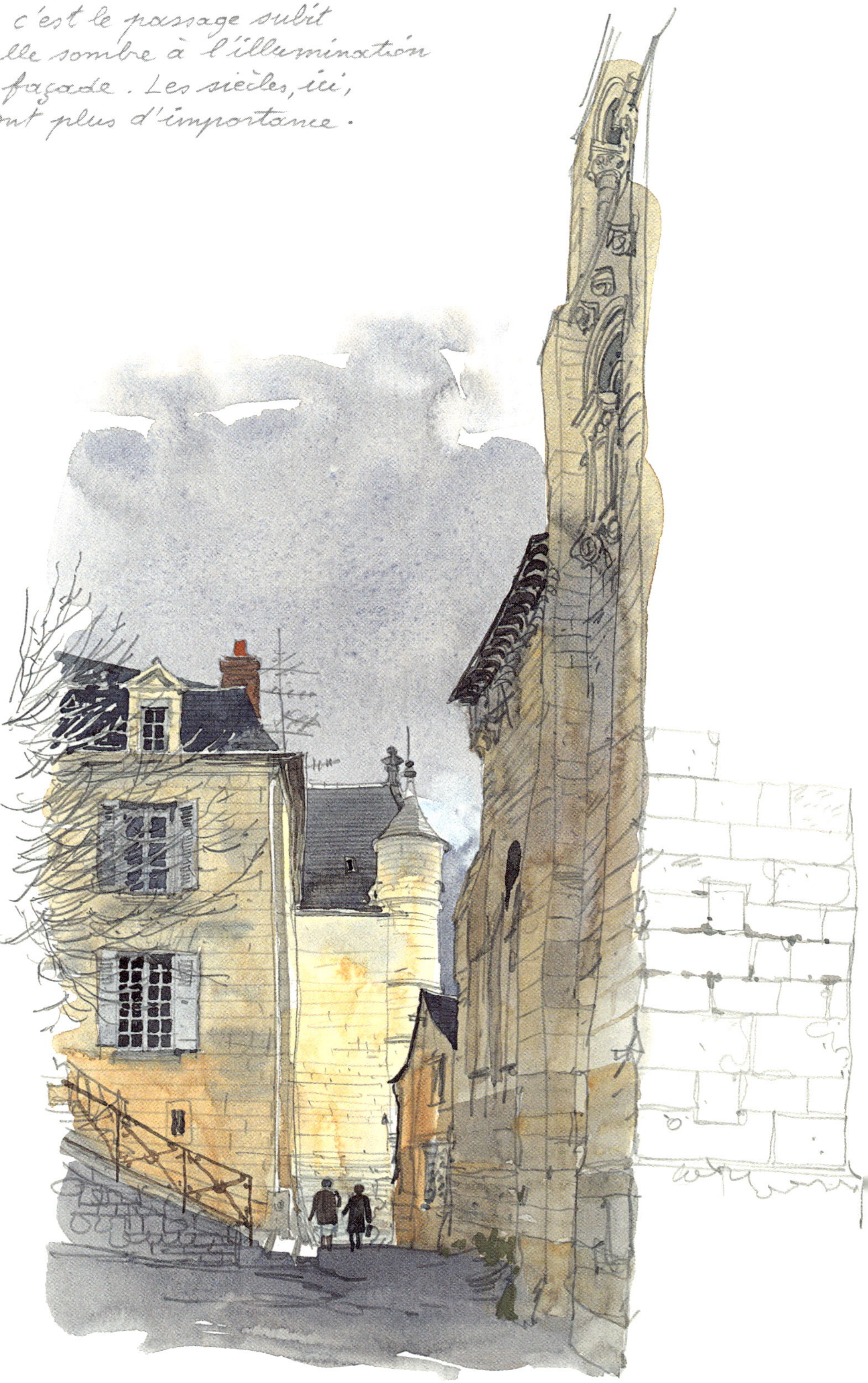

Il faut marcher lentement
dans les rues, observer les appareillages
de pierre blanche, les joints orangés.
C'est mal élevé mais il faut chercher à
regarder derrière les portes closes, ou au
travers d'un soupirail. À Chinon,
on se prend à fureter, à fuir la place dégagée et
bruyante sur laquelle on retombe toujours
pour retrouver l'atmosphère intemporelle
des ruelles. La promenade butte rapidement
sur la falaise, couronnée des ruines du
château.

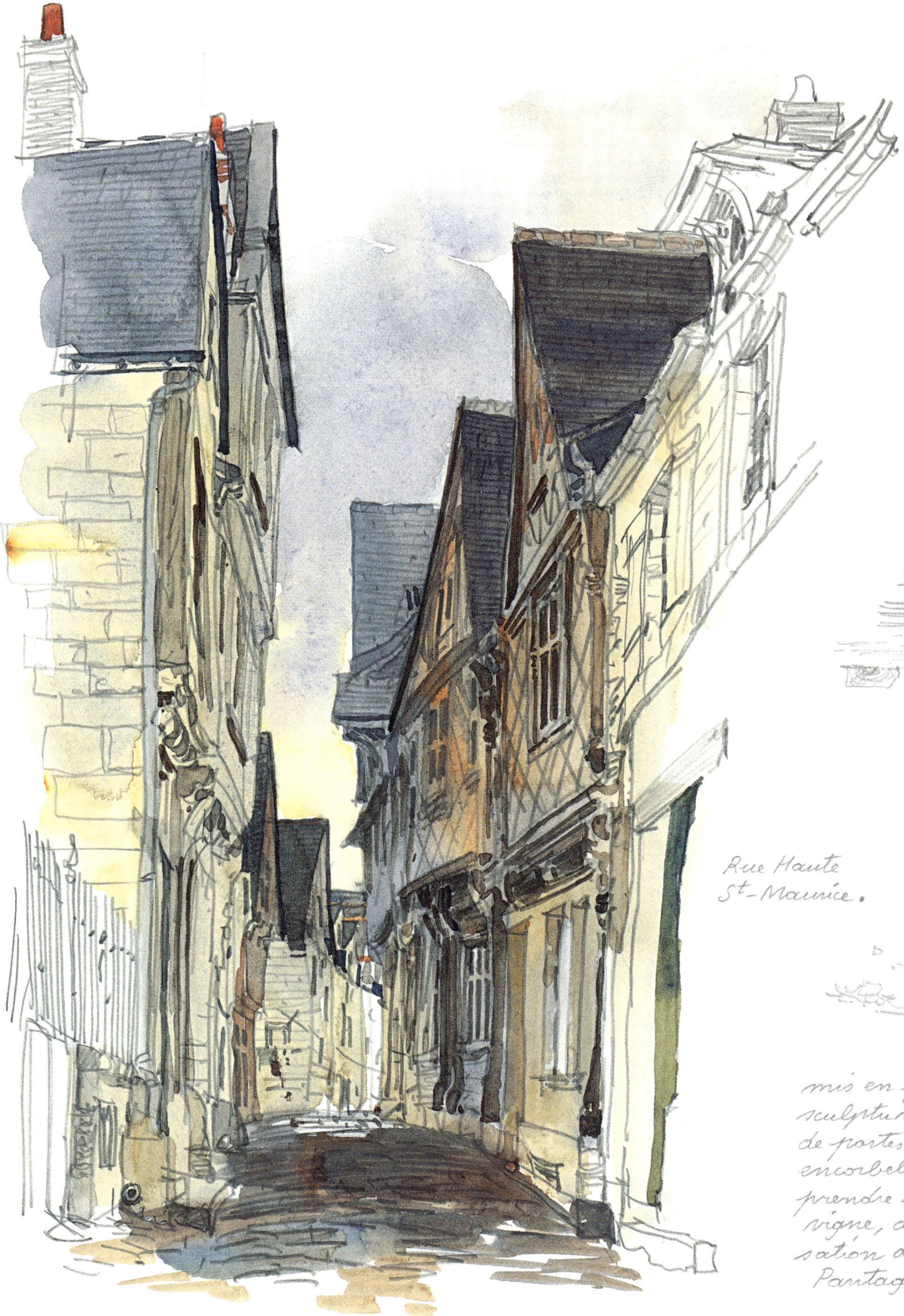

Rue Haute St-Maurice.

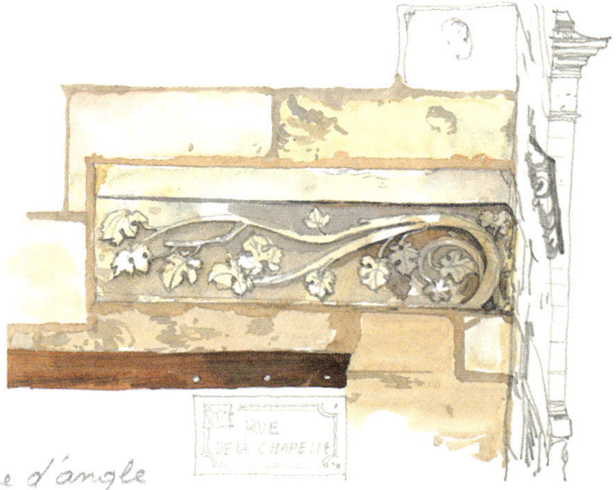

Pierre d'angle sculptée. XVe siècle. Rue Haute Saint-Maurice.

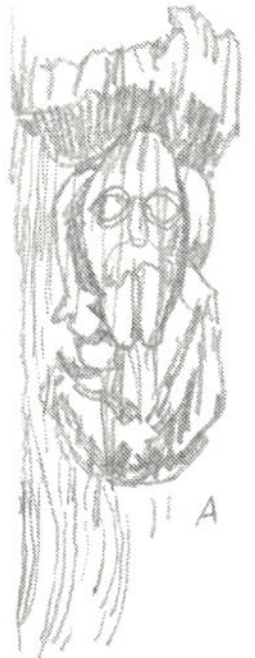

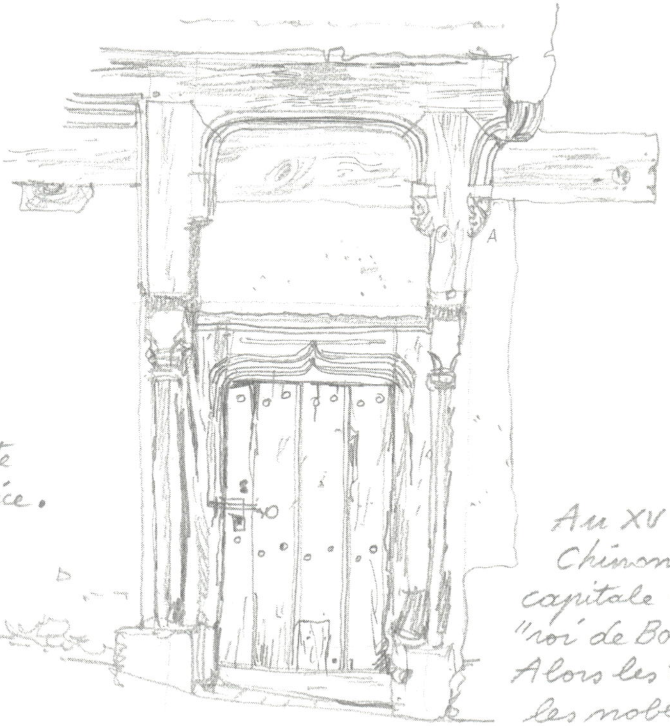

Au XVe siècle, Chinon était la capitale de Charles VII, "roi de Bourges". Alors les bourgeois et les nobles se sont mis en frais pour leurs maisons : depuis, les sculptures ornent les façades ; les encadrements de portes s'enluminent. Avec leurs tourelles, leurs encorbellements, des petites maisons s'autorisent à prendre le nom d'hôtel ou de palais. Les motifs de vigne, de diables, de monstres rappellent la civilisation du vin et du plaisir. Ici, dans les caves, Pantagruel buvait le vin frais plus que de raison.

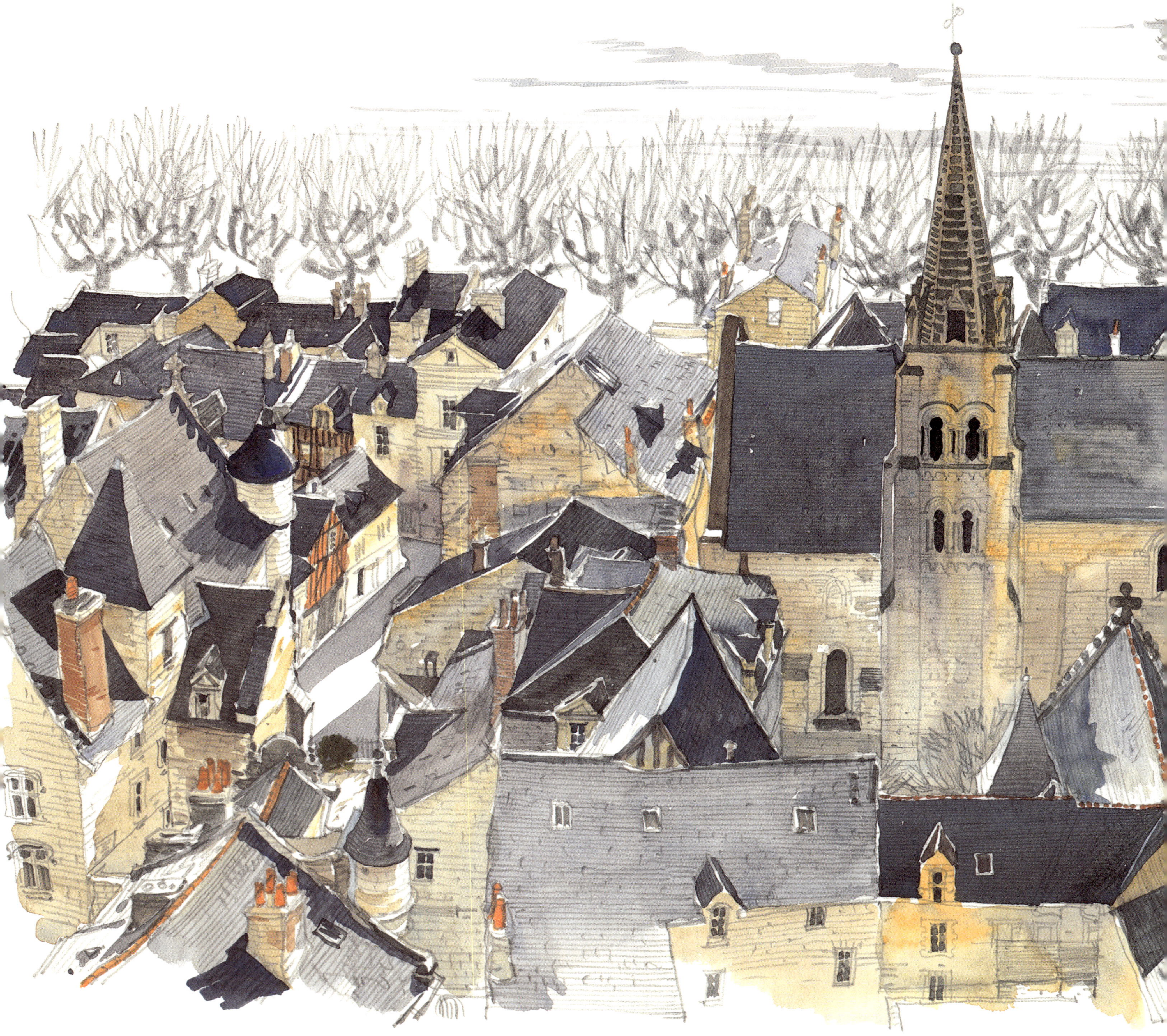

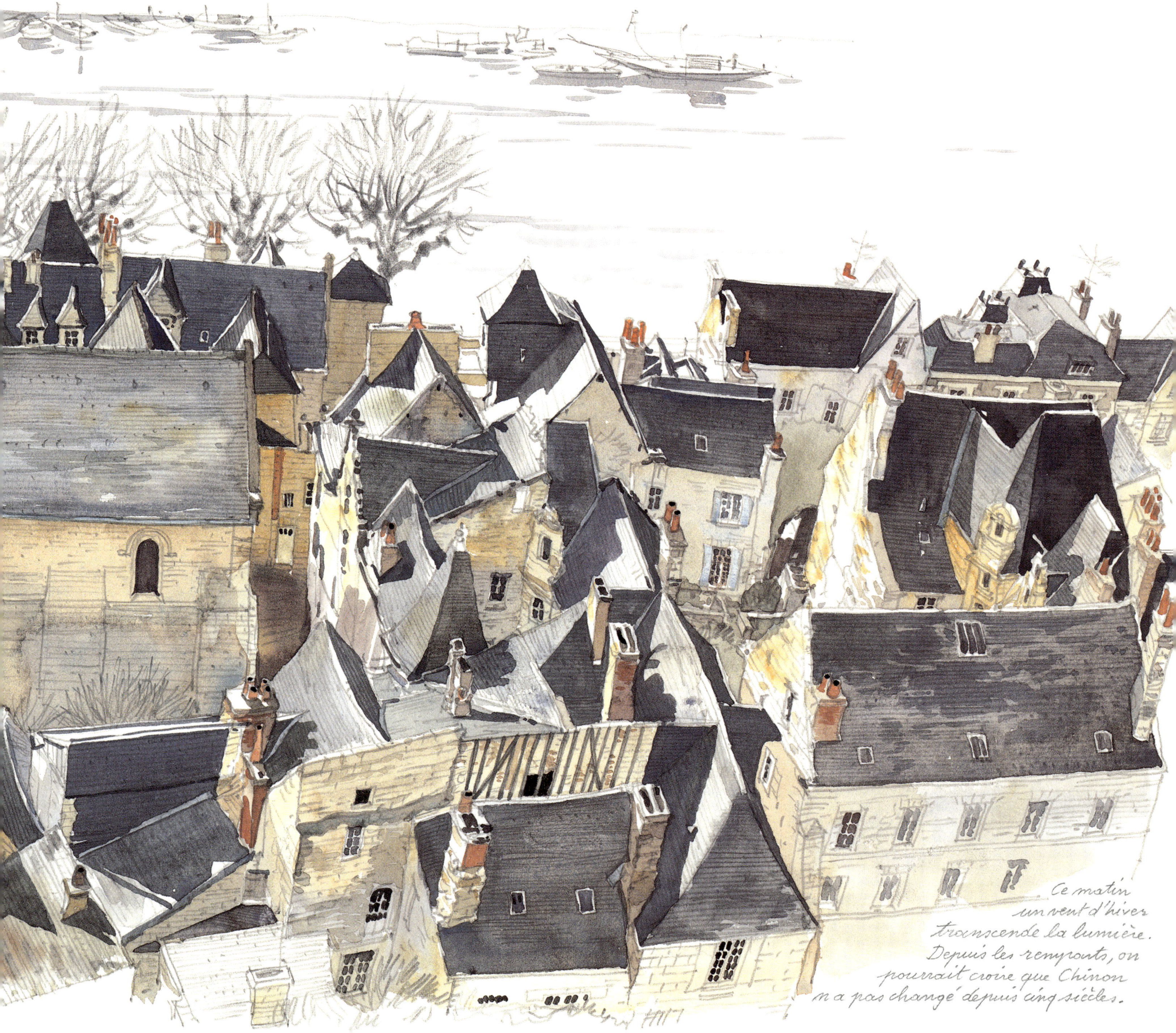
Ce matin
un vent d'hiver
transcende la lumière.
Depuis les remparts, on
pourrait croire que Chinon
n'a pas changé depuis cinq siècles.

C'est à l'abbaye de Seuilly que le jeune Rabelais
fit ses premières études. Elle est toute proche de la Devinière,
la maison familiale des Rabelais. La route se fait aisément
à pied, en longeant le coteau. Il y a de beaux restes de cette abbaye
et surtout un magnifique jardin créé il y a
une quinzaine d'années sans chercher à singer les jardins du Moyen Âge :
les ifs et les buis taillés, les sols de galets magnifient l'extraordinaire
texture des murs du bâtiment conventuel.
L'élève François Rabelais devait passer beaucoup de temps ici
à observer la vallée. La plupart des lieux-dits de l'épopée
picrocholine sont à portée de la terrasse : la Roche-Clermault,
le Coudray-Montpensier, Lerné, la Devinière...

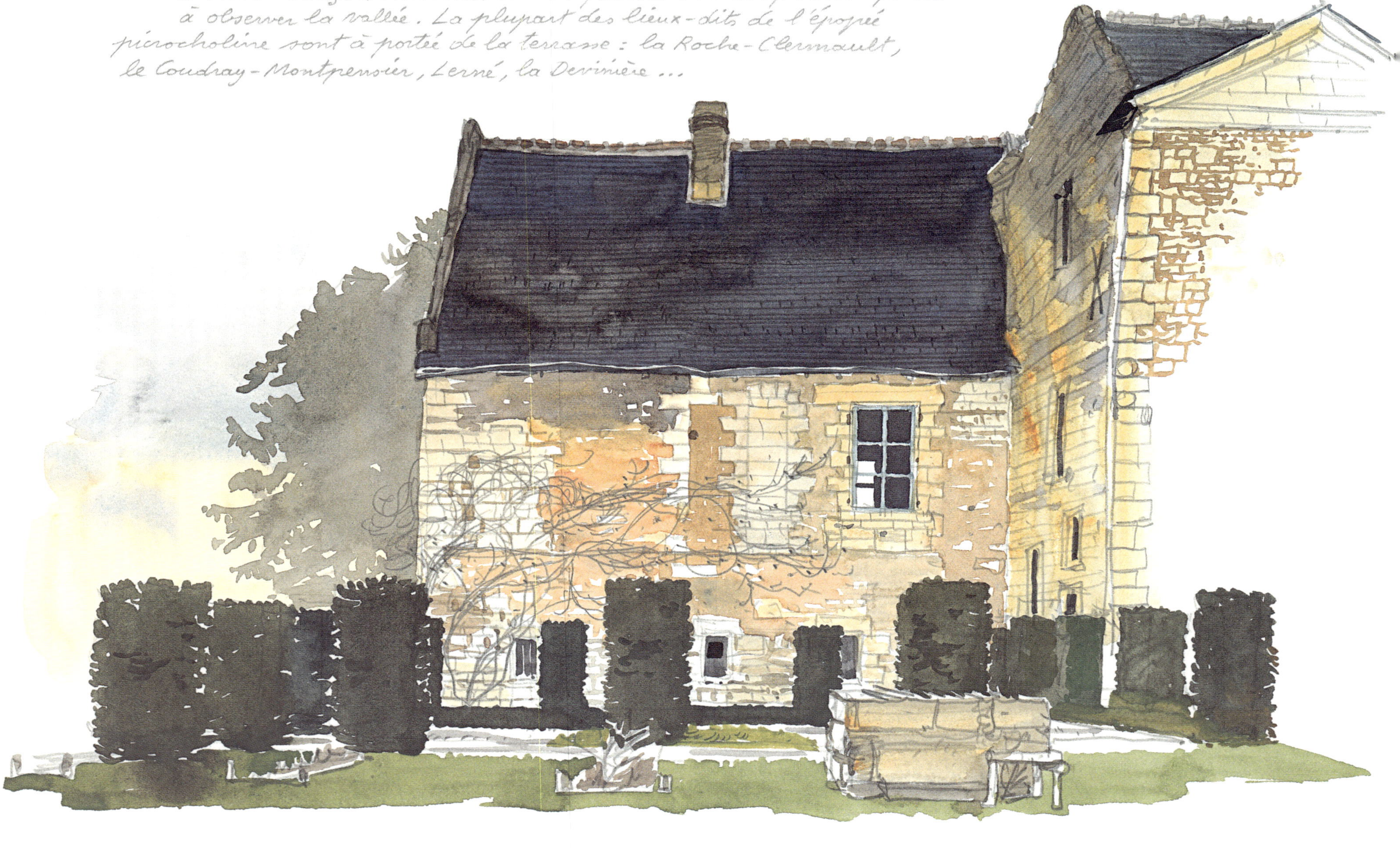

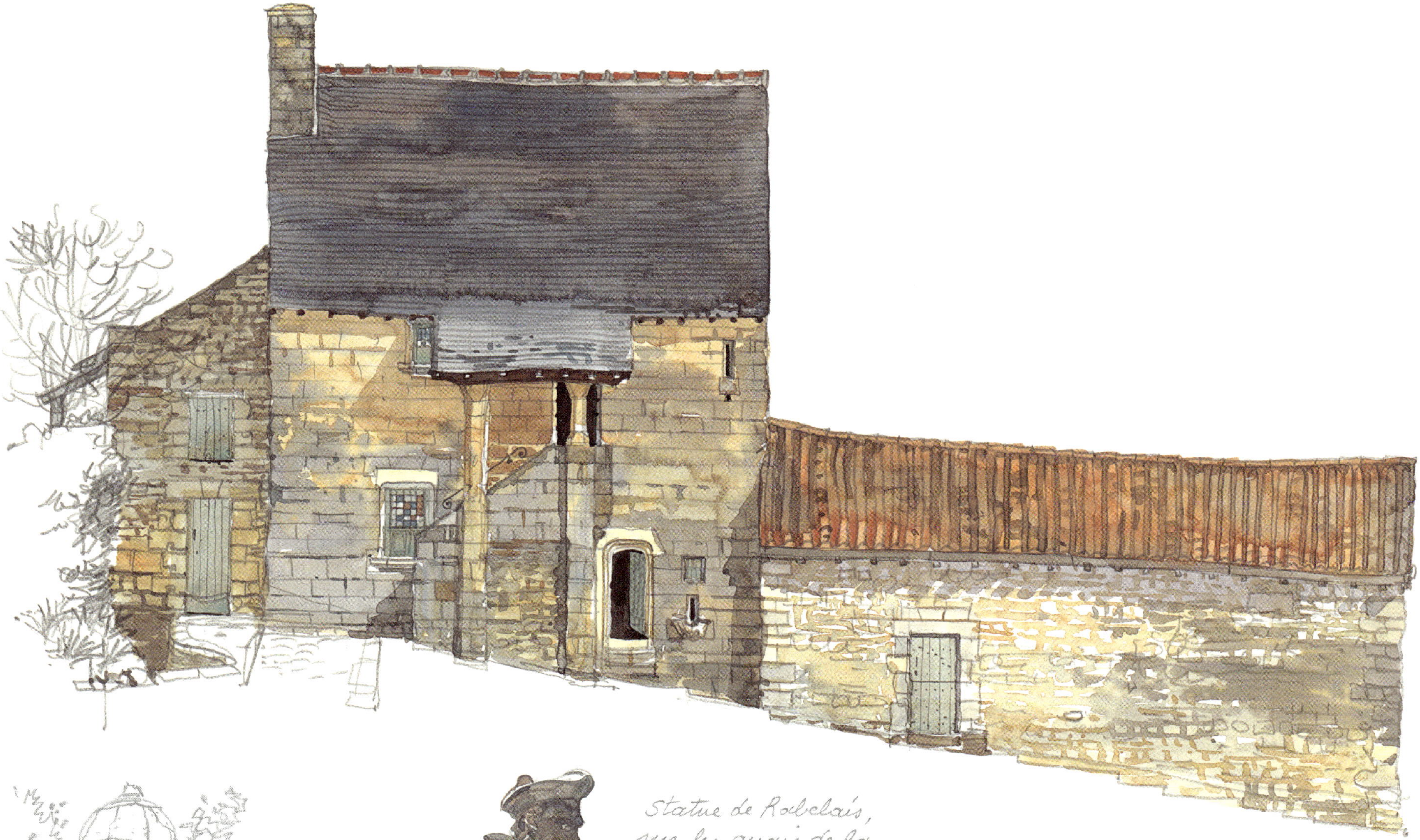

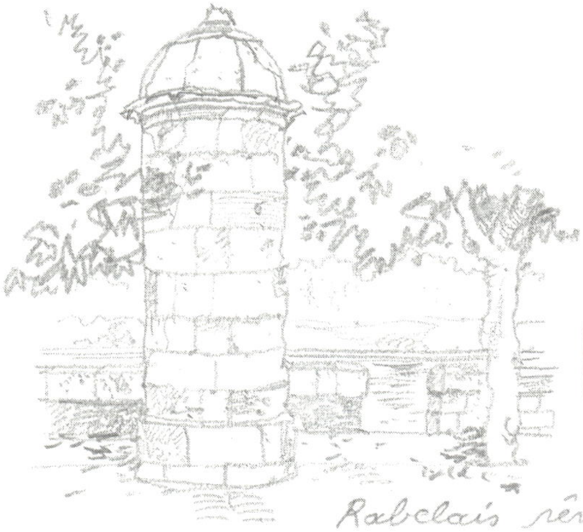

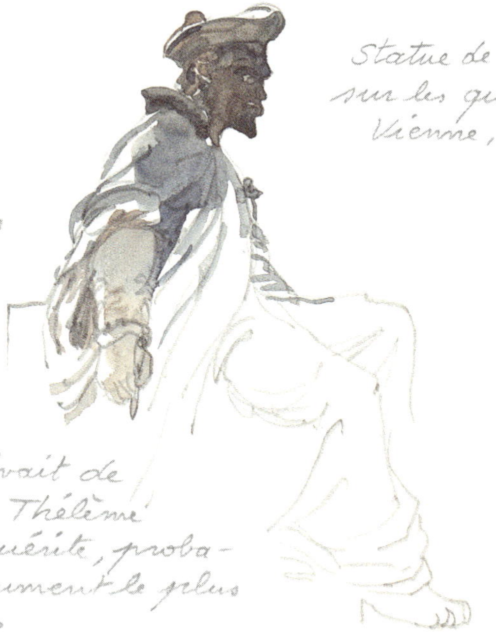

Statue de Rabelais, sur les quais de la Vienne, à Chinon.

La Devinière

Grosse ferme d'apparence plutôt modeste, ancienne maison de campagne du père de Rabelais, dont la "fuye", le grand pigeonnier accolé au logis souligne l'importance. Ce bâtiment, construit au XVIIIe siècle est couvert de tuiles canal, influence probable du Poitou tout proche.

Rabelais rêvait de construire l'abbaye de Thélème à Bréhémont. Cette guérite, probable pissotière, est le monument le plus ostentatoire de ce village au destin avorté.

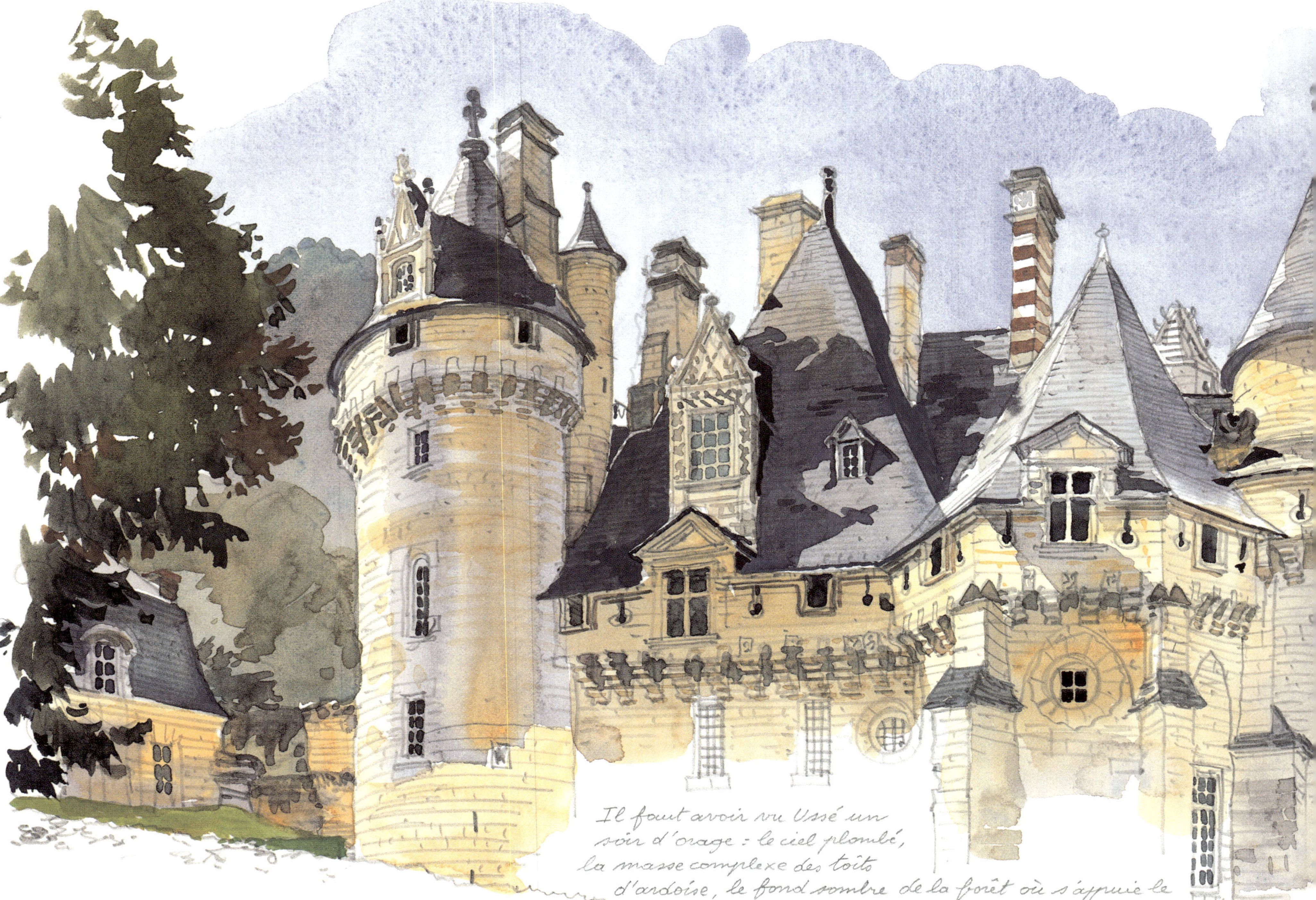

Il faut avoir vu Ussé un soir d'orage : le ciel plombé, la masse complexe des toits d'ardoise, le fond sombre de la forêt où s'appuie le château. Le blanc des murs en devient fantomatique. Seul Chambord approche une telle magie. L'allusion aux contes de fées s'impose. Mélange de style médiéval, Renaissance, classique, forêt de tourelles et de clochetons. Aux mâchicoulis du Moyen Âge gothique s'opposent les raffinements de la première Renaissance : pilastres à l'antique, lucarnes ouvragées, fenêtres en travées. Il faut féliciter Jacques d'Espinay qui fit abattre la courtine nord et ouvrir ainsi la cour vers la vallée de l'Indre.

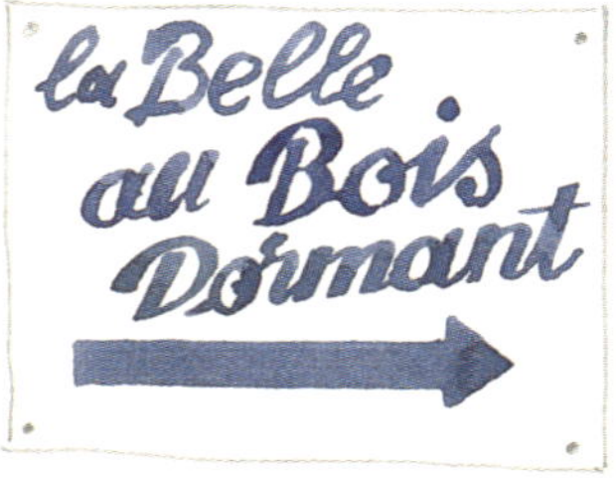

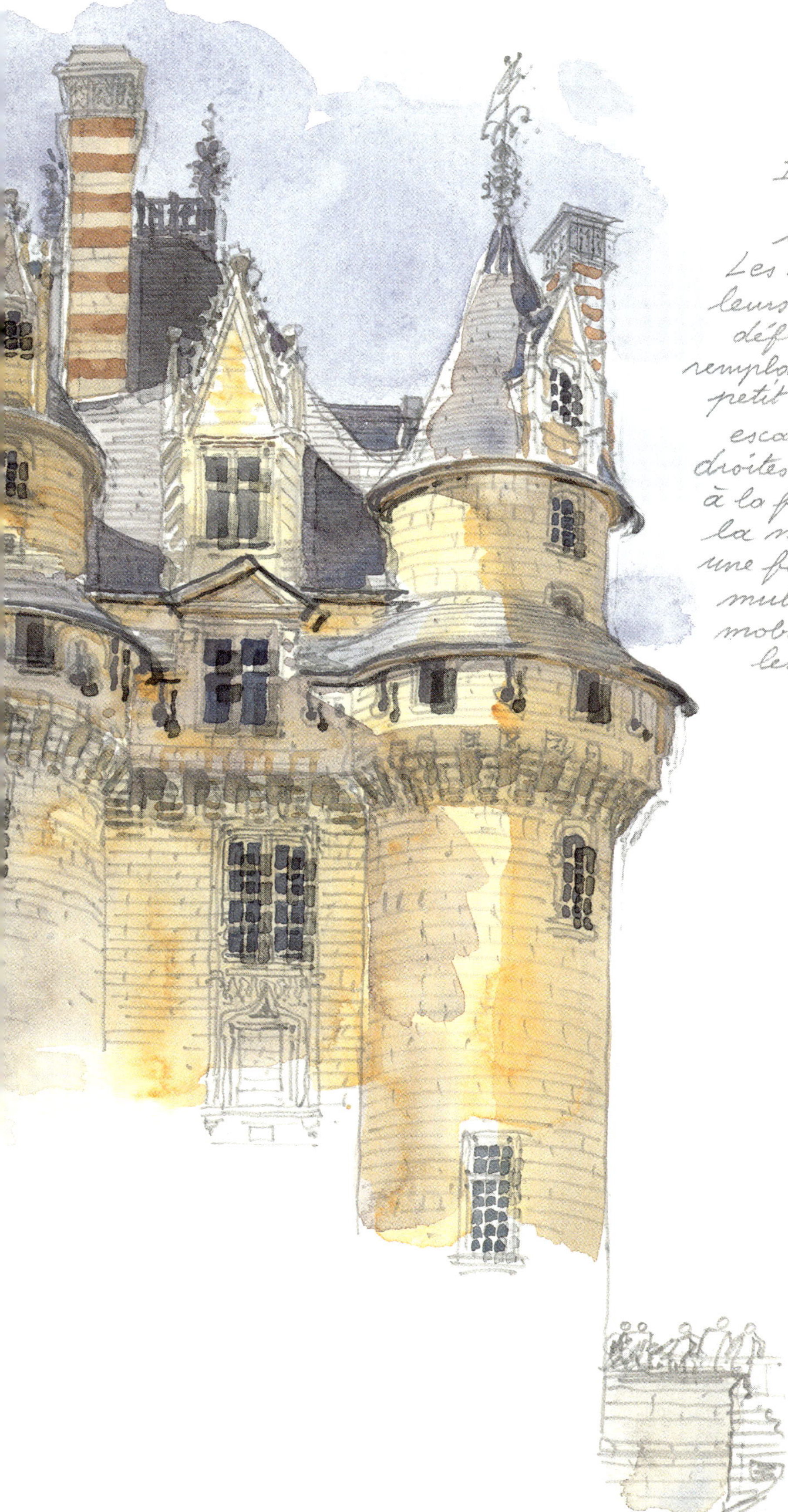

Azay-le-Rideau

Encore un rêve au bord de l'Indre.
Épargnons-nous l'autre princesse endormie pour lui préférer l'architecture et la guerre en dentelles.
Ici, les tourelles en encorbellement jouent à la bagarre, le chemin de ronde suggère davantage la promenade innocente que le combat.
Les mâchicoulis font chanter leurs sculptures et les douves défensives ont été remplacées par un aimable petit étang. Le grand escalier à rampes droites est une invitation à la fête. D'ailleurs, la nuit précisément, une fête de lumières multicolores et mobiles enchante les façades.

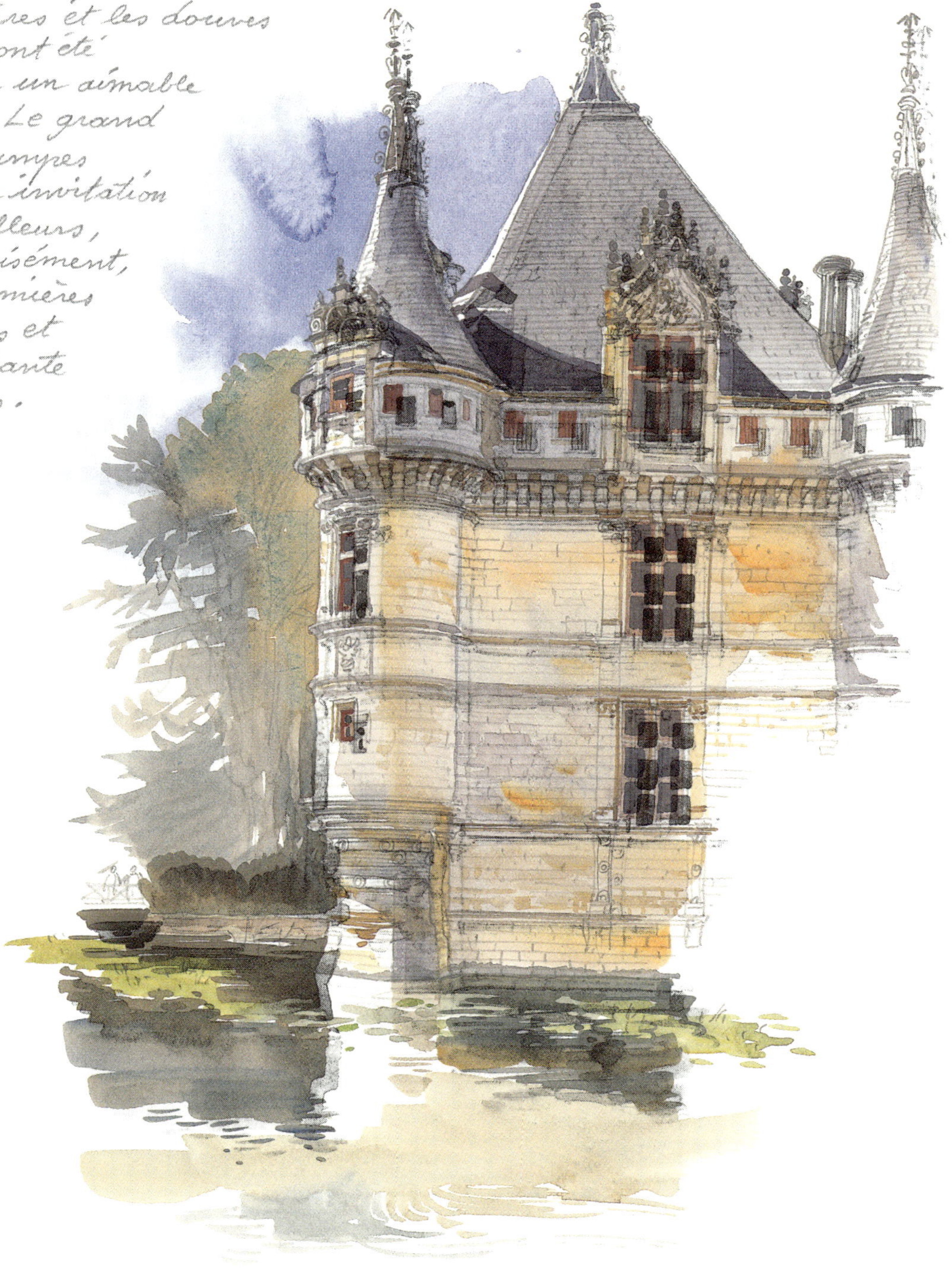

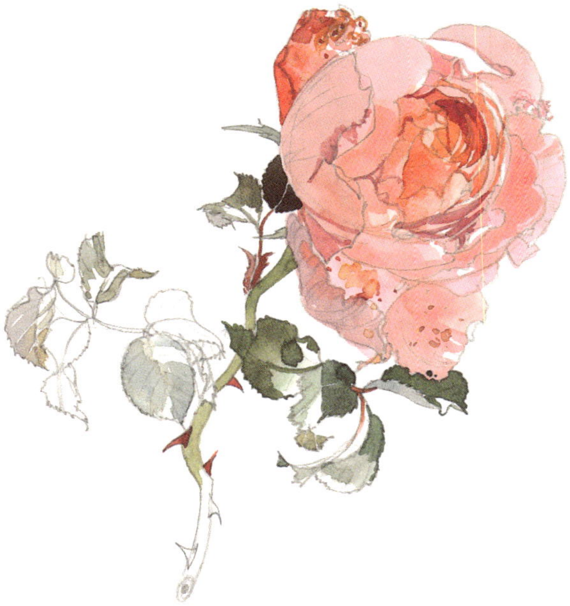

Villandry est un exercice de style remarquable sur la manière dont le XXe siècle naissant imaginait le jardin historique. La terrasse basse recueille les neuf carreaux du potager fleuri. Plus haut, ce sont les cinq parterres du jardin d'agrément, puis, au-dessus, le niveau de la pièce d'eau et de la prairie fleurie. Peu importe que les tonnelles, les berceaux, les fontaines et les massifs du potager néo-médiéval s'inspirent de dessins de la Renaissance italienne. Les parterres sentent l'exercice de style arabo-andalou : croix de Malte, de Languedoc, basque. Qu'ils évoquent l'amour tendre, passionné, adultère, tragique, les fleurissements sont imprégnés de l'esthétique du milieu du XXe siècle, ainsi que les topiaires reconstituées récemment. Dans le fameux potager, pièce maîtresse du jardin, le plan de culture est redessiné chaque année. Cycle éternellement recommencé.

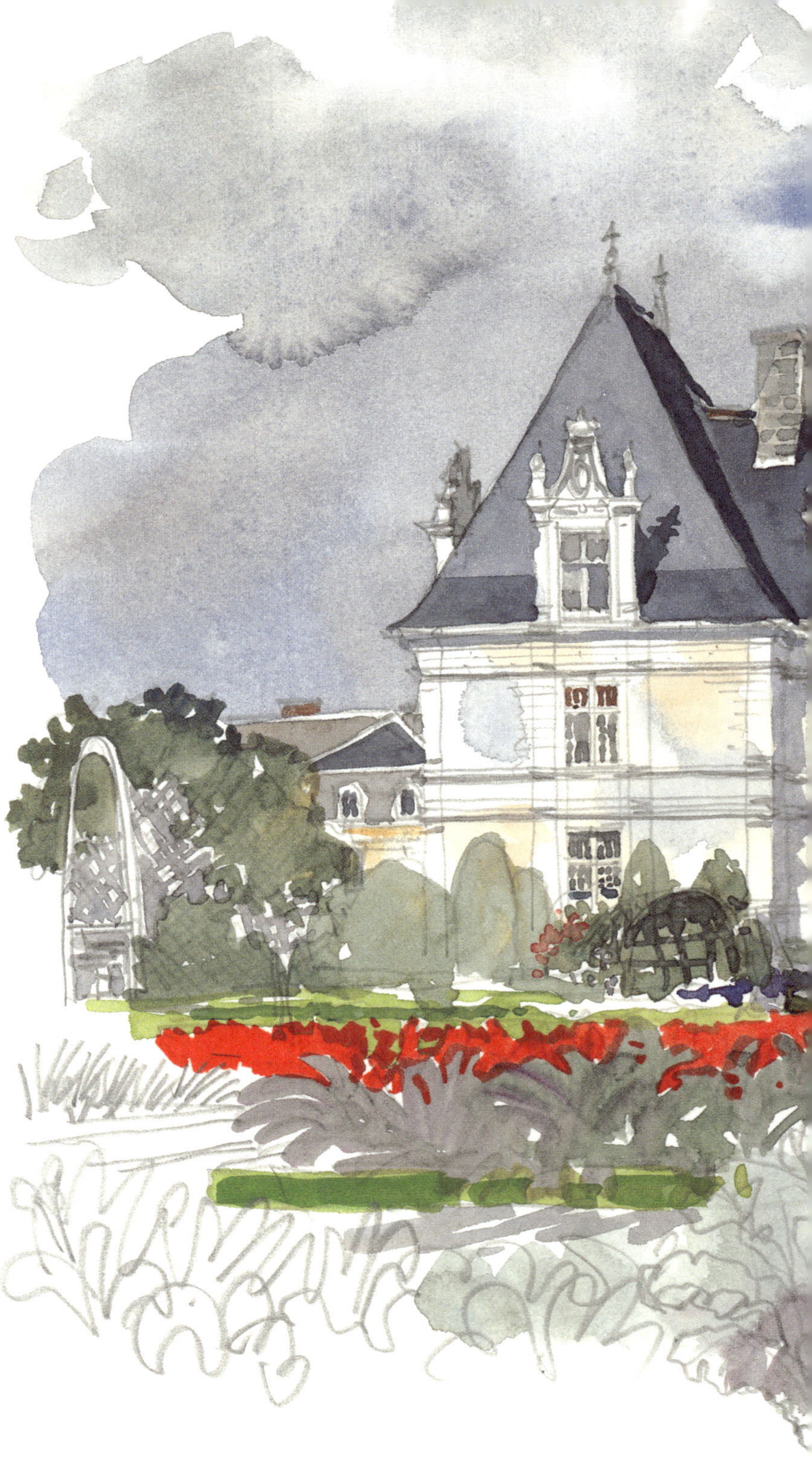

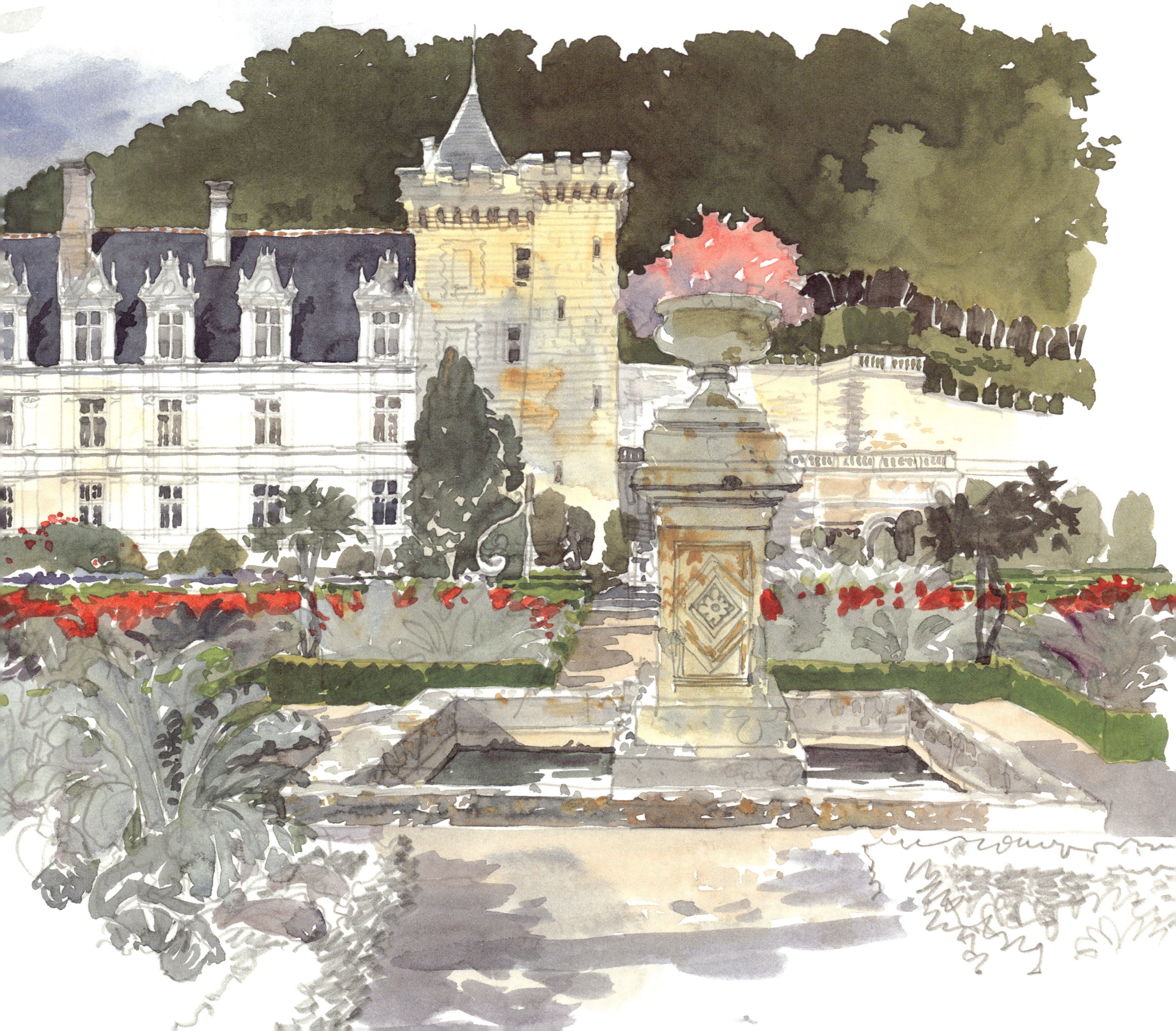

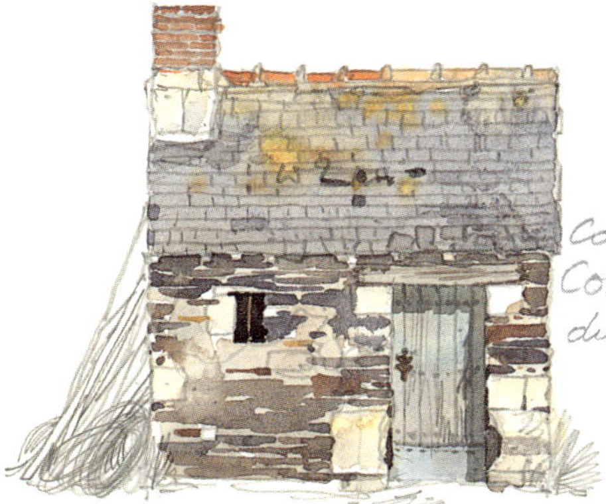

Cabane. Coteaux du Layon

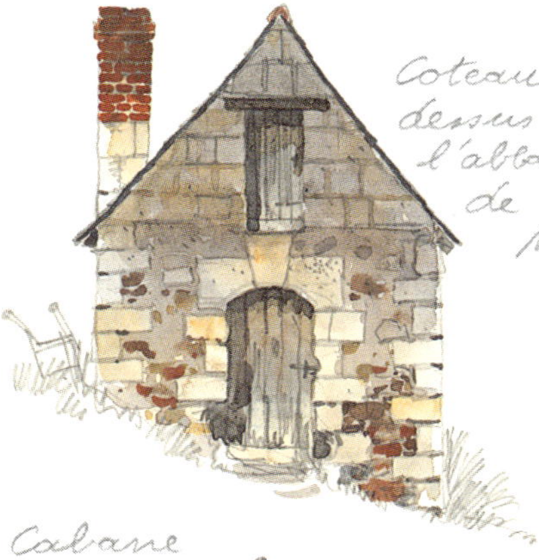

Coteau au dessus de l'abbaye de Saint-Maur.

Champigny (Saumur)

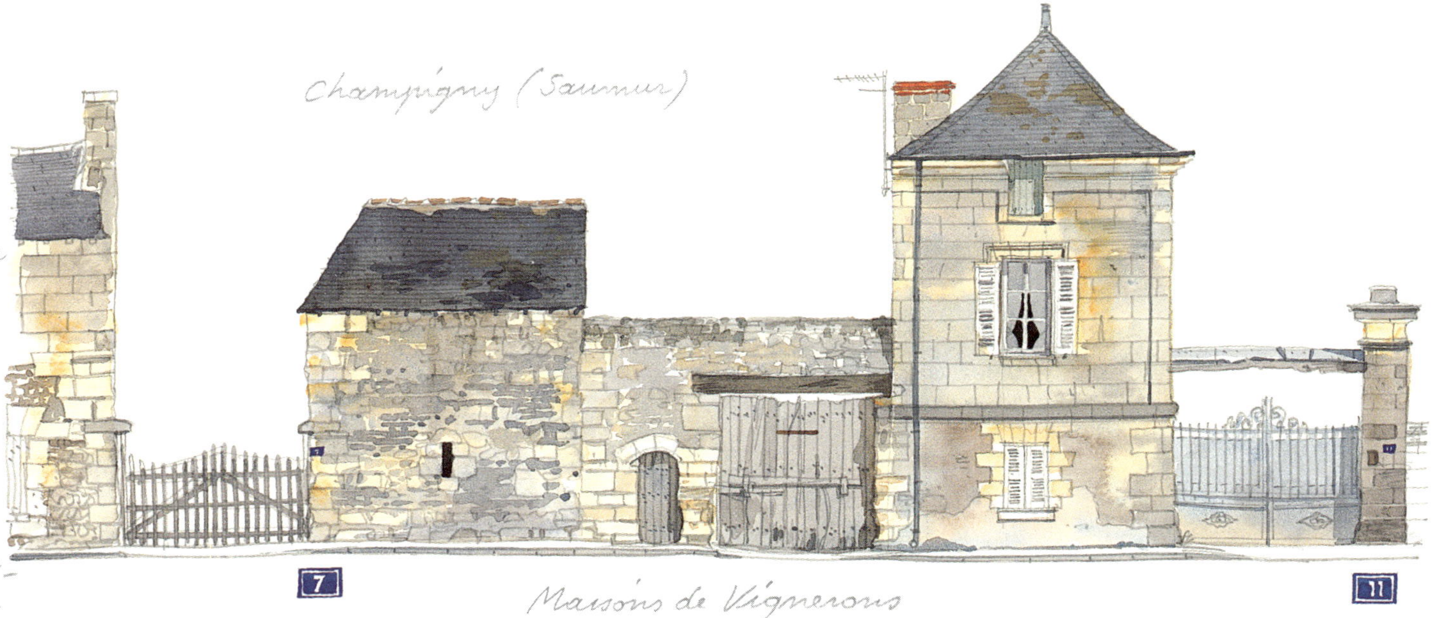

Maisons de Vignerons

Les maçons des bords de Loire réussissent remarquablement les petites maisons. Les cabanes de vigne, les "loges", sont souvent des merveilles d'appareillages sobres et élégants. Dans les villages, les maisons et les dépendances se juxtaposent, passant du moellon appareillé à la va-vite à du tuffeau rigoureusement assemblé. Grilles, cabanons, portes cochères se succèdent. De loin en loin, des meneaux en partie colmatés, l'arrondi d'une porte, des moulures finement sculptées et parfois l'ordonnance d'une façade témoignent de splendeurs passées.

Cabane de vigne. chinonais.

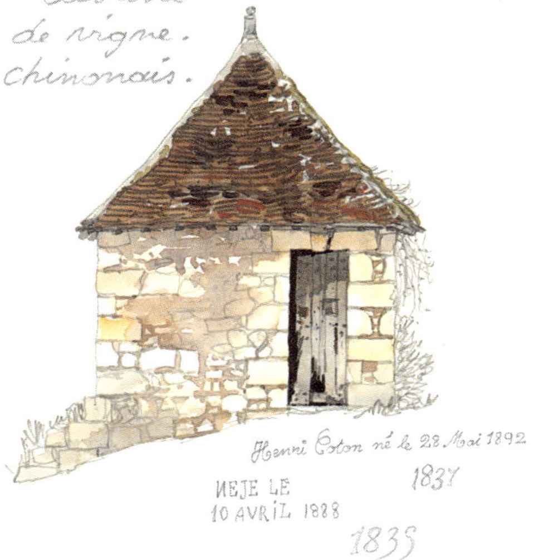

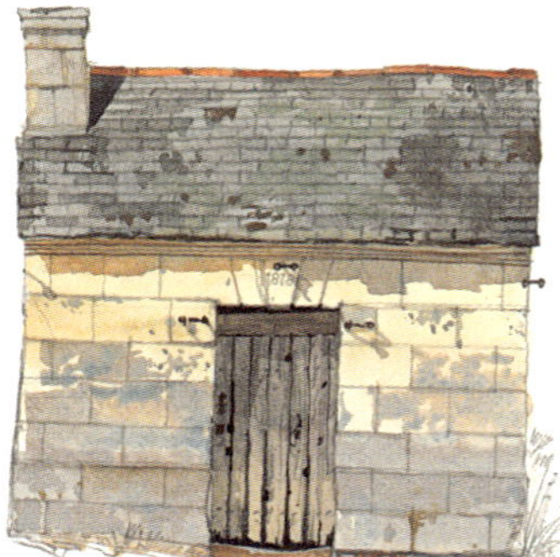

Saint-Nicolas de Bourgueil

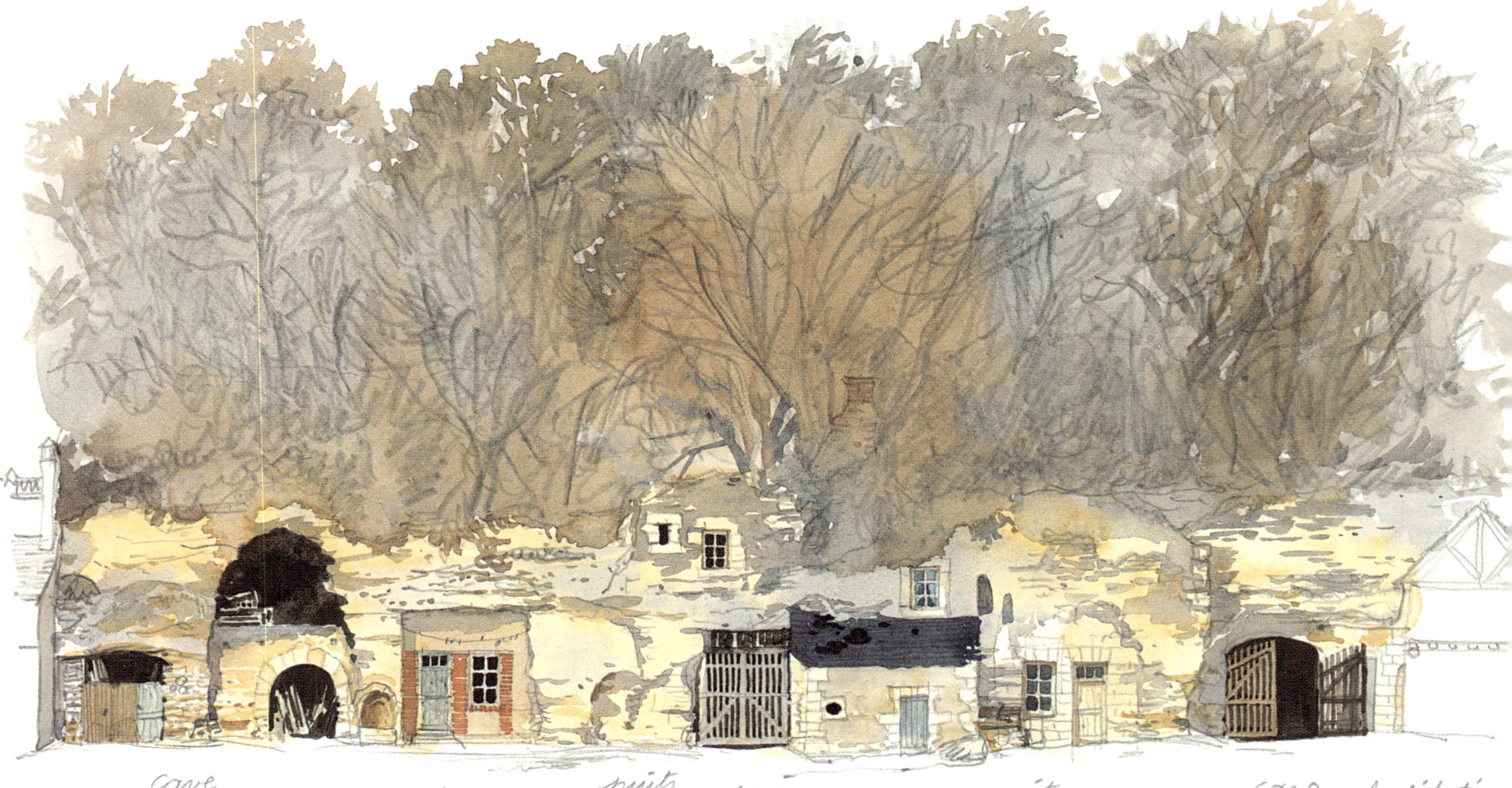

Troglodytes à Nazelles-Négron.

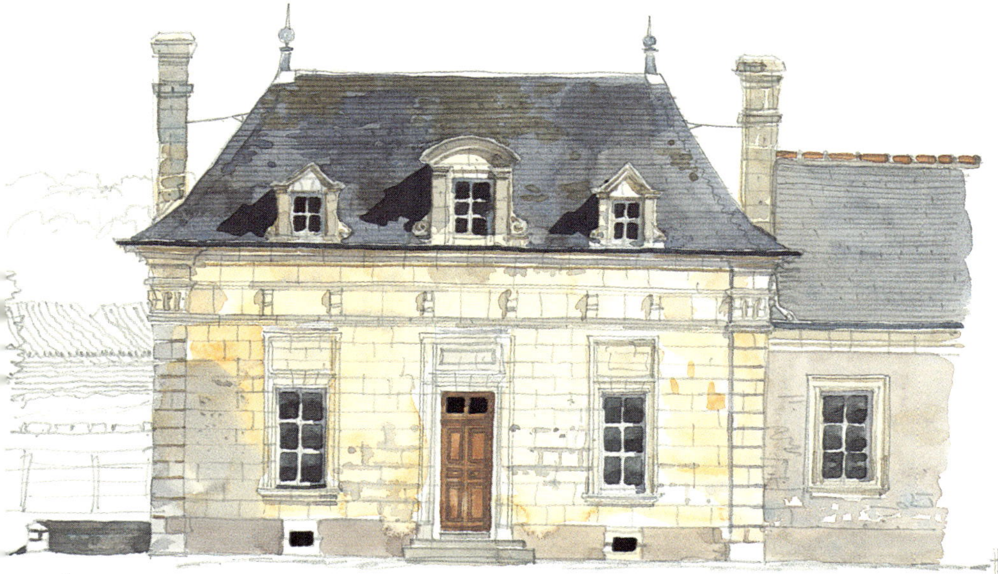

Saint-Nicolas-de-Bourgueil

Nozieux. Vignoble du Blésois. XVe-XVIe siècles.

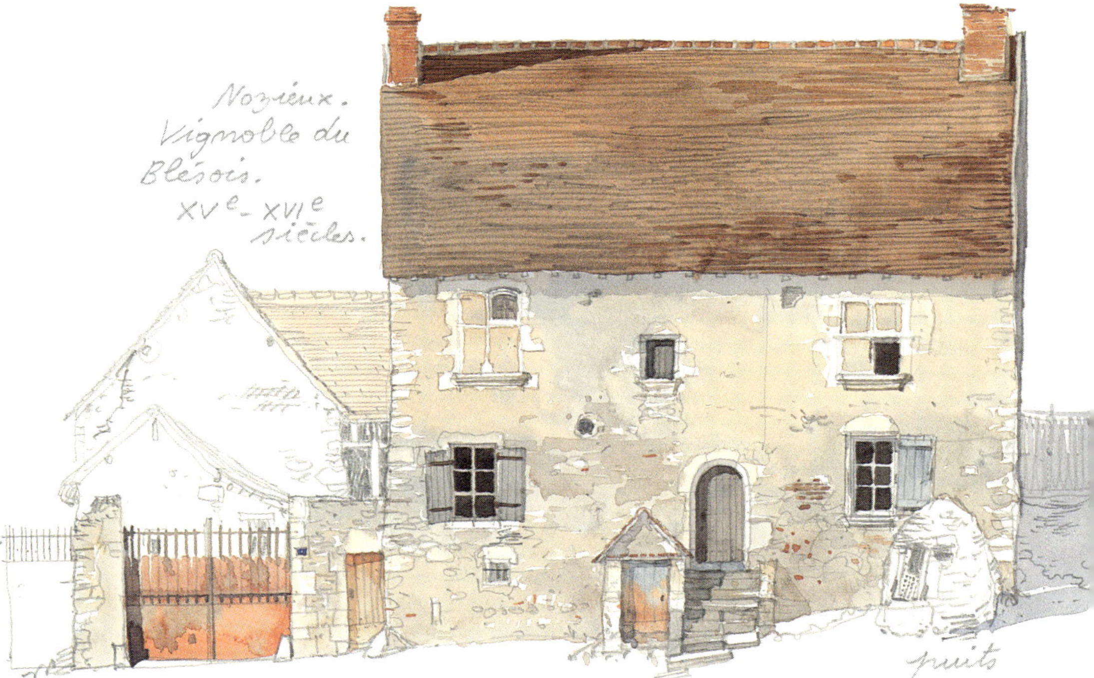

Marchand de vin, Azay-le-Rideau. Touraine.

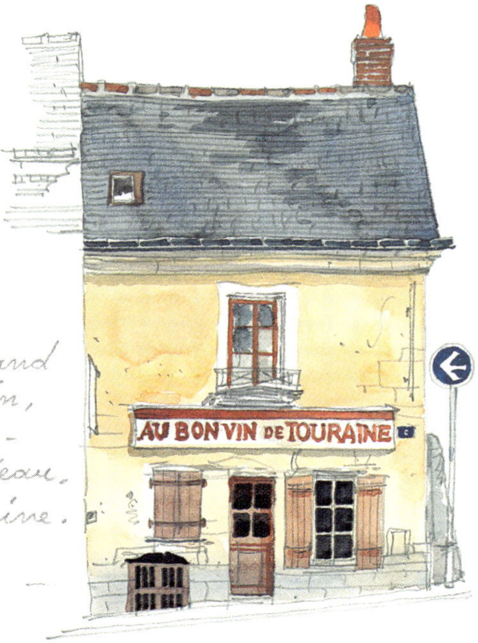

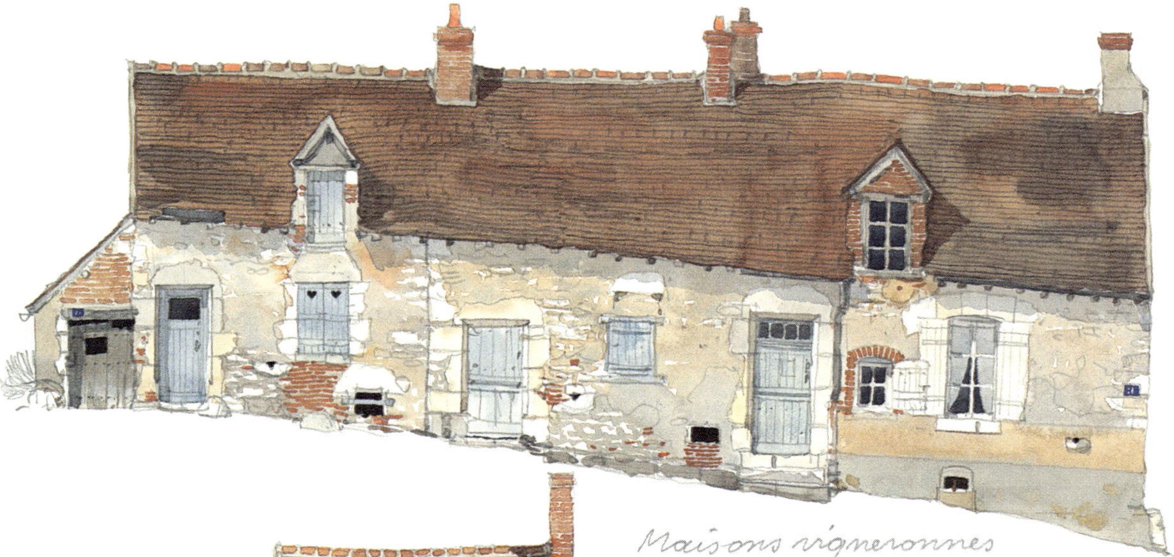

Maisons vigneronnes typiques de l'Orléanais. Tavers.

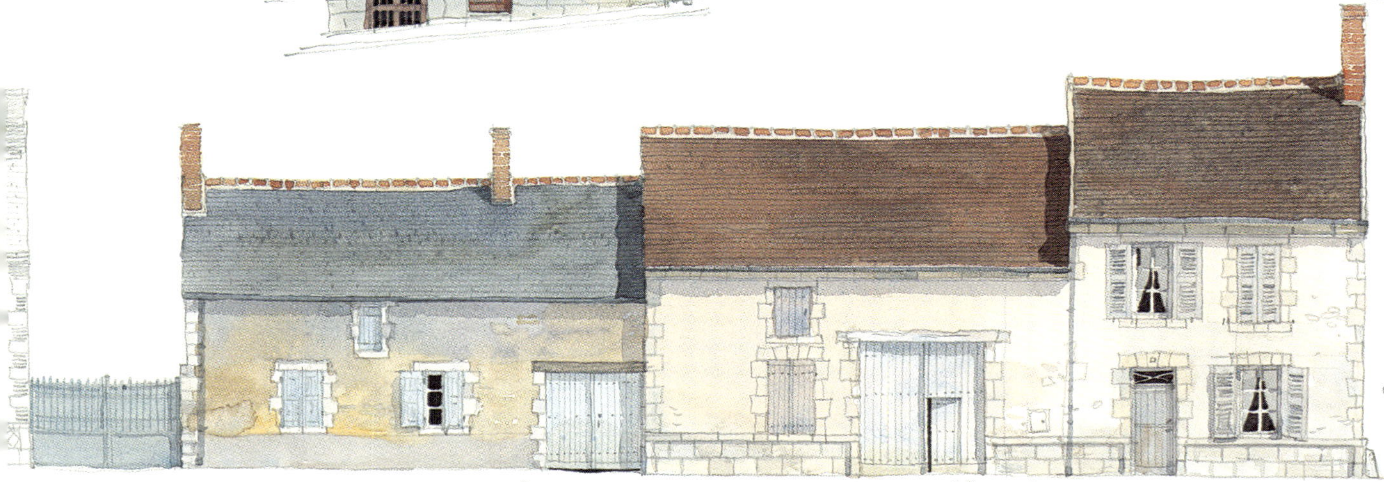

Maisons vigneronnes de la fin du XIXe siècle, en Orléanais. Mareau-aux-Prés.

Cabane de vigne de l'Orléanais. Saint-Hilaire-Saint-Mesmin.

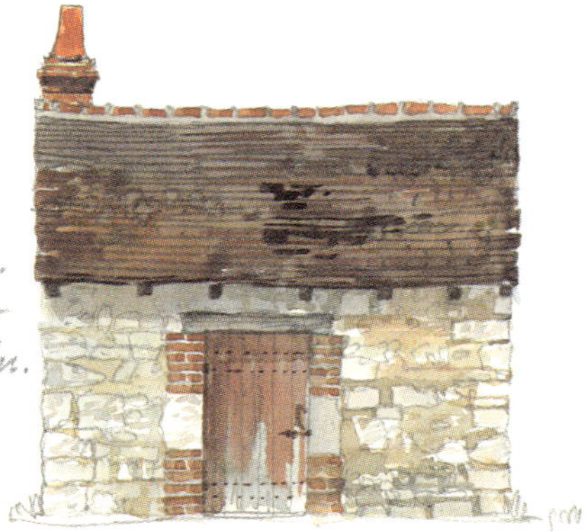

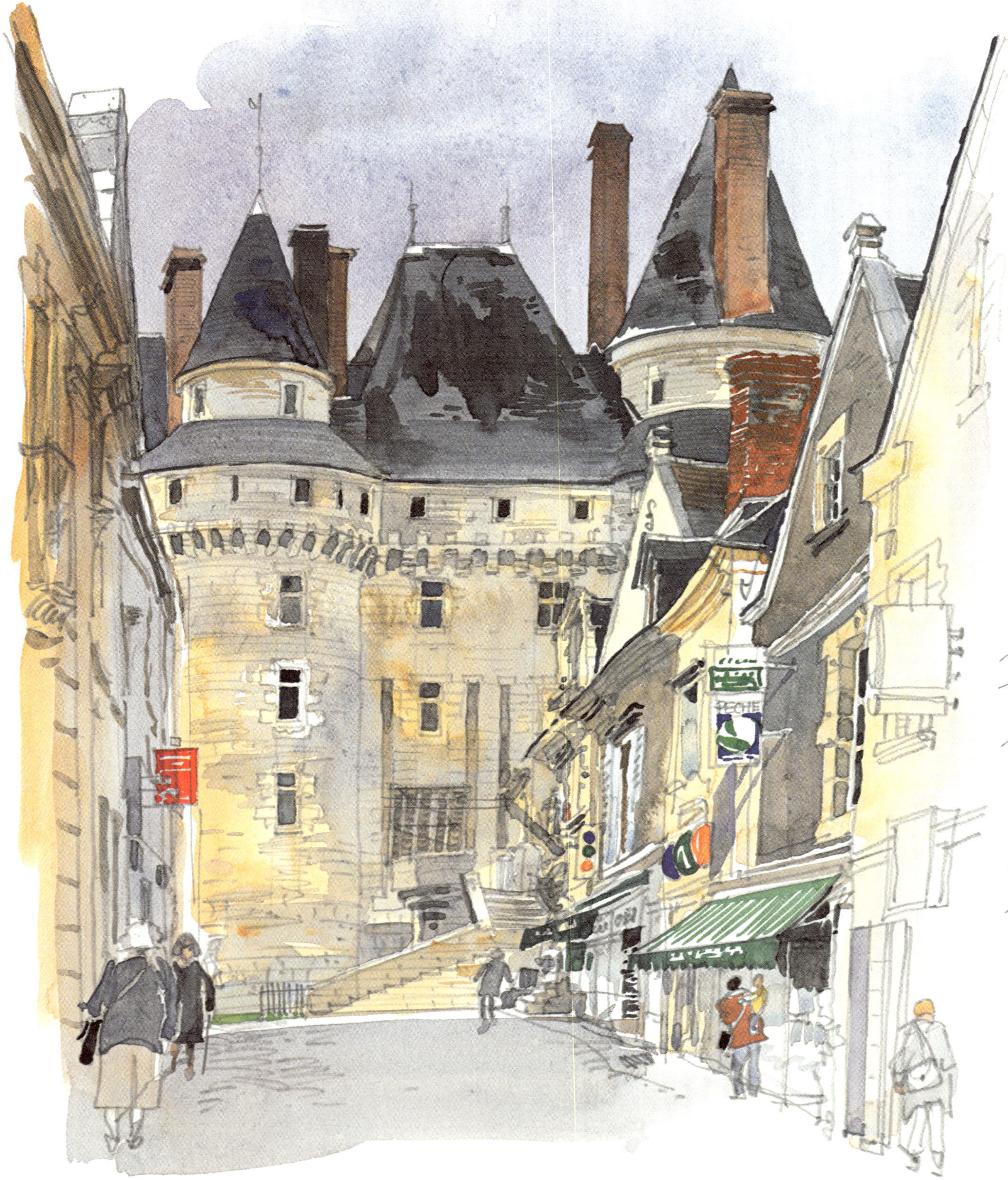

Langeais est un gros village assoupi au bout d'un pont suspendu qui imite l'art gothique.
À chaque coin de rue, des magasins fermés qui ont gardé leurs devantures de bois aux couleurs fatiguées.
De grosses poternes closes, inscrites dans des murs gris, créent une atmosphère de mystère aristocratique.
Il est sept heures trente du matin. Tout dort encore sauf quelques vieilles en robes de chambre molletonnées et multicolores qui s'adonnent déjà au balayage des seuils et des trottoirs et maugréent contre les travaux de voirie. Au fond de la rue Gambetta surgit le château, sombre et austère. Cette forteresse féodale est intacte et authentique.
On la contourne avec méfiance, mais ce serait une erreur d'en rester là. À l'intérieur, une fastueuse collection de meubles, de tapisseries et d'objets d'art, liés directement à l'histoire du château et patiemment collectés.

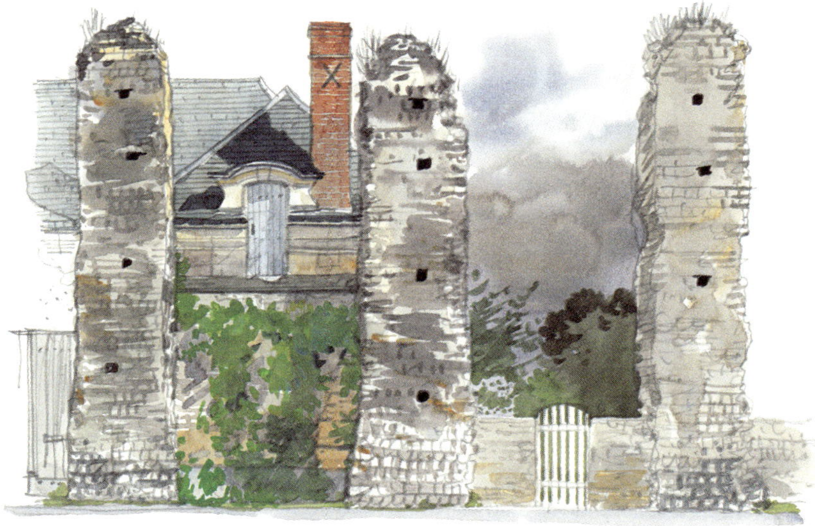

Aqueduc de Luynes.

Elle est joliment coincée entre les piles de l'aqueduc, cette petite maison. Elle ne risque pas de s'assoupir et redonne une raison d'être aux vestiges de cette construction gallo-romaine qui servait à alimenter en eau une villa des environs.
Trois cents mètres à peine ont survécu au temps.
Avec ses cent pieds romains de haut, l'étroite tour mausolée de Cinq-Mars-la-Pile, distante de quelques kilomètres, a-t-elle été bâtie par le même puissant personnage ?

Luynes s'accroche à son éperon entouré de vide. Un aspect extérieur rébarbatif qui cache une délicieuse cour intérieure au logis de brique et de pierre du XVe siècle et du début du XVIIe siècle.

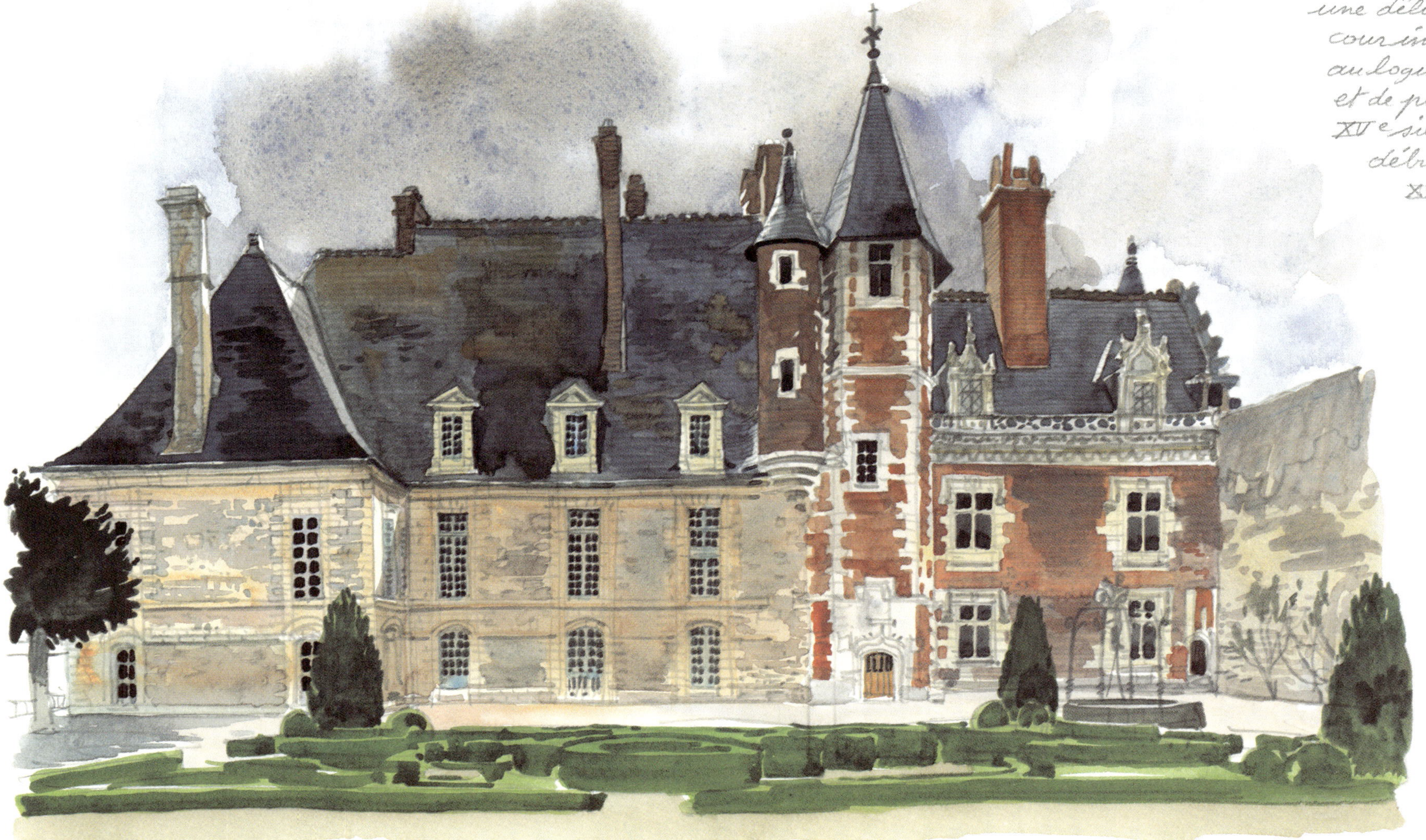

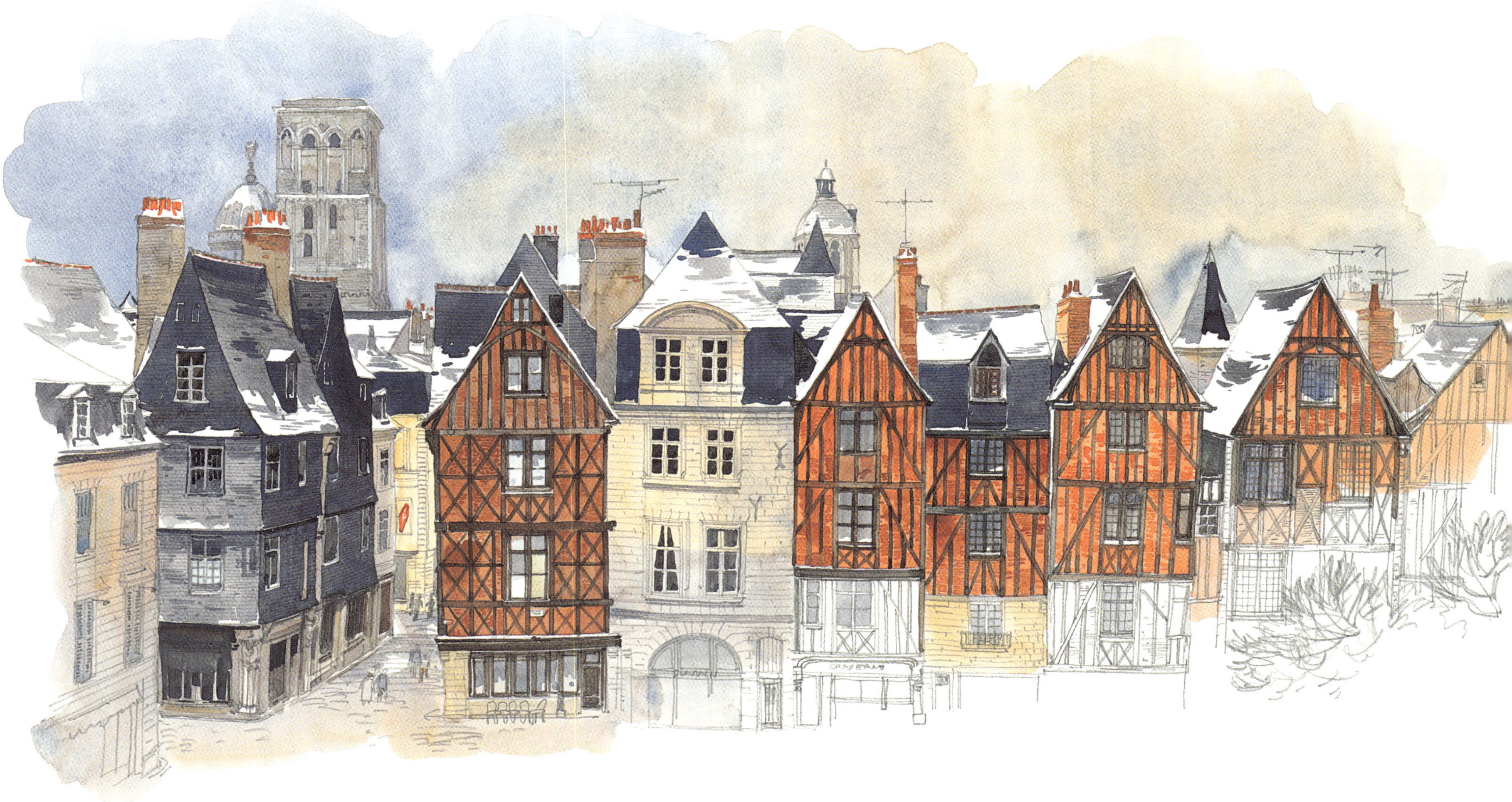

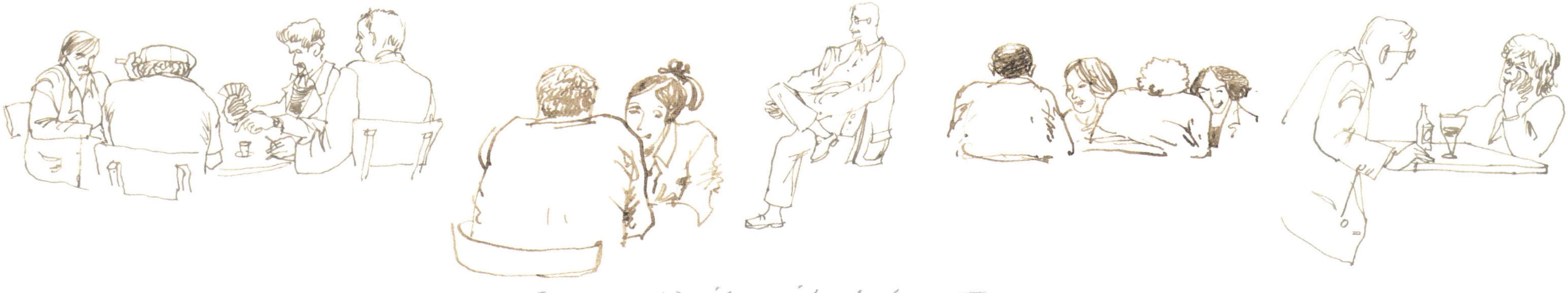

Ce jour-là, il avait neigé sur Tours.
Les étudiants et les autres avaient déserté les terrasses de la place Plumereau,
où il fait si bon musarder aux beaux jours. Pour une fois, on était tenté de
lever le nez en l'air, de contempler la tour Charlemagne
la tour de l'Horloge et le dôme de la basilique Saint-Martin.

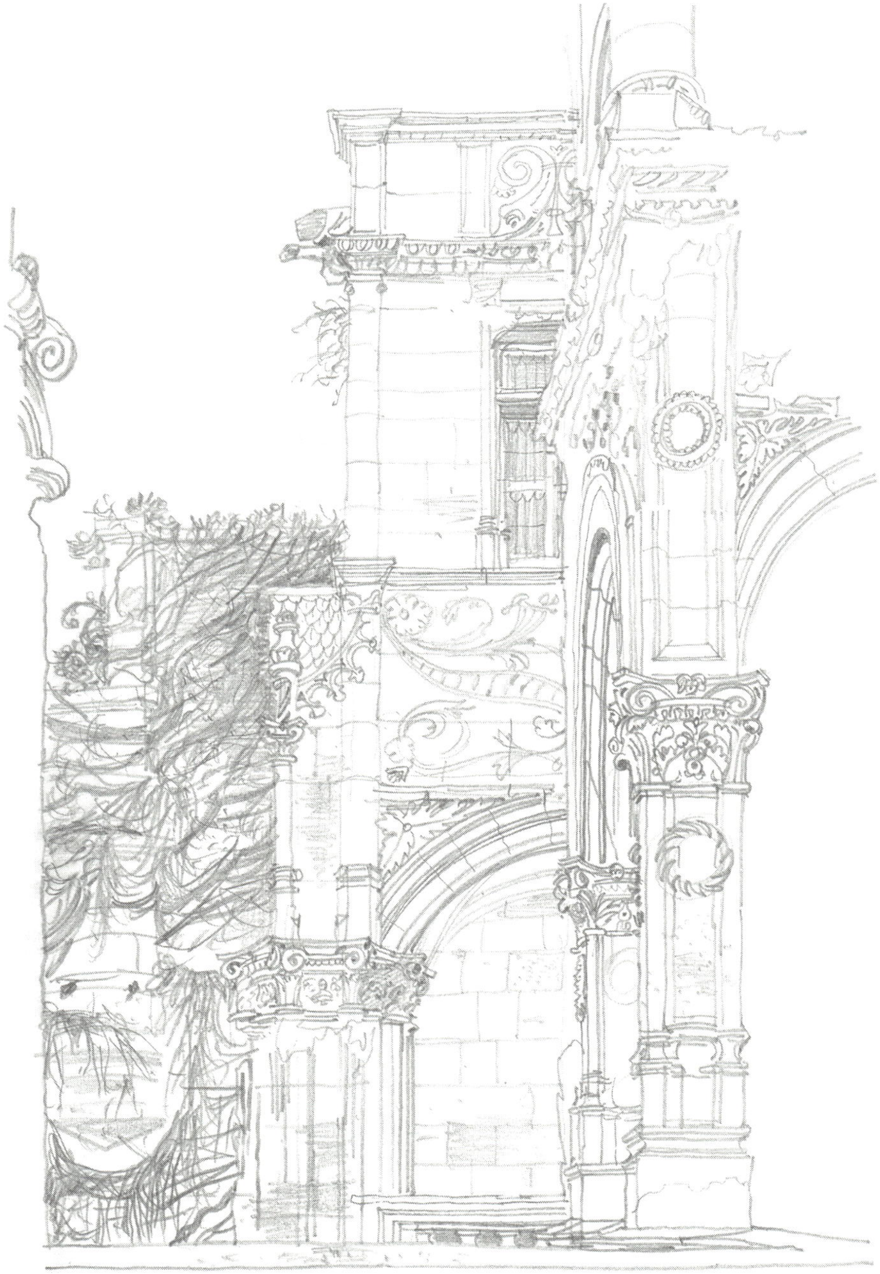

Tours peut se consoler un peu des destructions massives de la Seconde Guerre mondiale en se félicitant qu'elles aient épargné le merveilleux hôtel Gouin, dont la façade sculptée est un chef-d'œuvre de la Renaissance.

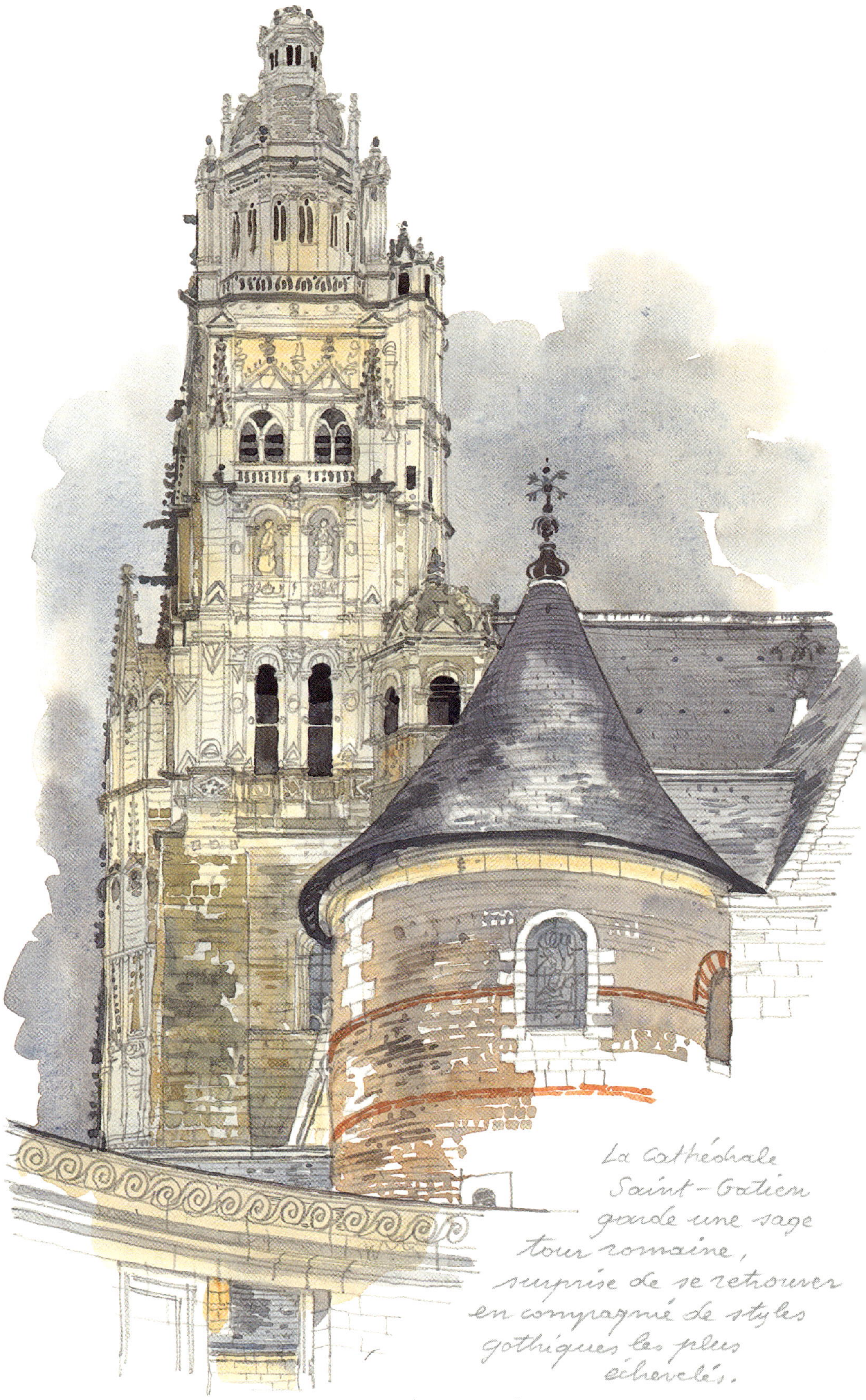

La cathédrale Saint-Gatien garde une sage tour romaine, surprise de se retrouver en compagnie de styles gothiques les plus échevelés.

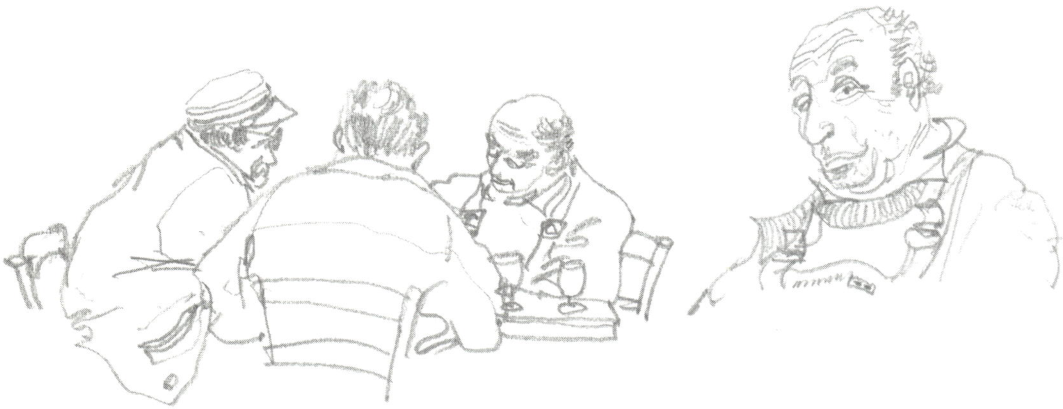

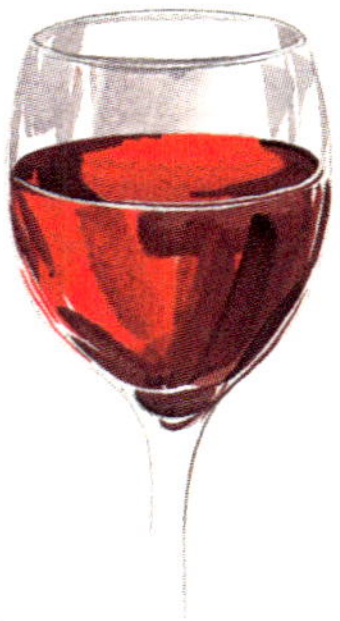

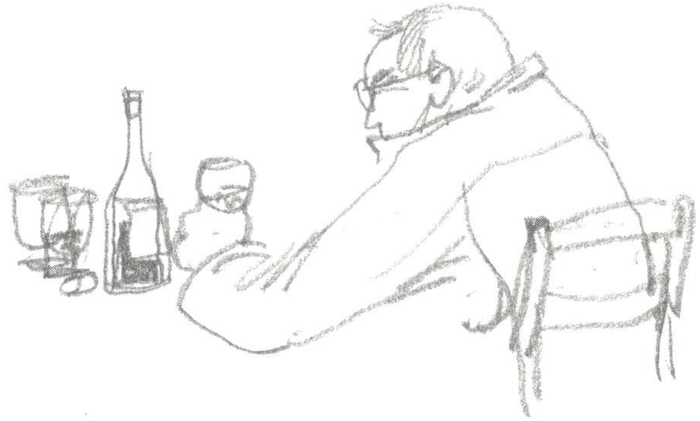

Les conversations autour d'un verre de Chinon ou de Bourgueil accompagnent les interminables parties de cartes. On trouve encore dans certains cafés de campagne des jetons de jeu en bois qui portent des noms désuets de marques apéritives : Claquesin, Aveze, Prunelle Noyer.

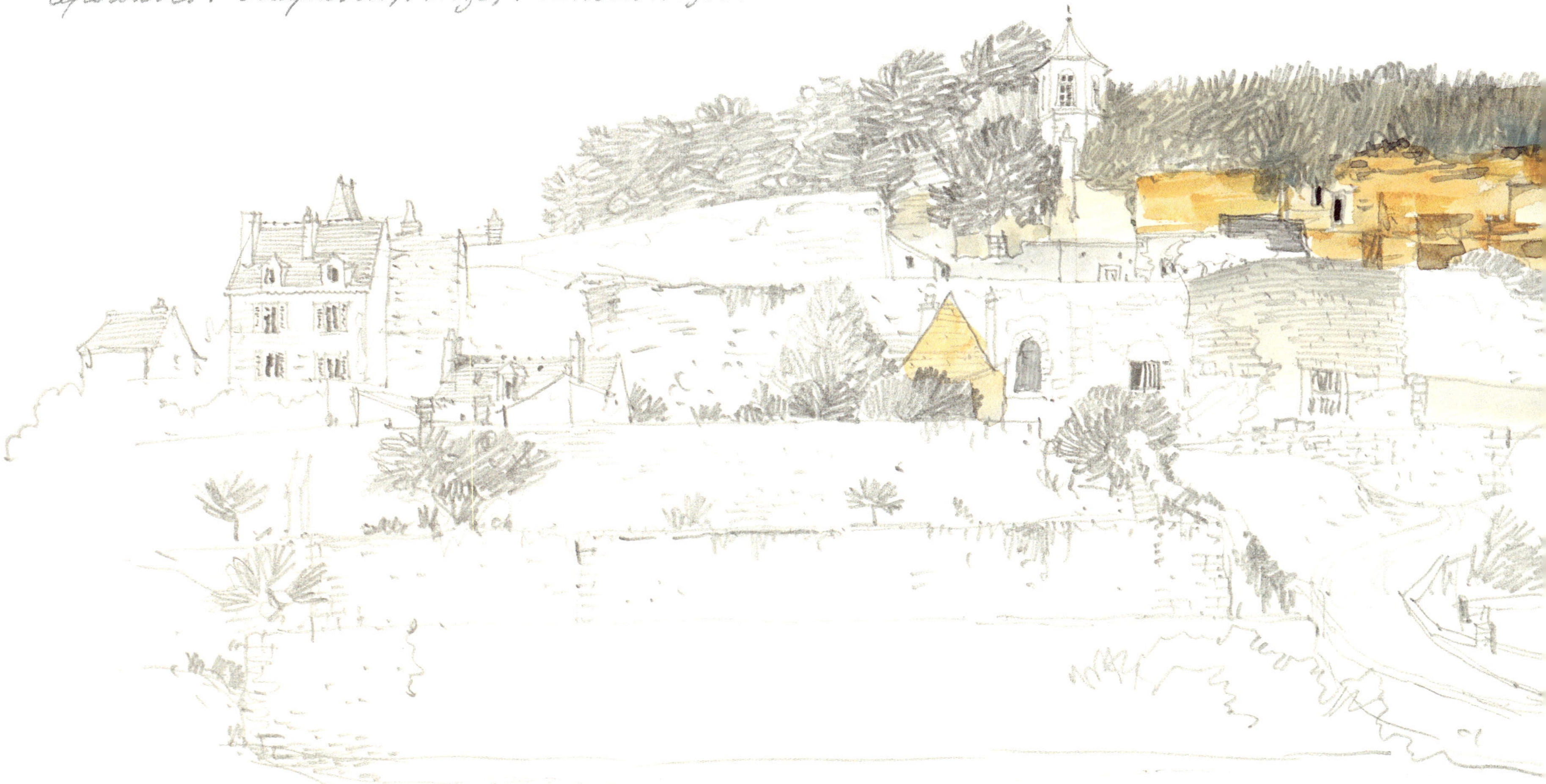

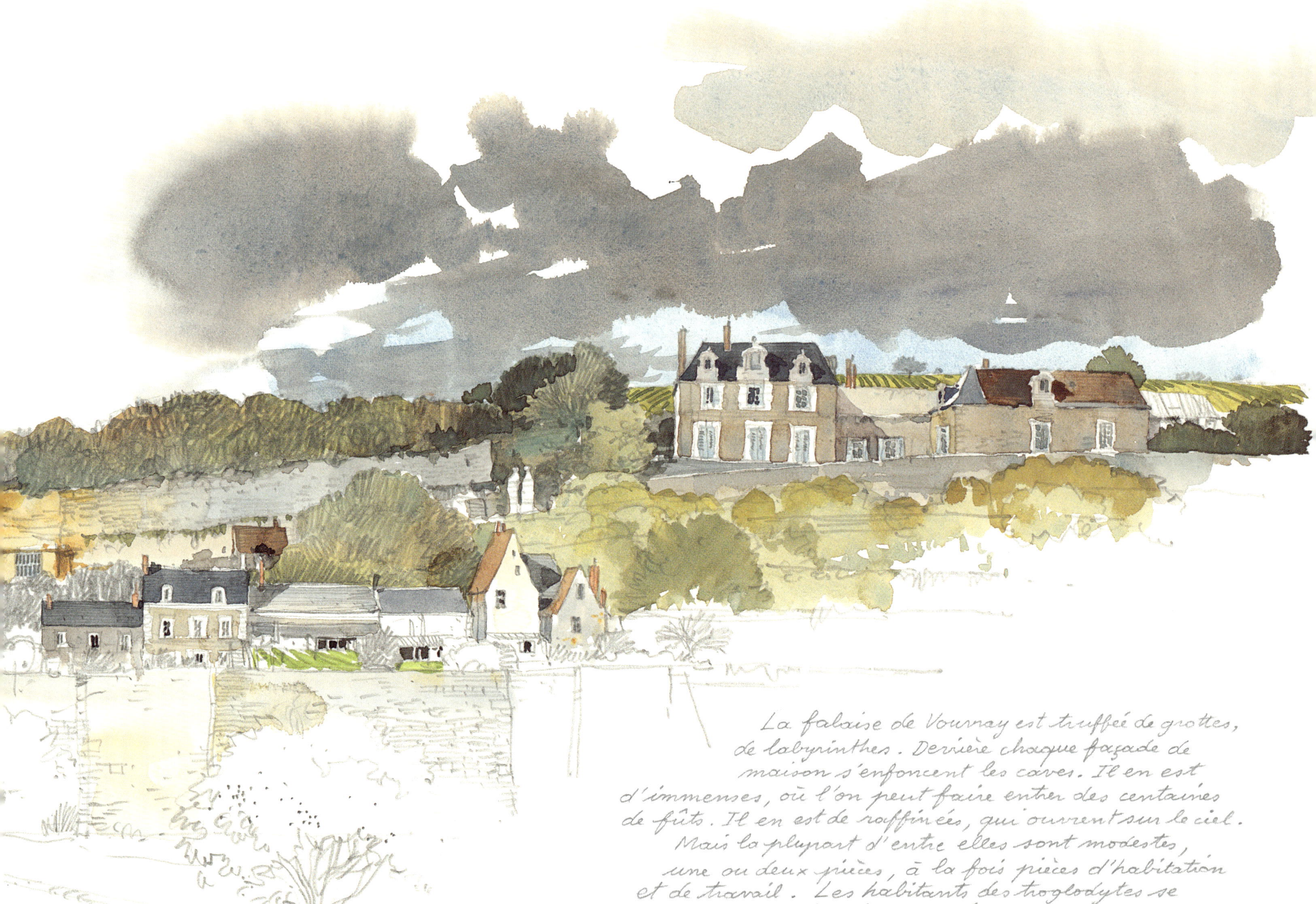

La falaise de Vouvray est truffée de grottes, de labyrinthes. Derrière chaque façade de maison s'enfoncent les caves. Il en est d'immenses, où l'on peut faire entrer des centaines de fûts. Il en est de raffinées, qui ouvrent sur le ciel. Mais la plupart d'entre elles sont modestes, une ou deux pièces, à la fois pièces d'habitation et de travail. Les habitants des troglodytes se félicitent de l'équilibre du climat dans ces grottes.

Au détour d'une petite route, deux maisonnettes de vigneron qui encadrent une cave troglodyte cachent une étonnante collection de marques d'artisans. Ici, à l'époque de la Révolution française, ont séjourné des maréchaux-ferrants, un charron, des vignerons. Nos tags n'ont rien de nouveau. Depuis toujours les graffitis sont très nombreux en Val de Loire. Peu de maisons et de châteaux échappent à la verve des écrivains muraux. La pierre tendre se laisse facilement graver.

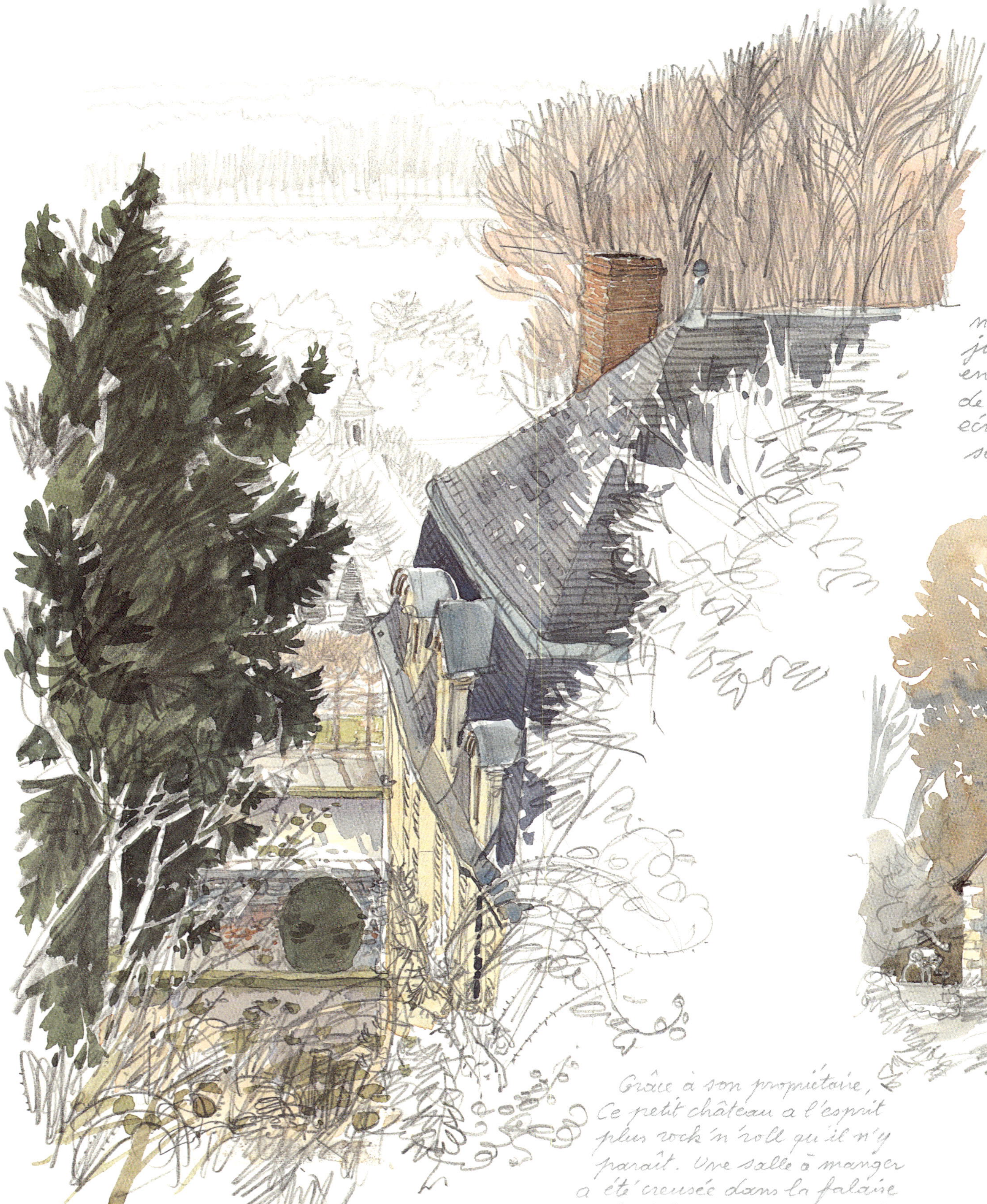

Grâce à son propriétaire, Ce petit château a l'esprit plus rock'n'roll qu'il n'y paraît. Une salle à manger a été creusée dans la falaise de tuffeau au XVIIIe siècle

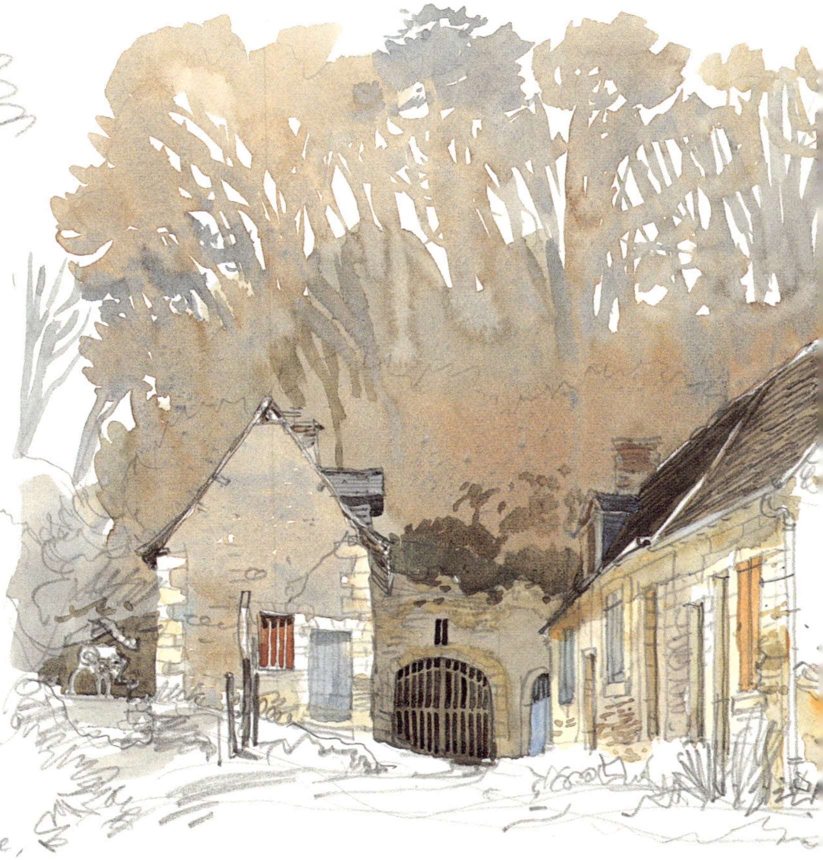

Pocé-sur-Cisse.

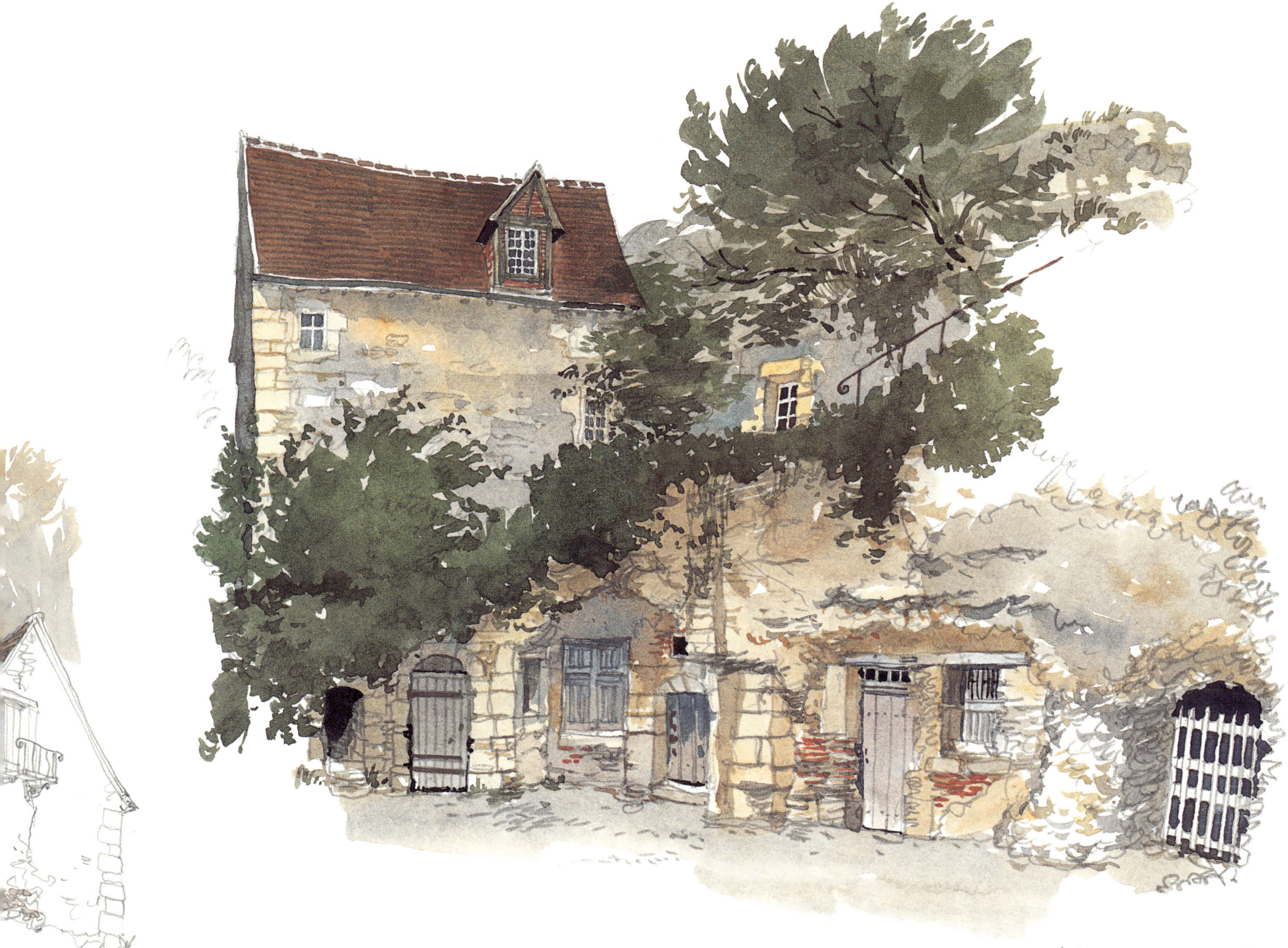

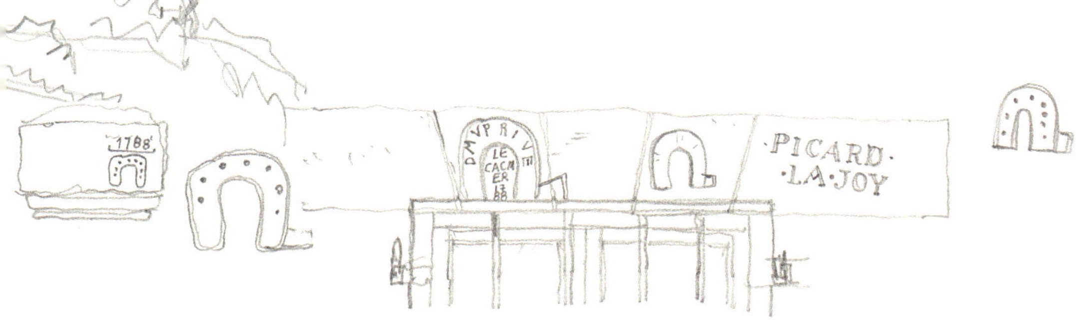

En contrebas du château de Montcontour,
entre Rochecorbon et Vouvray.
Il faut imaginer l'imbrication des vies
dans ces grottes et la complexité des relations
sociales que pouvait engendrer l'entre-
croisement de ces territoires creusés au
petit bonheur la chance.

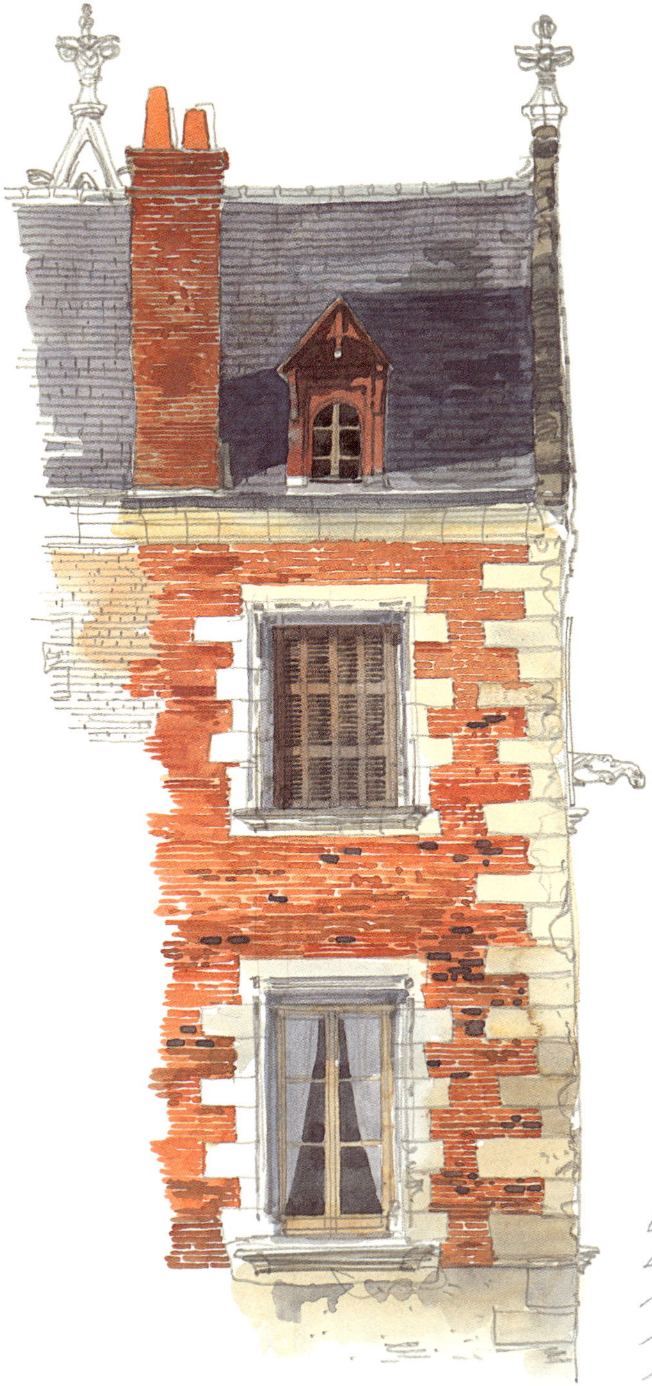

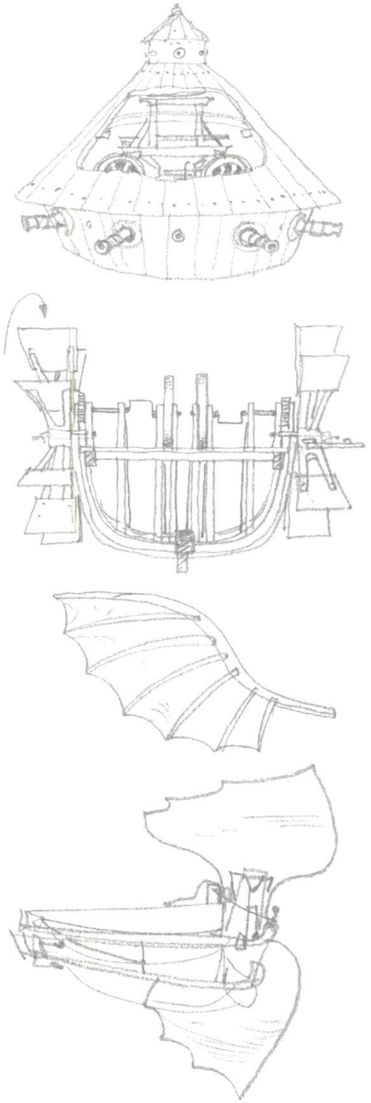

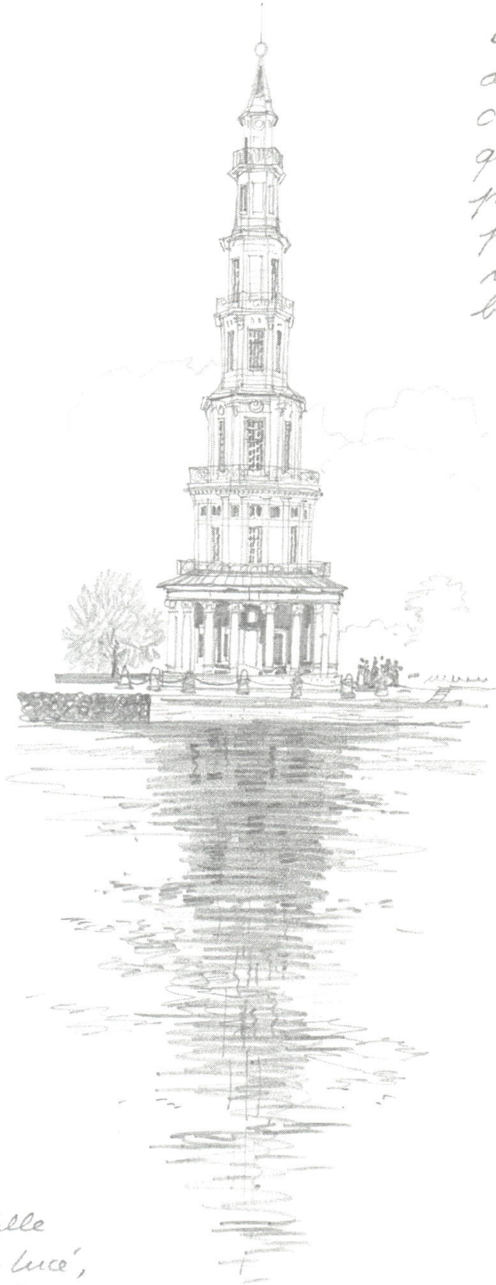

Du somptueux palais du duc de Choiseul à Chanteloup, il ne reste que de larges bassins en partie comblés et une pagode à la mode chinoise, penchée sur sa base comme une tour de Pise.

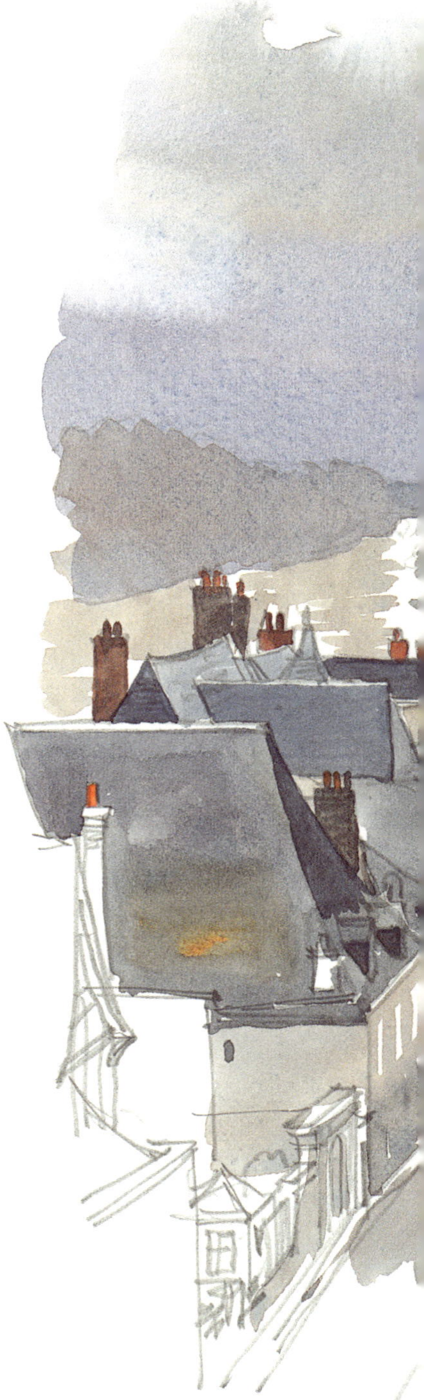

En 1516, François Ier installe Léonard de Vinci au Clos-Lucé, manoir brique et pierre à une demi lieue du château royal d'Amboise. Léonard de Vinci y meurt en 1519, âgé d'à peine 67 ans. Il a eu le temps néanmoins de dessiner un projet de château pour Romorantin et un système de drainage de la Sologne. Aujourd'hui, seules quelques maquettes de machines évoquent encore le dernier séjour du génie toscan.

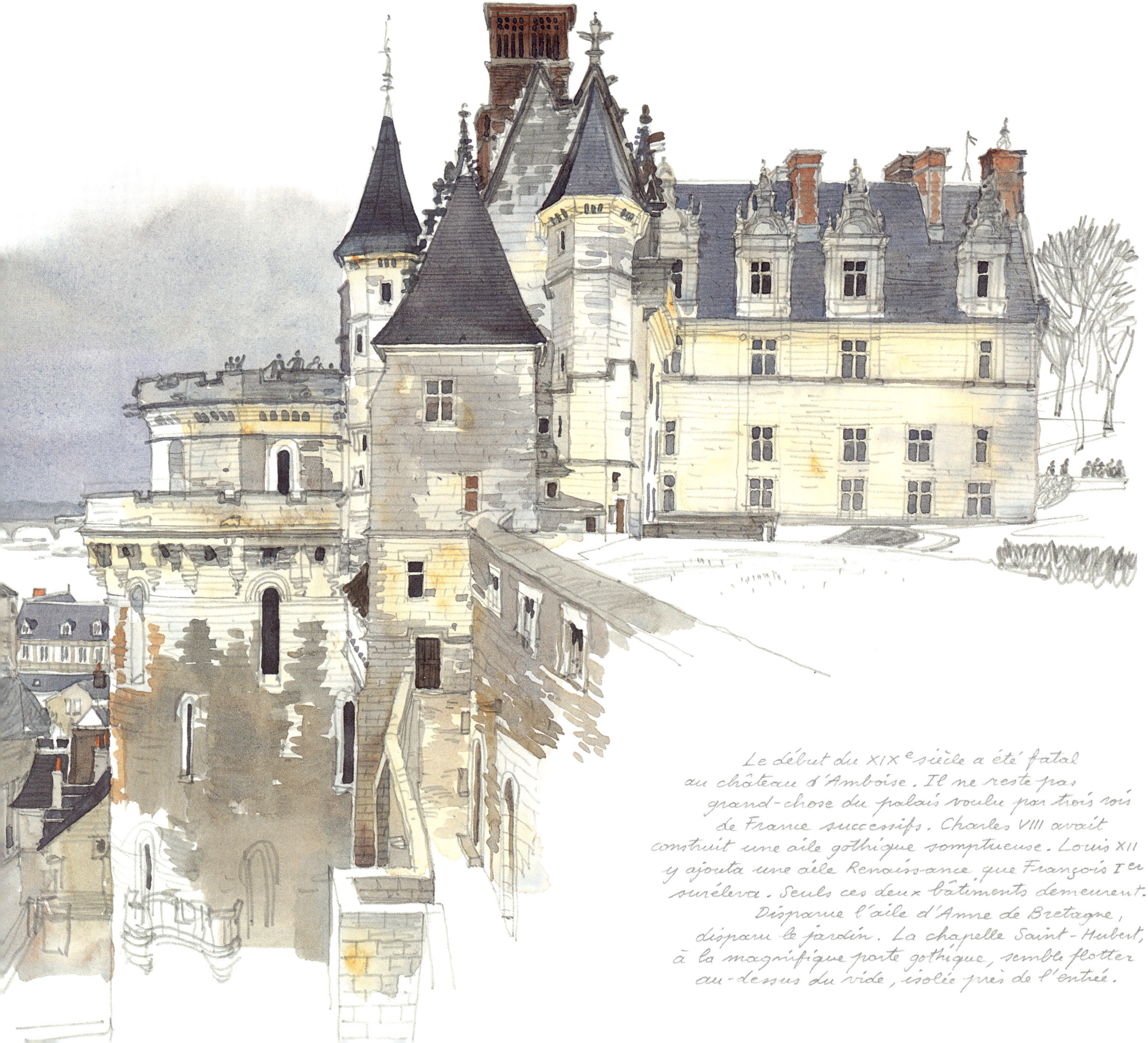

Le début du XIXe siècle a été fatal au château d'Amboise. Il ne reste pas grand-chose du palais voulu par trois rois de France successifs. Charles VIII avait construit une aile gothique somptueuse. Louis XII y ajouta une aile Renaissance que François Ier suréleva. Seuls ces deux bâtiments demeurent. Disparue l'aile d'Anne de Bretagne, disparu le jardin. La chapelle Saint-Hubert, à la magnifique porte gothique, semble flotter au-dessus du vide, isolée près de l'entrée.

Chaumont-sur-Loire a eu un destin bourré d'histoires étonnantes : Catherine de Médicis l'a habité, avec son mage Ruggieri. On raconte que dans sa chambre, ils se livraient à la magie noire. Échangé de force contre Chenonceaux à Diane de Poitiers, qui donc n'y habita presque jamais. Au XIXe siècle, Marie de Broglie, héritière richissime, en fait le rendez-vous de tous les rois d'Europe. Les chasses de Chaumont sont grandioses. Les chevaux sont mieux traités que les humains. Dans les écuries somptueuses, il y a l'électricité alors qu'elle n'est réservée qu'à quelques pièces du château. Les dîners ont laissé des souvenirs mémorables aux heureux élus de la princesse. Un jour, un maharadjah offrit un éléphant à la princesse, occasion de recouvrir les salons de fourrures de fauves et de soieries.

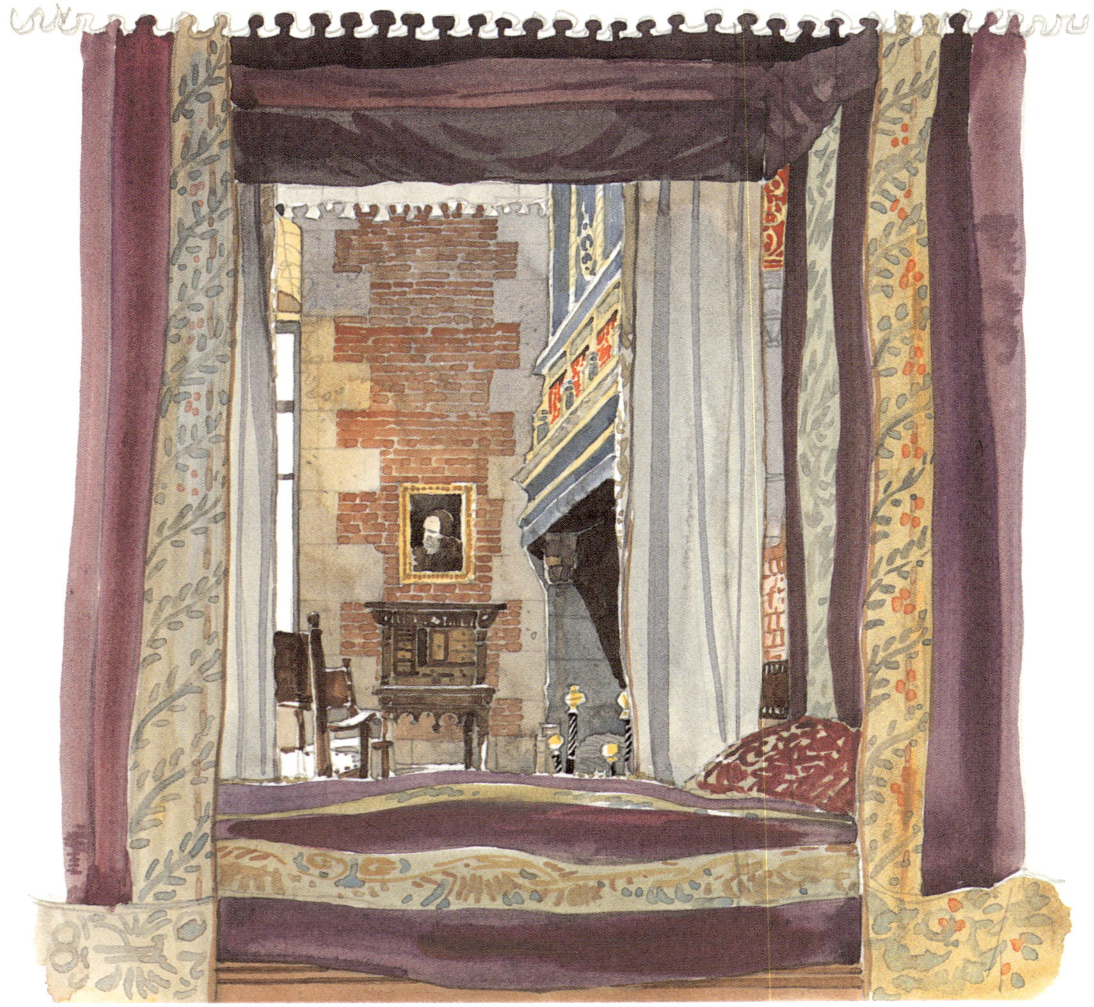

Chambre de Ruggieri.

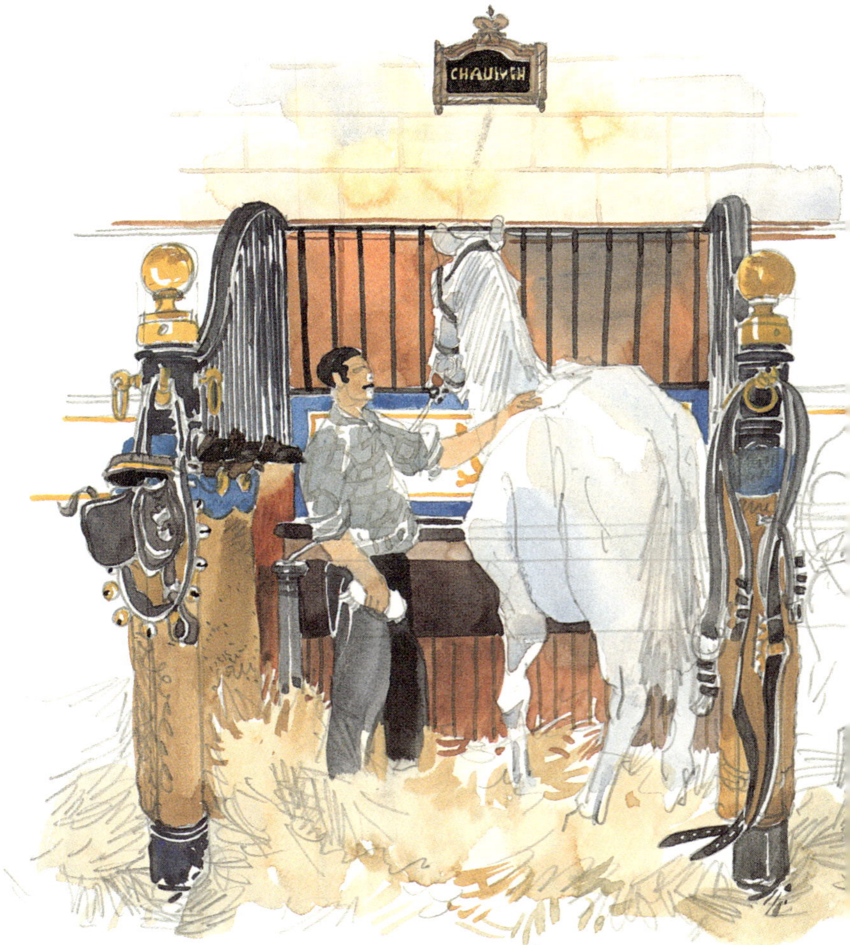

Dans les écuries.

Le parc du domaine
accueille un festival
de jardins contem-
porains et on peut
se perdre dans un
vallon en permanence
noyé dans la brume.

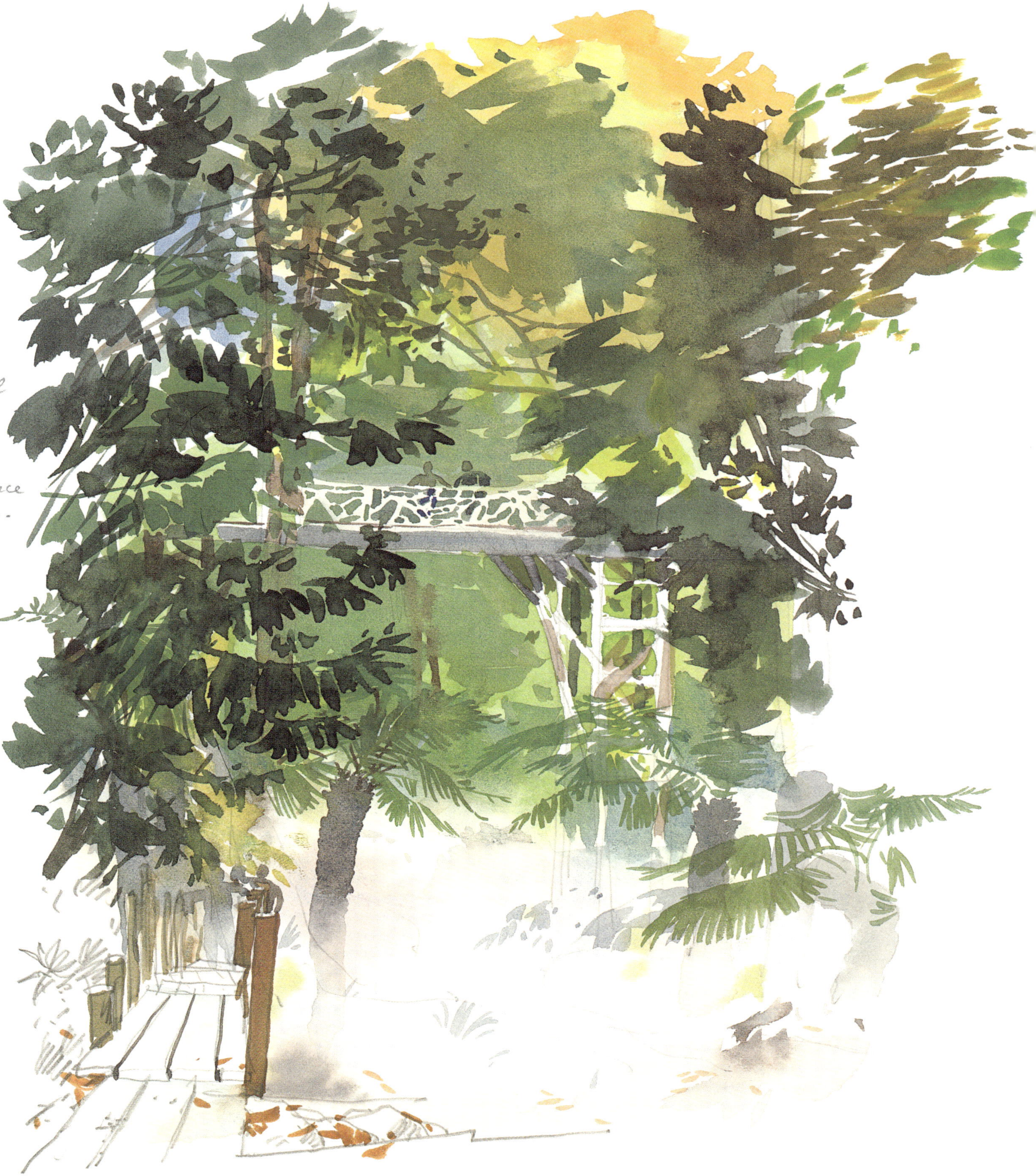

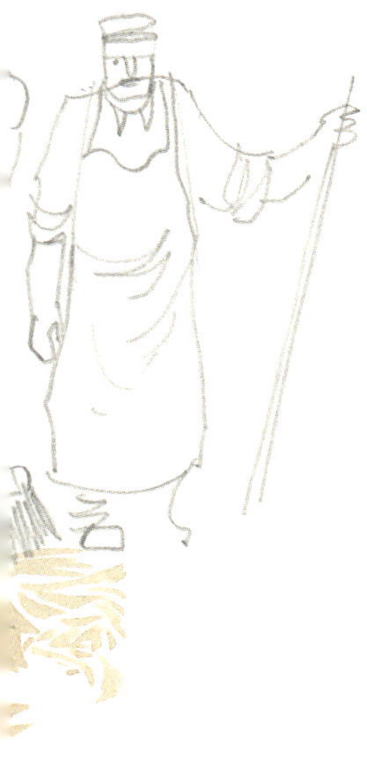

Blésois,
l'art d'être ailleurs

À Blois et à Chambord, on n'est ni en Touraine ni en Orléanais. D'autant que la ville, paysage magnifique de clochers et de toits d'ardoises, fut capitale, à tous les sens du terme. Au château, un incroyable collage architectural témoigne de ce passé glorieux : une salle des États généraux du XIIIe siècle, une aile Louis XII et une aile François Ier du XVIe siècle. Quinze ans d'écart et une révolution architecturale entre ces deux dernières. Cent ans plus tard, Gaston d'Orléans se lance dans des travaux somptuaires. Il sera heureusement freiné dans son élan et ne réussira à détruire, malgré la complicité de François Mansart, qu'un tiers du vieux palais. Hormis un magnifique pâté de pierre blanche à l'escalier intérieur démesuré, le spécialiste admirera une délicieuse absence de liaison entre les deux corps de bâtiment. Tous ces morceaux de château semblent ailleurs et se désintéresser de leur contexte.

Il faut dire que la vie ne fut pas toujours rose ici : un jour de lassitude, Marie de Médicis décida de fuir nuitamment et sans lanterne grâce à une échelle de corde et Gaston d'Orléans, submergé par les terrassements du nouveau palais, aurait préféré une résidence plus proche de Paris. Mais c'est surtout Guise, assassiné par les spadassins d'Henri III, qui se serait bien passé d'être « encore plus grand mort que vivant ».

À Chambord, au cœur d'une forêt perdue, on ne sait plus du tout où on est. Palais de rêve oriental ? Folie technique et abstraite ? « Abrégé de l'industrie humaine » déclarera Charles Quint. On doit à François Ier ce chef-d'œuvre inclassable dont on crédite Léonard de Vinci de l'avoir inspiré. Qui n'a pas gravi l'escalier à double vis jusqu'au sommet de la lanterne à une

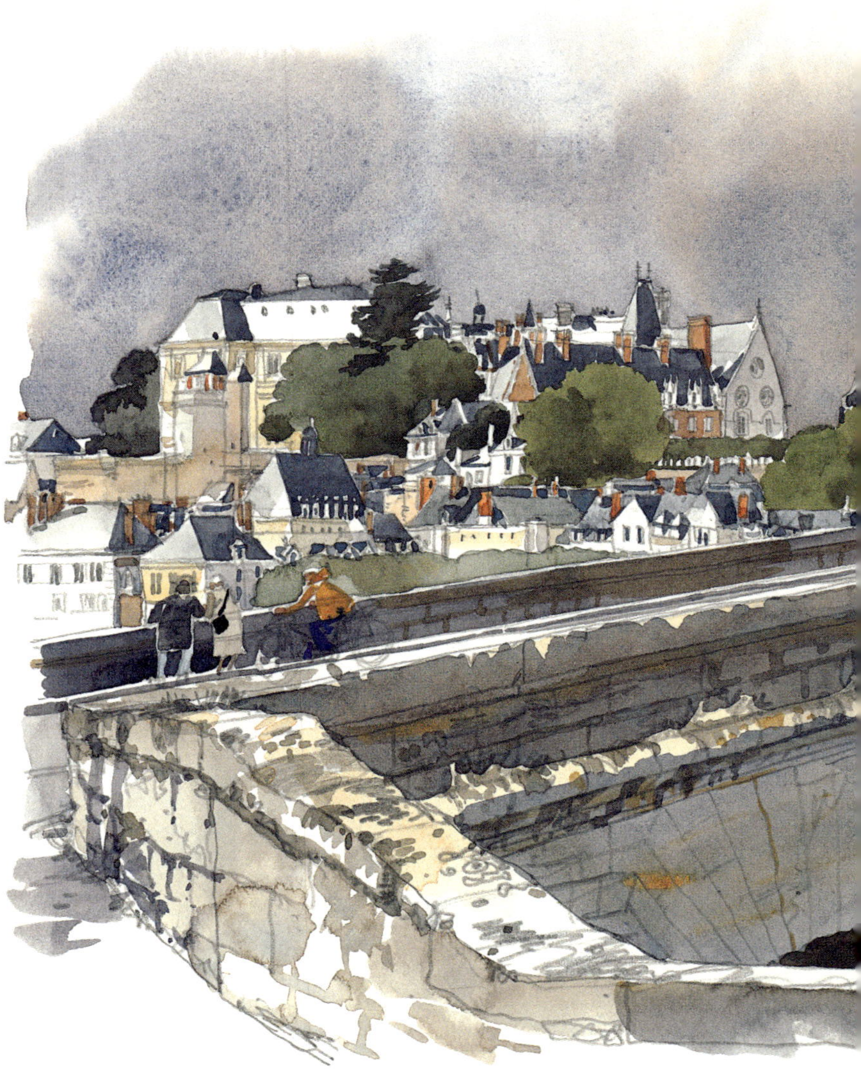

seule révolution, ni arpenté les immenses et lumineuses salles qui traversent toute la maison, ne sait pas ce que veut dire le mot « architecture ». Maison finalement jamais totalement achevée, ni jamais réellement habitée. Les terrasses restent un merveilleux labyrinthe de lucarnes, de cheminées, de lanternes et d'escaliers. On raconte qu'en automne, dans ce fouillis de coins et de recoins, le brame du cerf cache encore parfois le bruit indiscret des polissonneries auxquelles se livrent certains visiteurs.

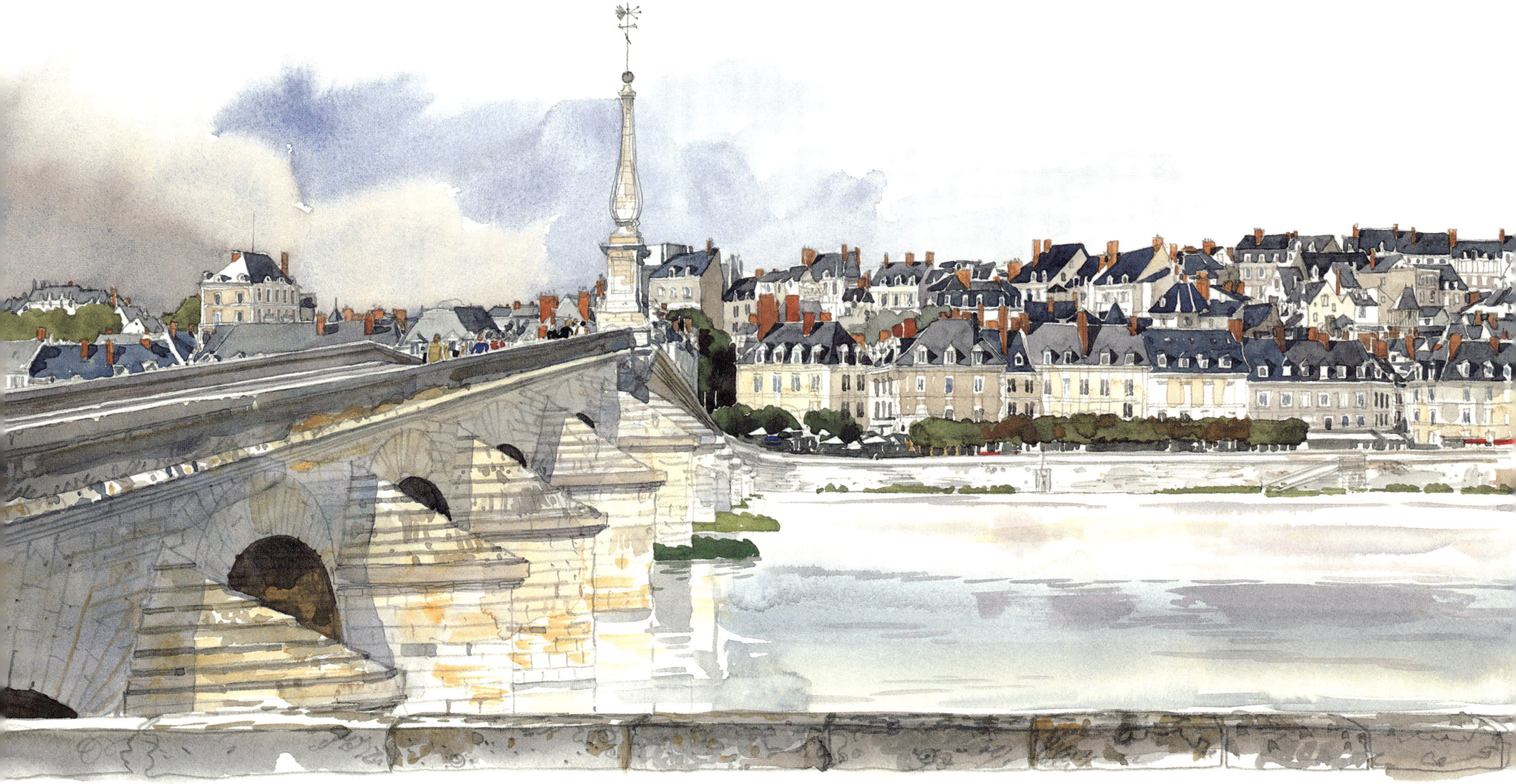

La silhouette de la ville de Blois est l'une des plus belles de France, mêlant clochers, palais, maisons bourgeoises. L'arc du pont Gabriel n'en finit pas de saluer l'entrée dans la vieille ville.

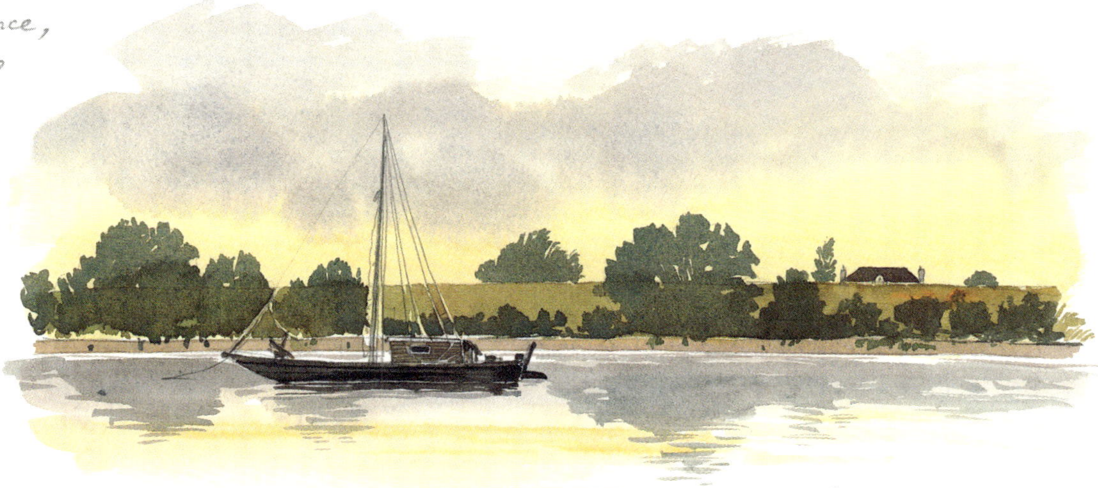

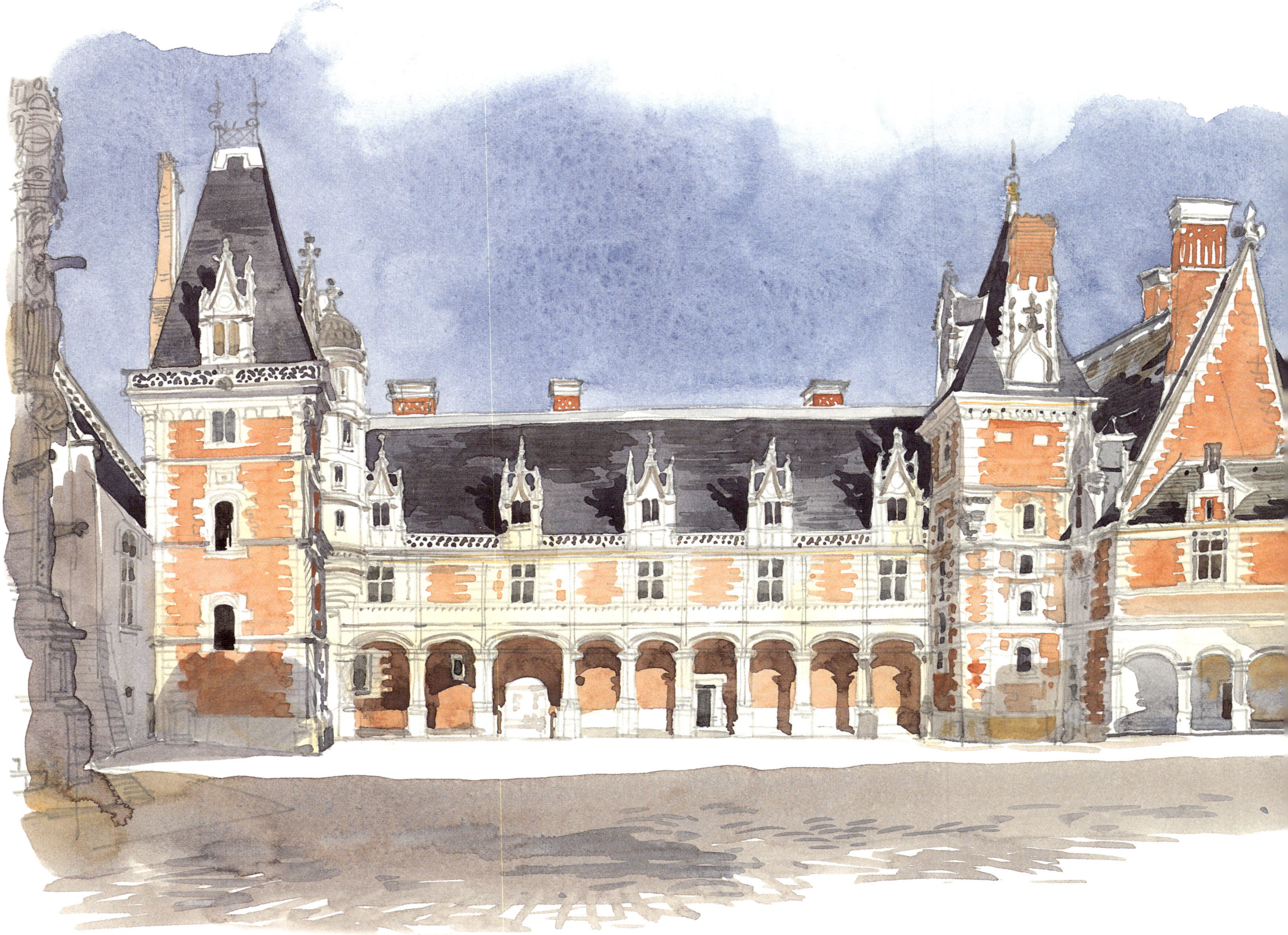

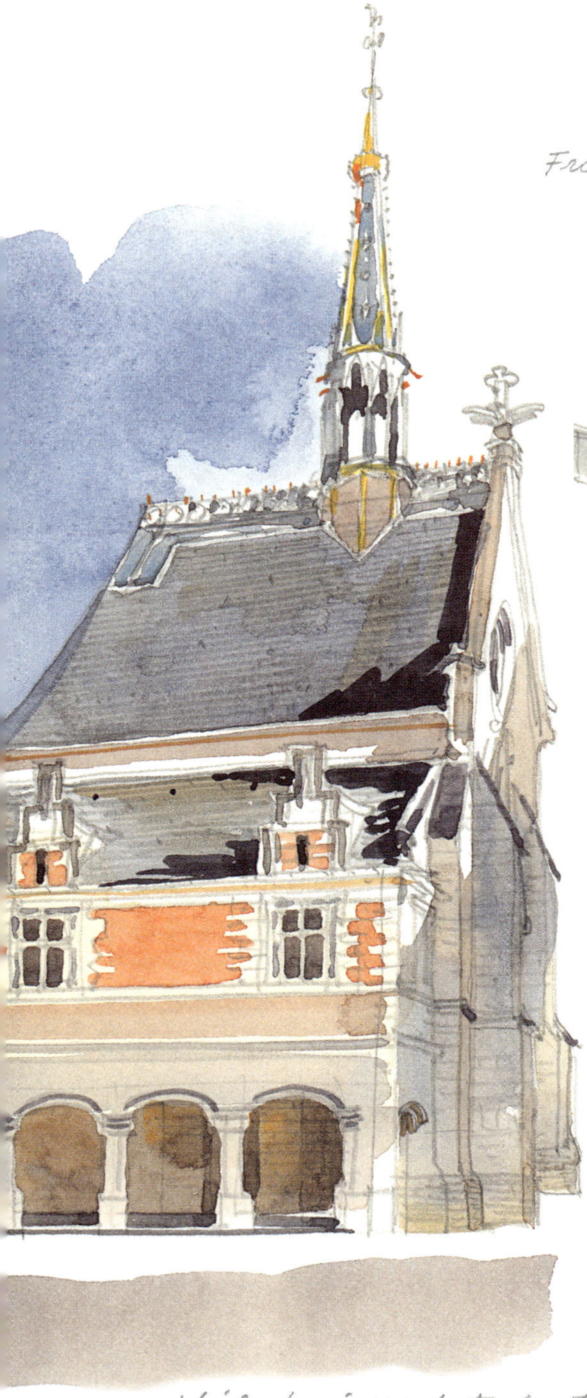

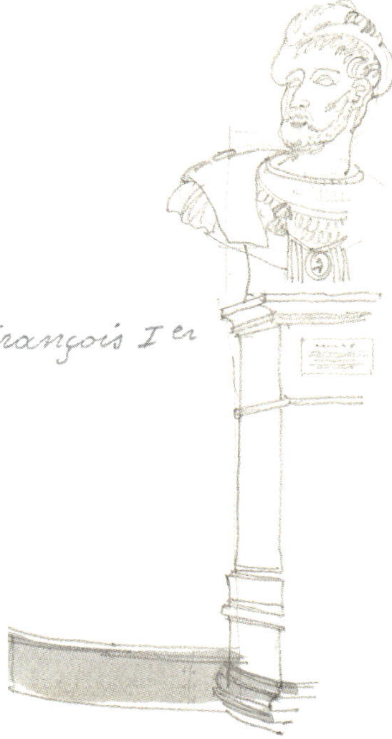

François Ier

L'escalier François Ier du château de Blois est d'un raffinement extrême. Il a été conçu comme un objet autonome et aurait pu devenir tour à part entière, comme la tour de Pise. La douceur de la montée, la richesse des sculptures, l'enroulement des colonnades en font l'une des plus belles réalisations de la Renaissance française.

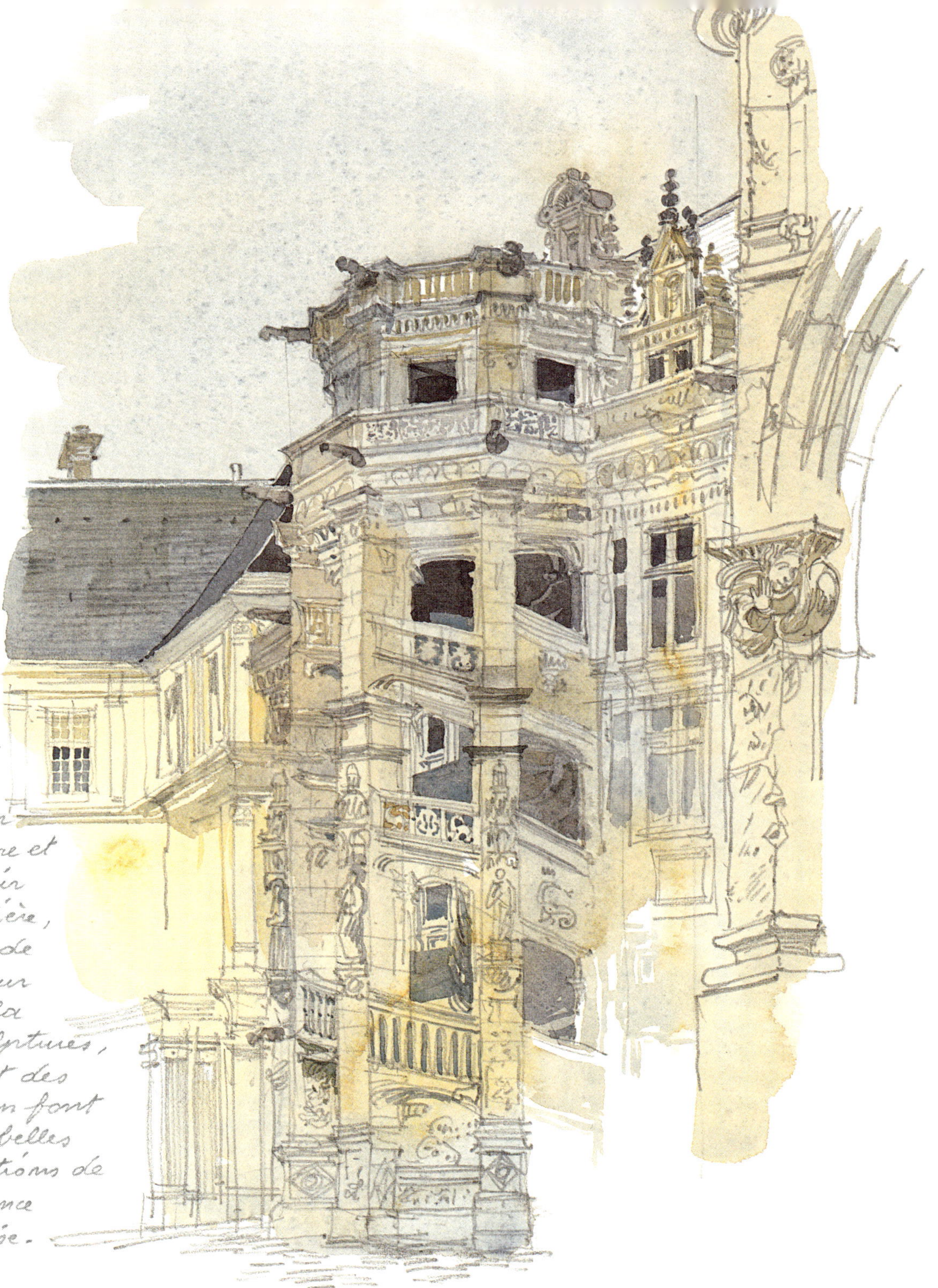

L'aile Louis XII date des toutes premières années du XVIe siècle. Elle porte encore de nombreux signes du style gothique : lucarnes à pinacles, festons, flèche de la chapelle... Mais la Renaissance italienne est déjà bien là, bien présente : alliance de pierre blanche et de brique comme à Urbino, galerie comme à Mantoue. Mais ce qui frappe le plus, c'est la lumière. Elle entre à flots, l'air circule. Avec cette nouvelle aile, Blois est devenu une maison moderne.

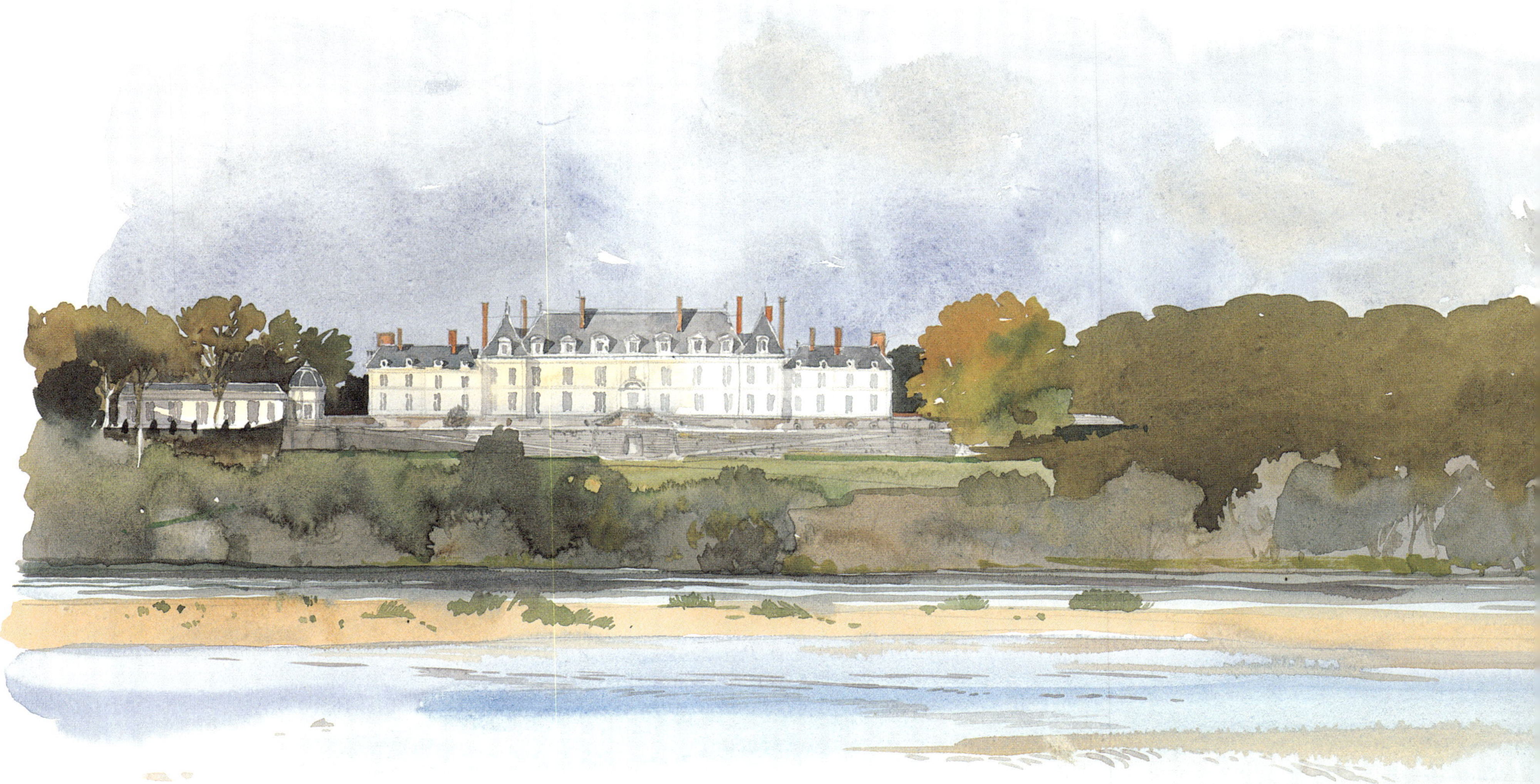

Ménars se regarde depuis la rive gauche, pour apprécier l'ampleur de l'édifice, mais surtout pour comprendre comment les terrasses du jardin se combinent. Serrées devant la façade, elles semblent se distendre vers l'amont du fleuve. La Pompadour accostait ici, dans ce château trop raide pour elle mais qui lui plaisait tant.

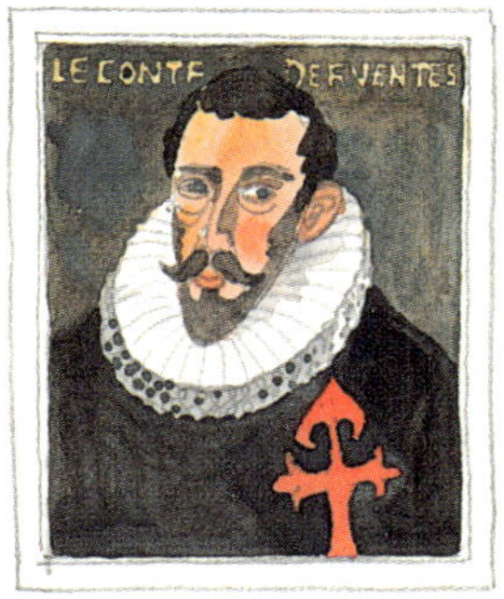

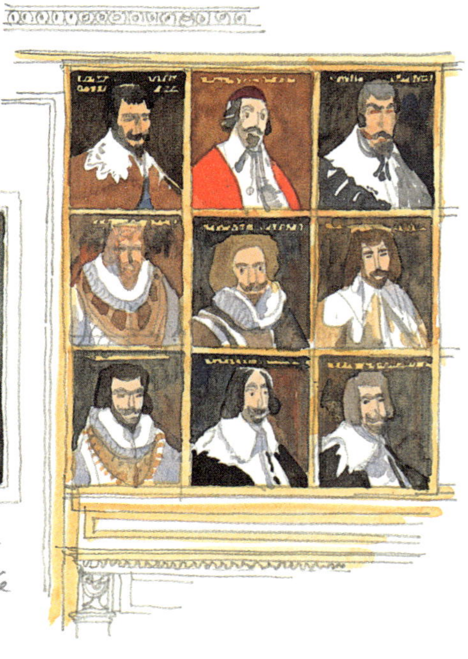

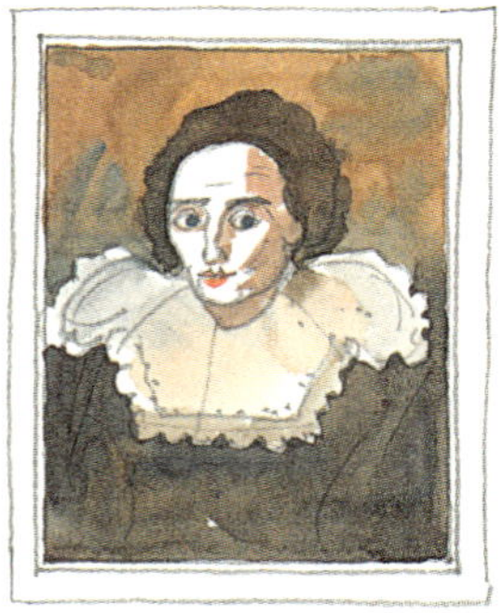

Trois cent vingt-sept portraits sont alignés dans la galerie des Illustres du château de Beauregard. Depuis Philippe de Valois jusqu'à la fin du XVIIe siècle.

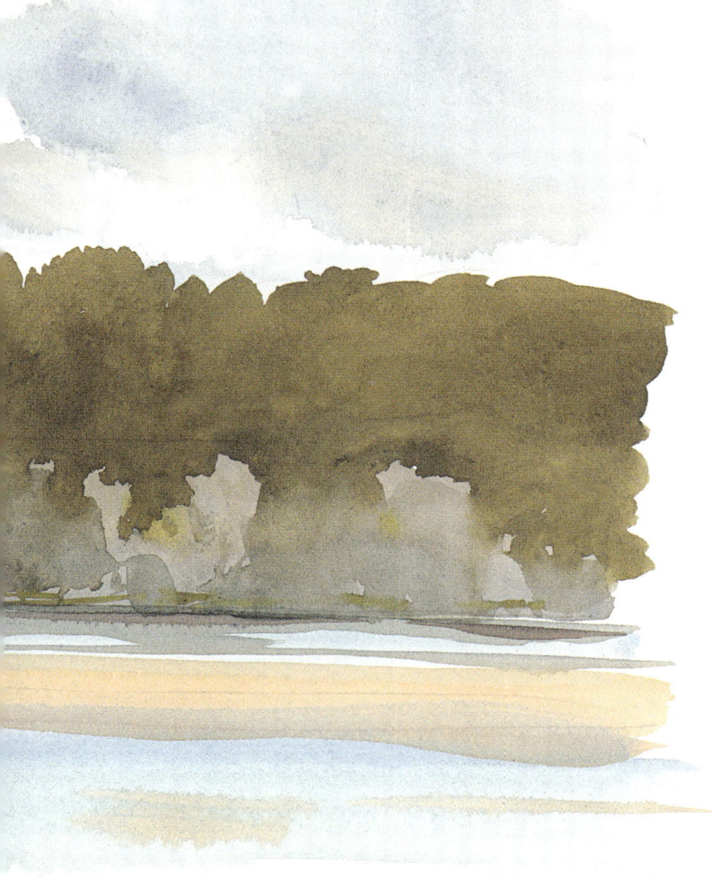

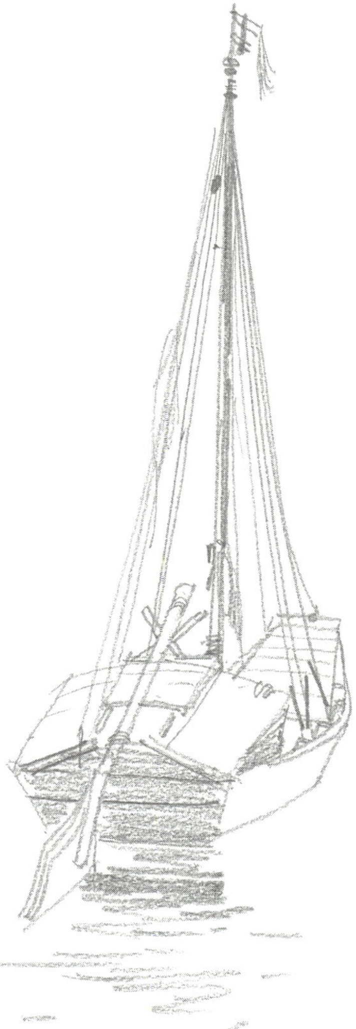

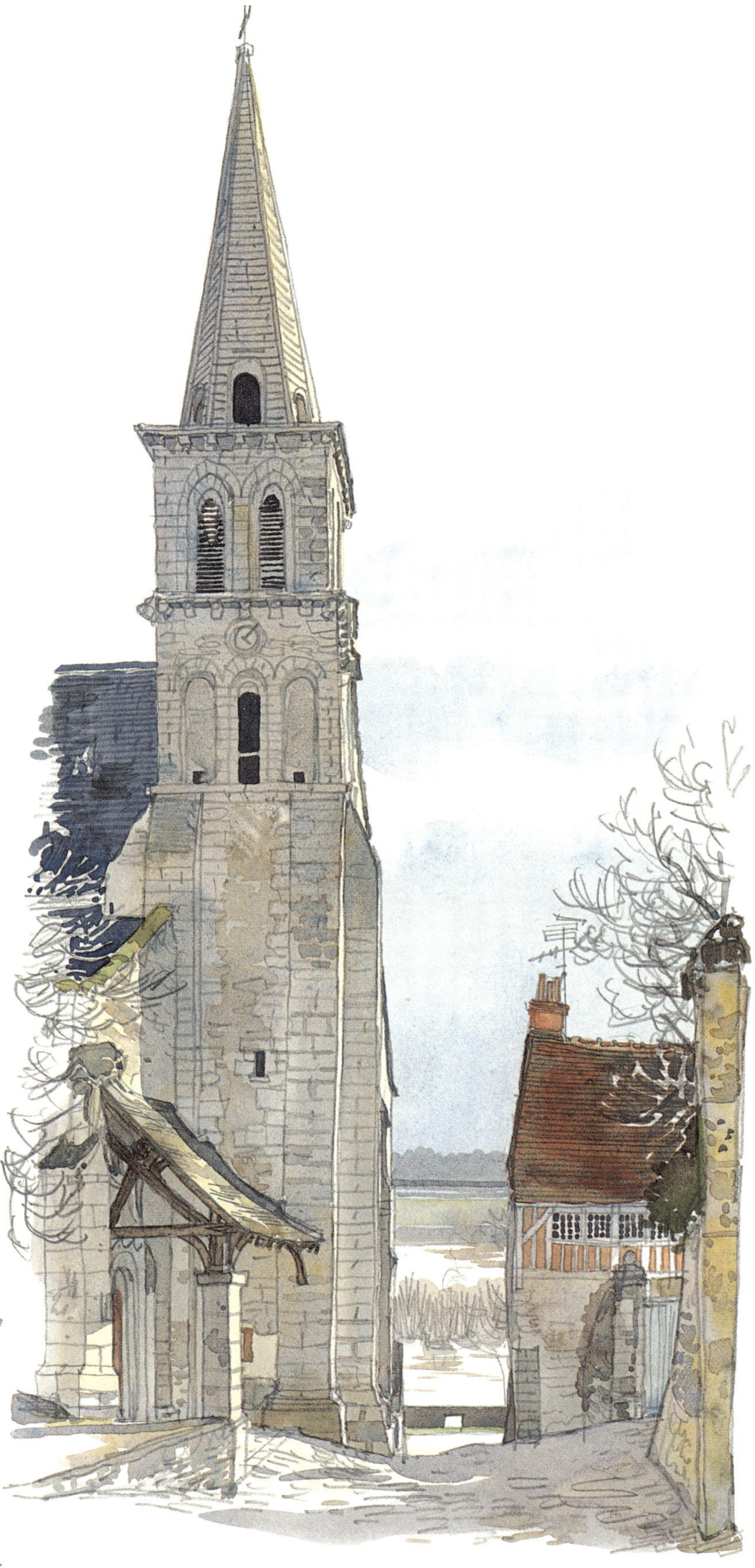

Cour-sur-Loire

Sans doute l'un des plus beaux villages des bords de fleuve. Ici, on était vignerons, protégés par saint Vincent, dont l'église a gardé son clocher du XIIe siècle et s'est refait une beauté au XVIe siècle, quand les Hurault, seigneurs du lieu, étaient riches.

Le caquetoire, auvent sous lequel on cancanait les jours de messe, en aurait beaucoup à raconter : les trois portes de l'église, chacune destinée à un seigneur, la source miraculeuse qui, au bord de la Loire, soignait les pèlerins, le port endormi dans les bras d'une petite rivière, la Tronne, qui coule parallèle au fleuve avant de le rejoindre.

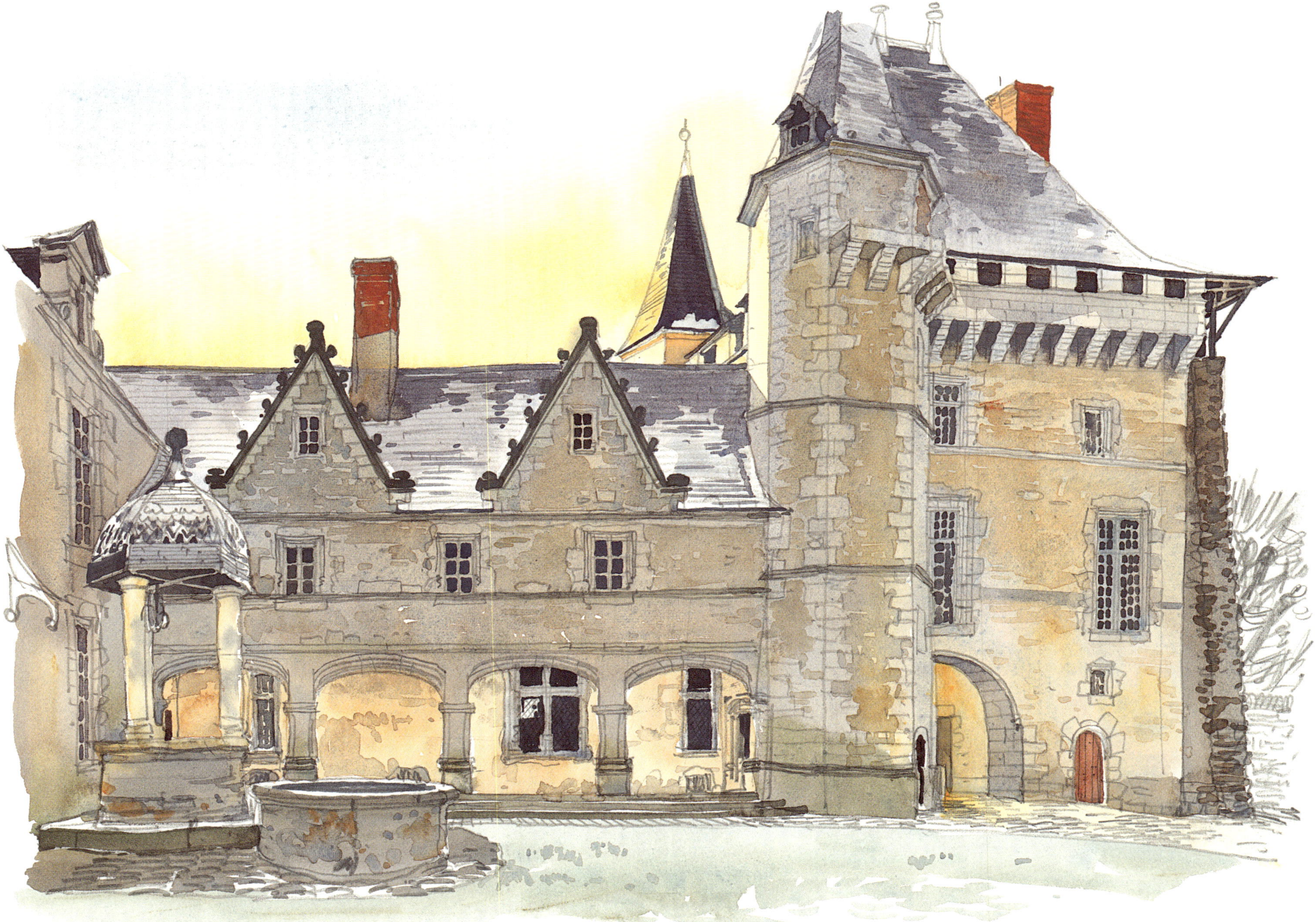

Talcy sous le givre.

Talcy est une maison qu'on aimerait habiter,
dont les derniers propriétaires semblent à peine partis. On rêverait d'y jouer
au petit nobliau beauceron : celui qui rend visite à son moulin à vent ou qui
vérifie la vis du pressoir ; celui qui compte les fruits de son verger et contemple
les récoltes engrangées ; celui qui surveille du coin de l'oeil que ses filles
ne sont pas trop sensibles au charme des poètes.

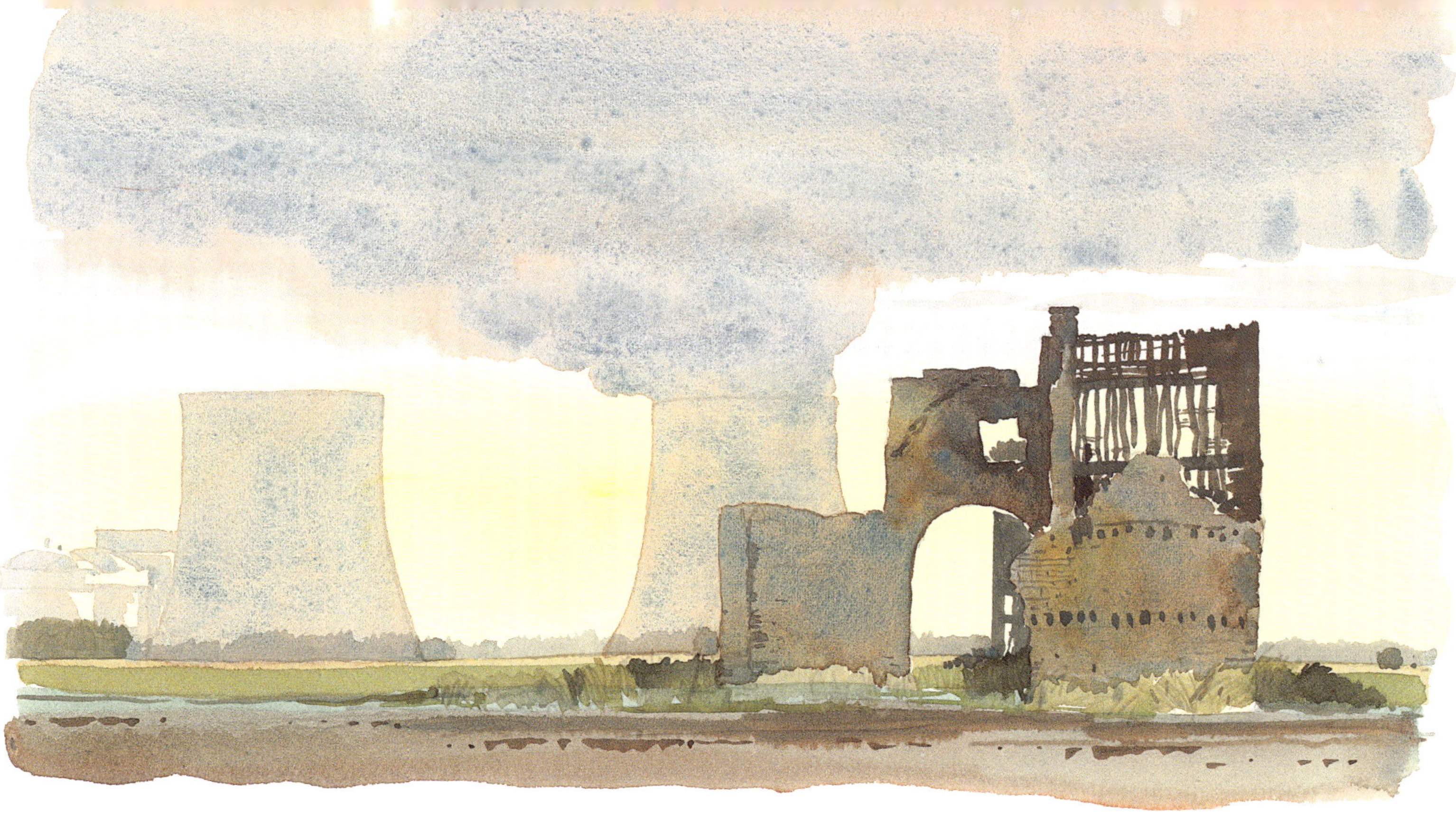

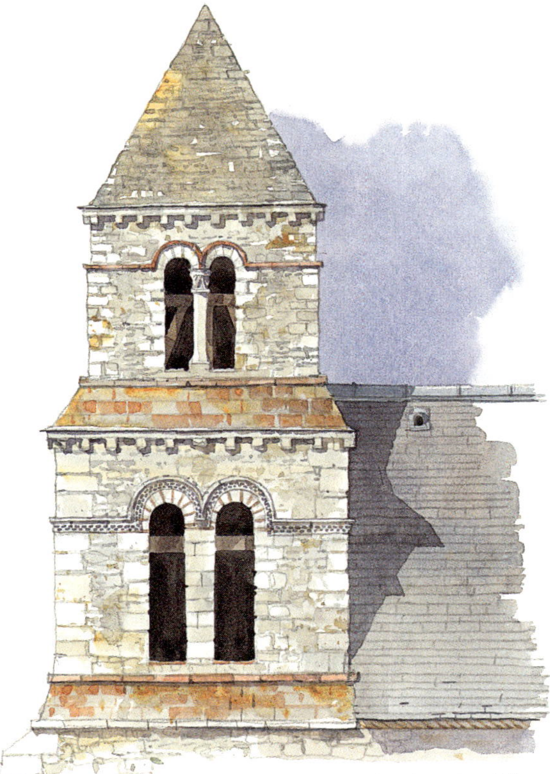

Saint-Lubin.

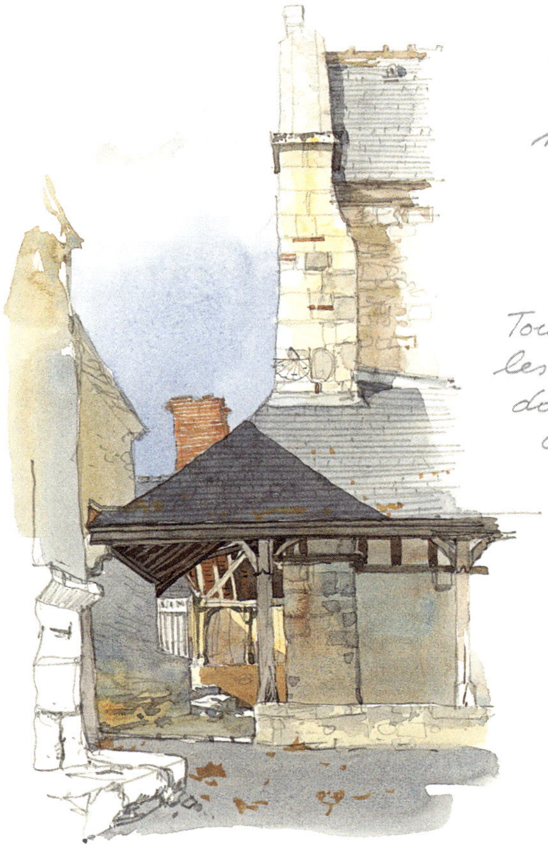

Saint-Laurent, n'en déplaise, est un château des bords de l'eau. On peut rendre la centrale nucléaire encore plus terriblement photogénique en la mettant en relation avec la ferme ruinée de Maison-Rouge, dans le val de Mer.

Tout près, Suèvres semble collectionner les églises étranges : Saint-Lubin, dont le clocher pré-roman fait coucou au-dessus des ifs, Saint-Christophe, aux briques mérovingiennes curieusement appareillées et au caquetoire propice aux confidences.

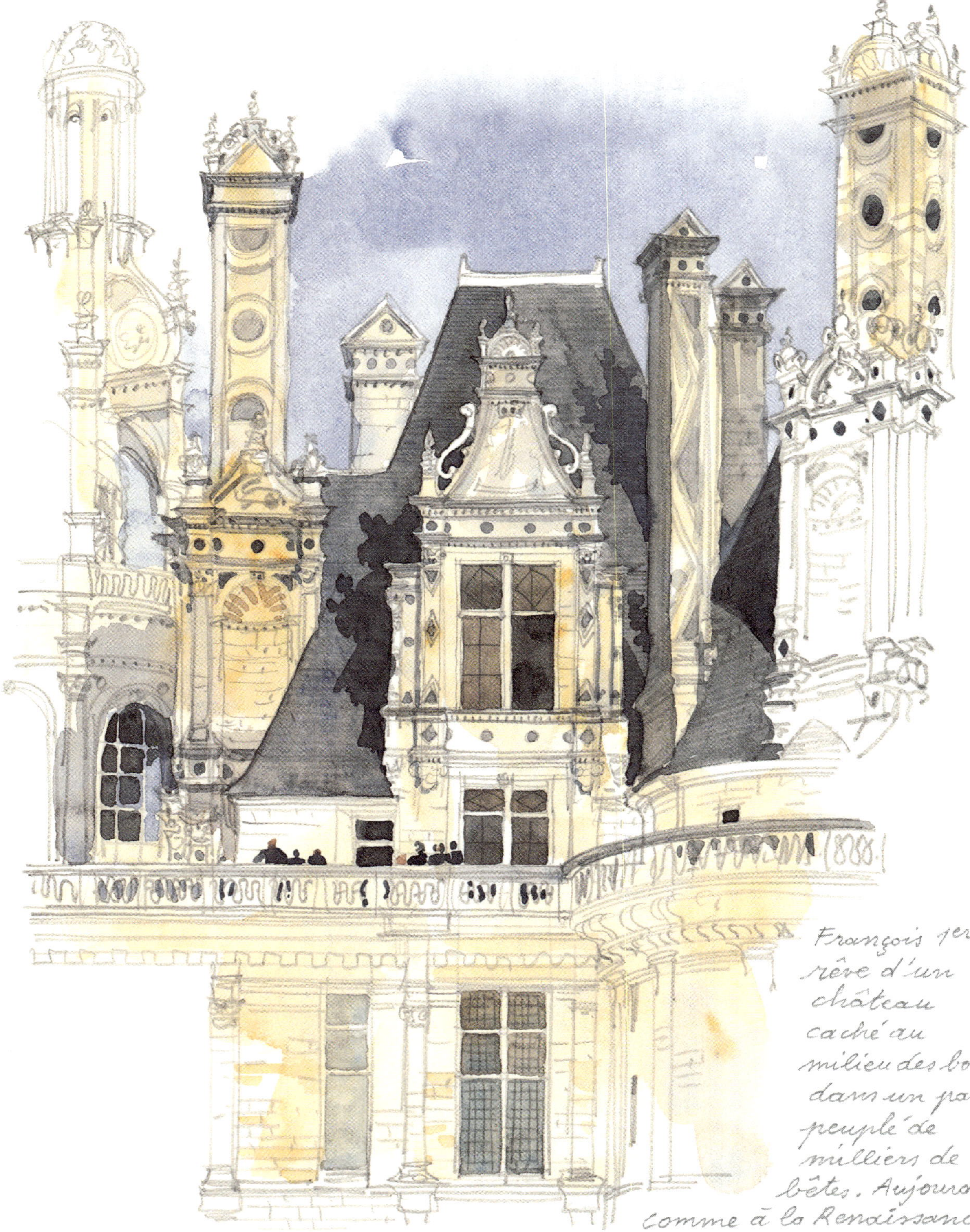

Chambord

La tour lanterne et l'escalier à double vis, c'est lui. Tout comme le principe des tours d'angles qui ferment les ailes. Léonard de Vinci, que le roi avait installé près de là, à Amboise, a participé à l'élaboration du projet avant de mourir en 1519. L'équipe qui concevra les détails du château ne sera constituée que quelques mois plus tard.

Le 6 septembre 1519 François 1er décide de construire Chambord. On raconte que l'idée lui en est venue d'un roman espagnol de chevalerie lu pendant sa captivité à Madrid, "Amadis de Gaule."

François 1er rêve d'un château caché au milieu des bois dans un parc peuplé de milliers de bêtes. Aujourd'hui comme à la Renaissance, Chambord est d'abord un immense domaine forestier : près de 5500 hectares clos par 33 kilomètres de murs. Passer par l'un ou l'autre des pavillons de garde est comme entrer en principauté.

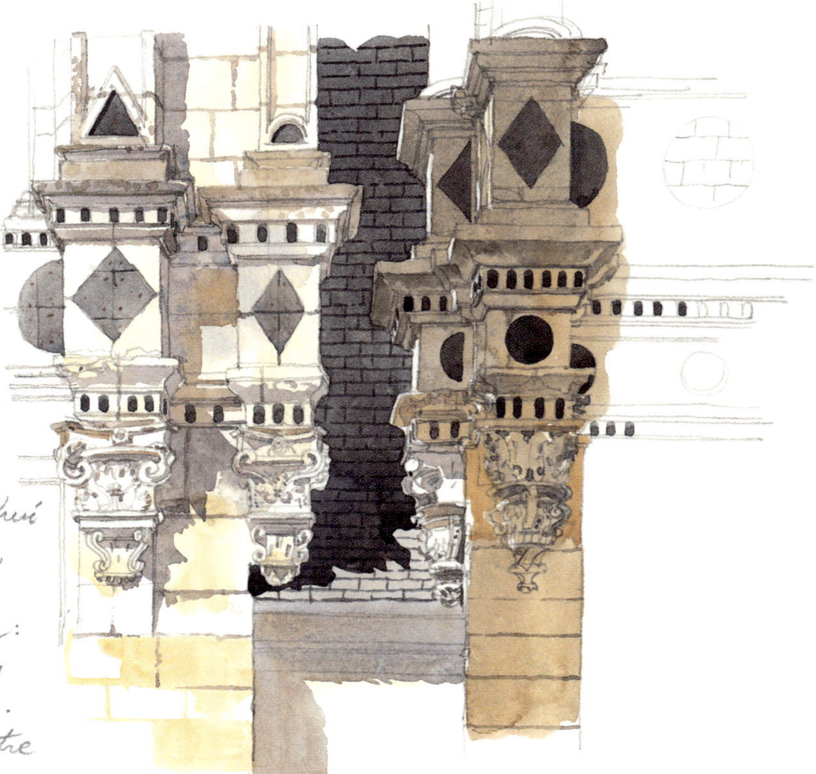

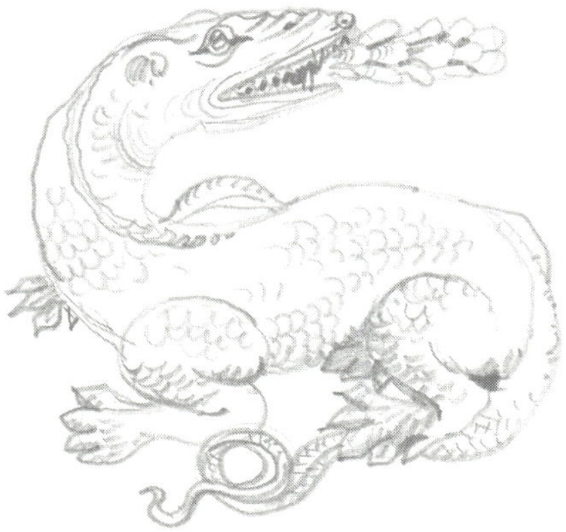

Les quatre tours centrales composent un donjon de fête. C'est surtout la promenade sur la terrasse qui émerveille, point de vue exceptionnel sur la forêt. Des dizaines de cheminées, de lucarnes et de lanternes de pierre blanche dans laquelle s'incrustent des motifs géométriques d'ardoise et de brique. Candélabres, coquilles, couronnes, fleurs de lys, blasons, salamandres, statues d'enfants et de musiciens, chantent vers le ciel la gloire royale. Chateaubriand, porté à la transe par sa découverte en écrivit : "De loin l'édifice est une arabesque. Il se présente comme une femme dont le vent aurait soufflé en l'air la chevelure jusqu'à ce que l'on puisse percevoir en approchant qu'il est un enchevêtrement de tours." Il fallut attendre Louis XIV, expert en magnificences diverses, pour que la construction soit terminée, vaguement habitable, et surtout siège de chasses, fêtes et représentations théâtrales mémorables.

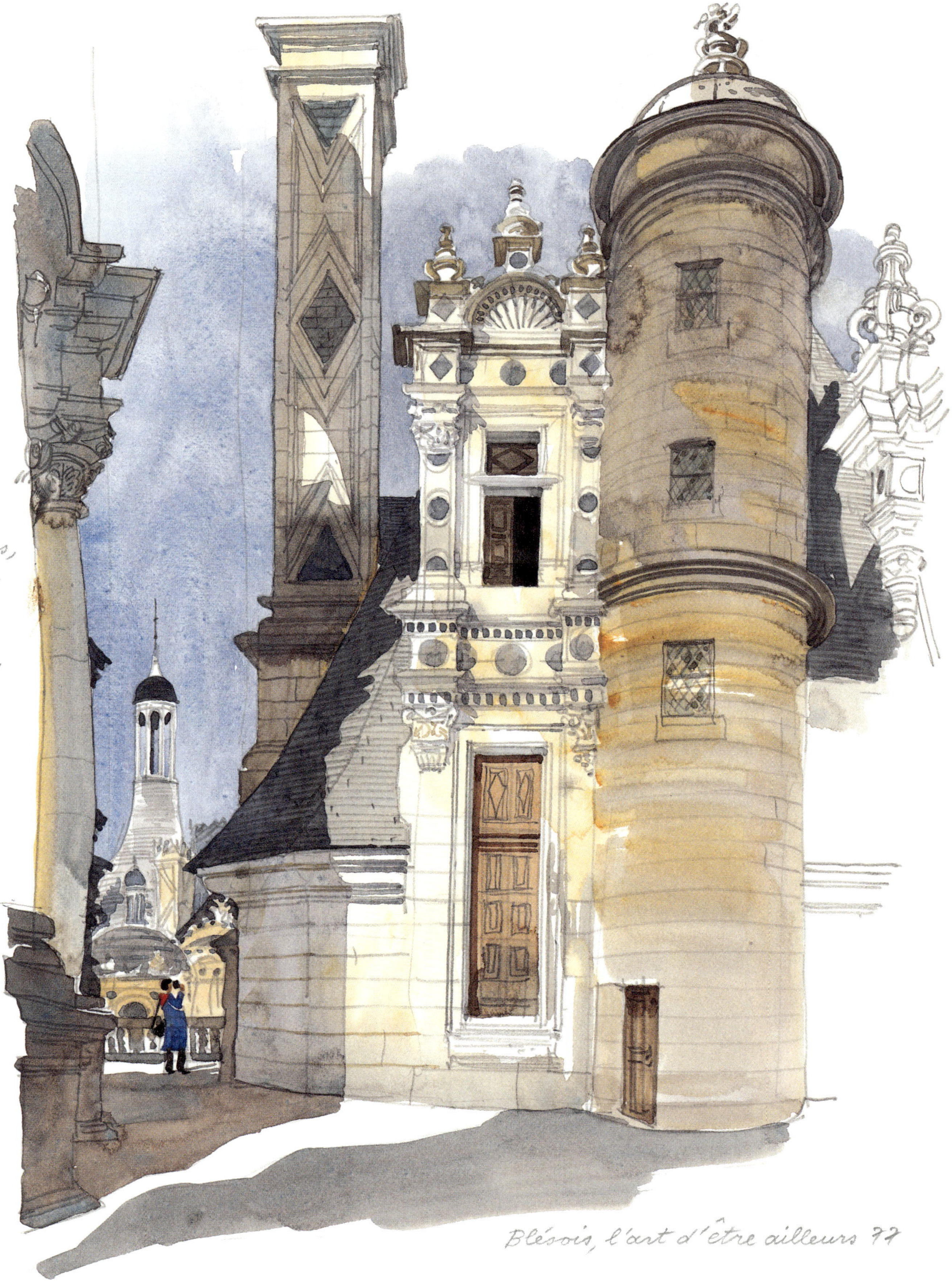

Saint-Dyé était le port
de Chambord.
Le quai de la Loire témoigne
encore de cette puissance
disparue et l'église à l'énorme
clocher-porche semble hors de propor-
tion avec le village. Il faut imaginer
ce qu'était la vie ici, avec les tavernes,
les campements de mariniers,
les filles de joie, les voyageurs
attendant la fortune d'un bateau qui
les remonterait vers Paris.

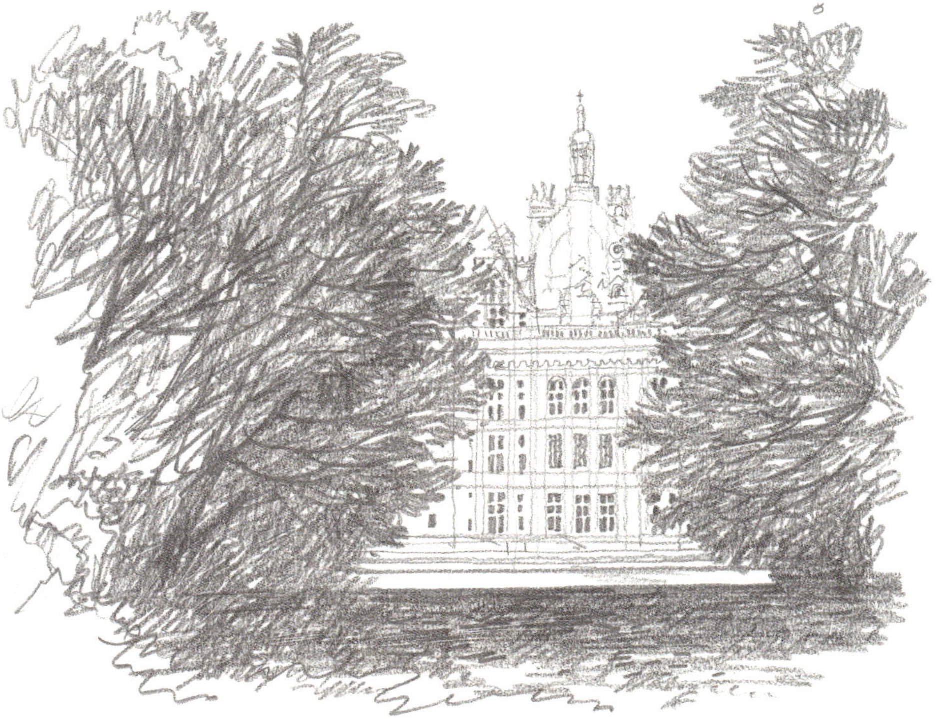

Chambord est tout proche,
au "débusqué" du rond-point
François Ier.

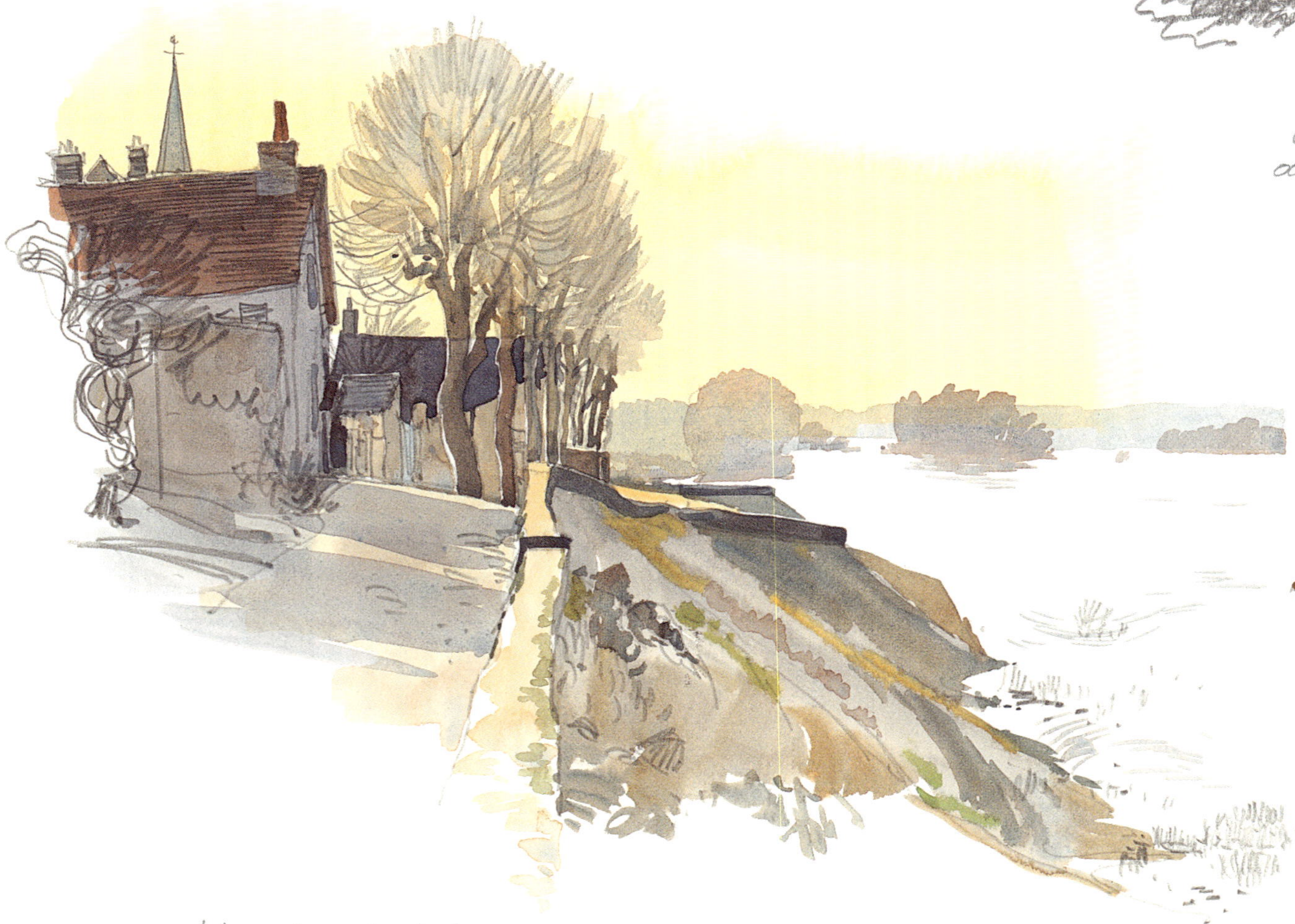

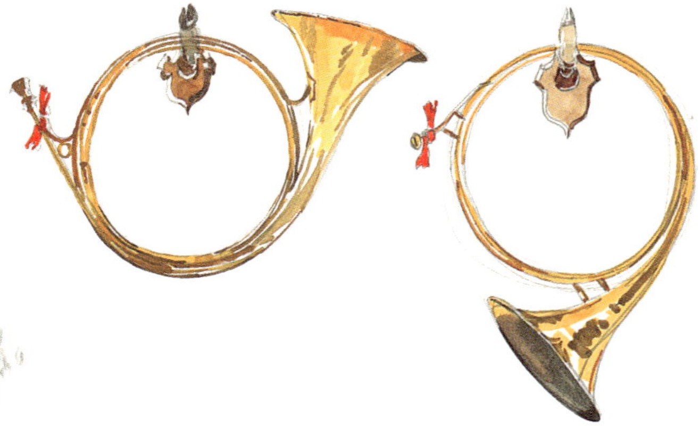

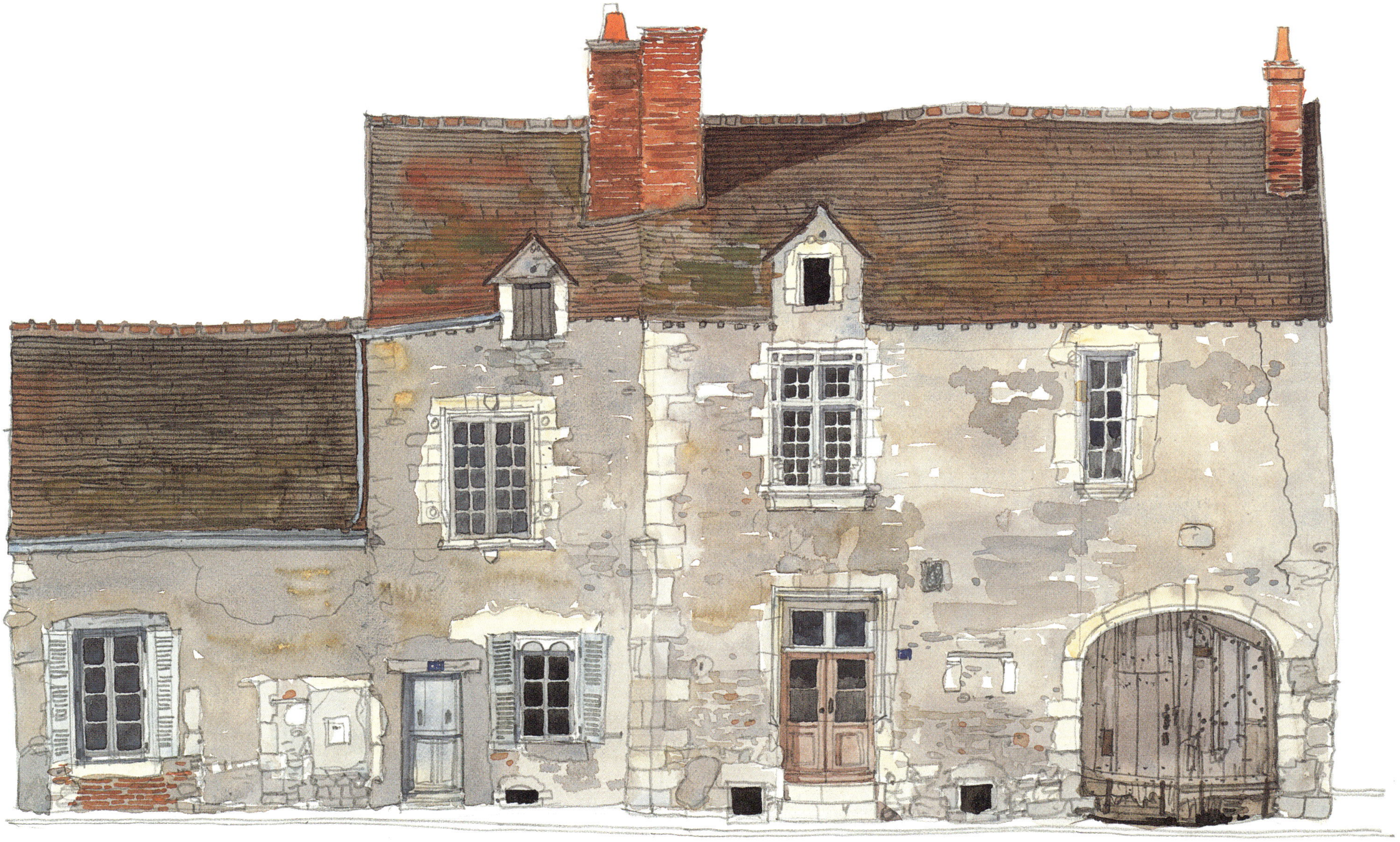

51

53

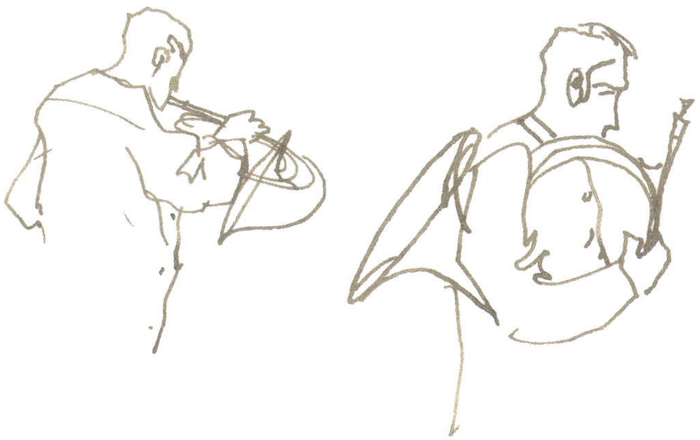

De son passé florissant,
Saint-Dyé a conservé de belles
maisons bourgeoises,
qui se souviennent du son
des trompes des chasses
royales.

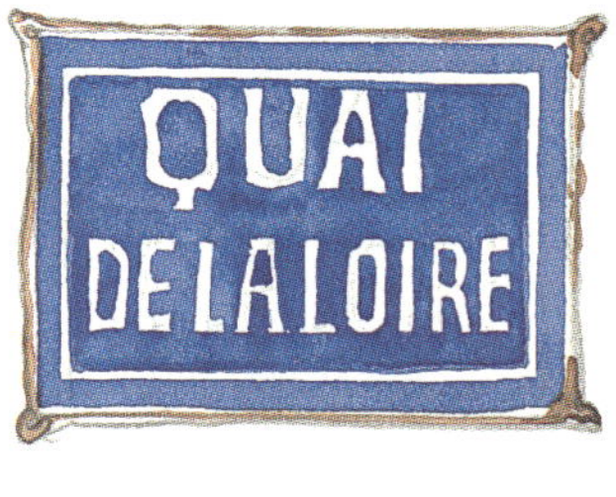

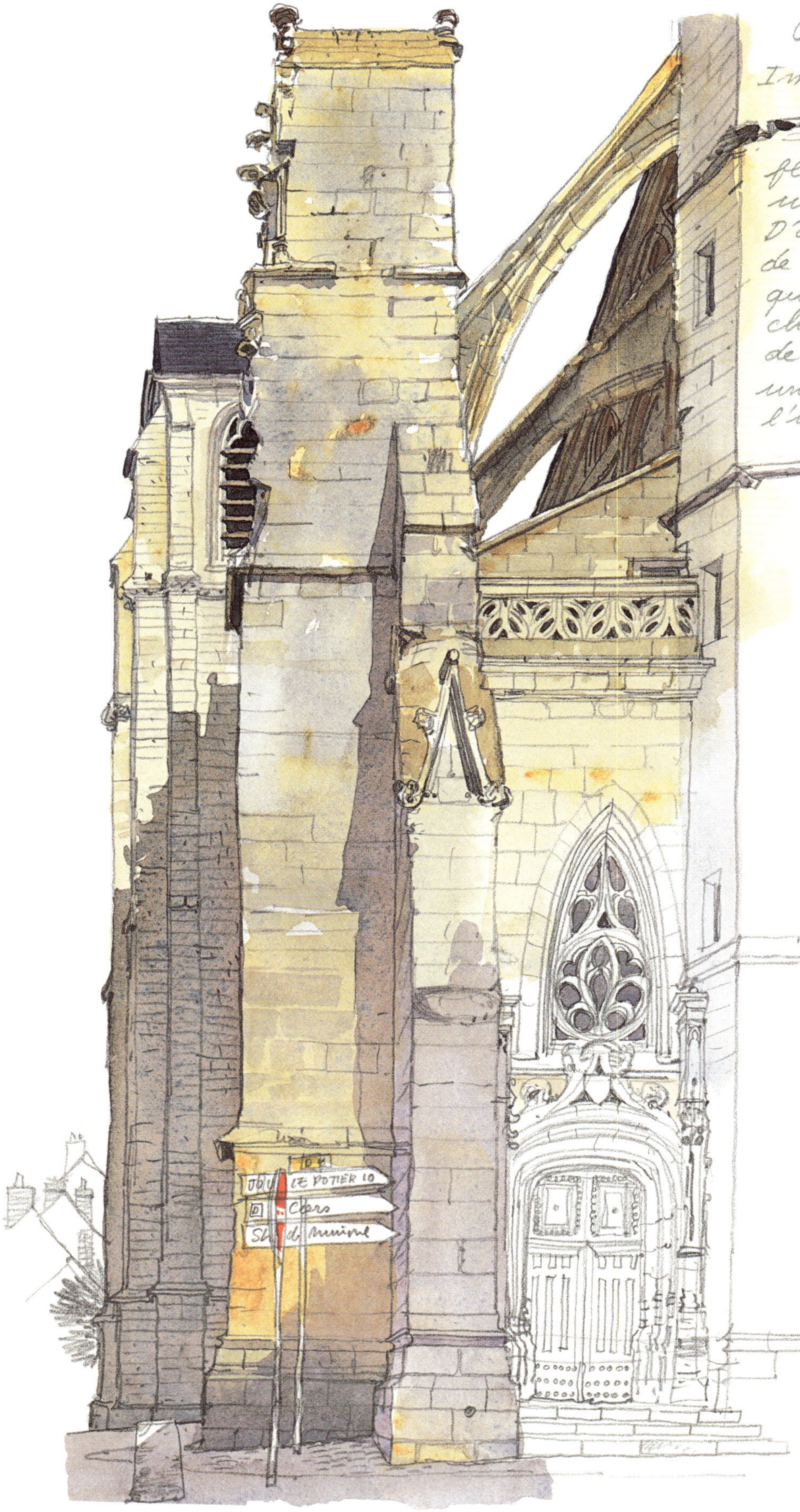

Cléry-Saint-André

Immense basilique de pur style gothique flamboyant pour un si petit village. D'accord, les pèlerins de Compostelle expliquent bien des choses mais tout de même. Elégance un peu froide, à l'image de Louis XI.

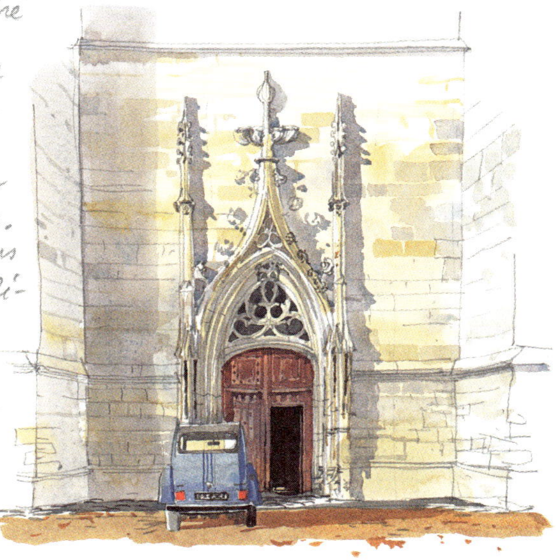

Orléanais

Dieu et mon roi

« Orléans, Beaugency, Notre-Dame-de-Cléry, Vendôme, Vendôme. » Il n'était pas question d'échapper au son de cloches de cette comptine célèbre. Ici, les symboliques sont fortes, nous sommes au cœur de la Gaule, dans la forêt des Carnutes, dont tous les enfants savent qu'elle est propice aux druides. Finie la vie de château, revoilà Jeanne d'Arc, ses églises, ses cathédrales et ses sorties guerrières : « Je suis ci venue pour vous bouter hors de toute France » lance-t-elle aux Anglais. Quatre charges et une épaule transpercée par une flèche épaisse suffiront à les débouter effectivement de leurs prétentions. La vengeance est déjà sur le feu. À Cléry-Saint-

André, merveille de clarté gothique, on incitera le promeneur nécrophile à contempler, caché sous une trappe métallique manipulée avec complaisance par un bedeau ou une dame sombre, le crâne du roi Louis XI présenté, pour faire bonne mesure, avec celui de sa femme Charlotte de Savoie. Plus accommodant avec la religion, Beaugency se spécialisa en conciles annulateurs de mariages. Deux fois et jamais en vain : en 1104 pour Philippe Ier et en 1152 pour Louis VII. Beaugency aligne au bord du fleuve de petites maisons sages construites dans le dur calcaire de Beauce. Nous sommes ici au pays du *Roman de la Rose*, de Jean de Meung, de Villon, et aux portes de la Sologne.

Le trafic devait être intense et l'argent de la religion couler à flot au bord de ce fleuve pour que des mosaïstes échouent à Germigny-des-Près et y couvrent de 130 000 petits cubes d'or la voûte de l'abside. Venaient-ils de Ravenne, où ils avaient connu Galla Placidia, ou d'Etchmiadzine, en Arménie (saluons au passage l'érudition de celui qui releva cette dernière filiation interlope) ?

Les sublimes chapiteaux, le clocher-porche, le chœur de la basilique de Saint-Benoît-sur-Loire le confirment, Dieu est ici roi de Loire.

Au XIXe siècle, la vie de la région a failli s'arrêter alors qu'on achevait la construction du canal : il venait cent ans trop tard pour servir au développement économique. Entre temps, le chemin de fer avait pris les marchés avec rapidité et efficacité. Le déclin de la marine de Loire, tributaire des crues et des basses eaux était déjà amorcé.

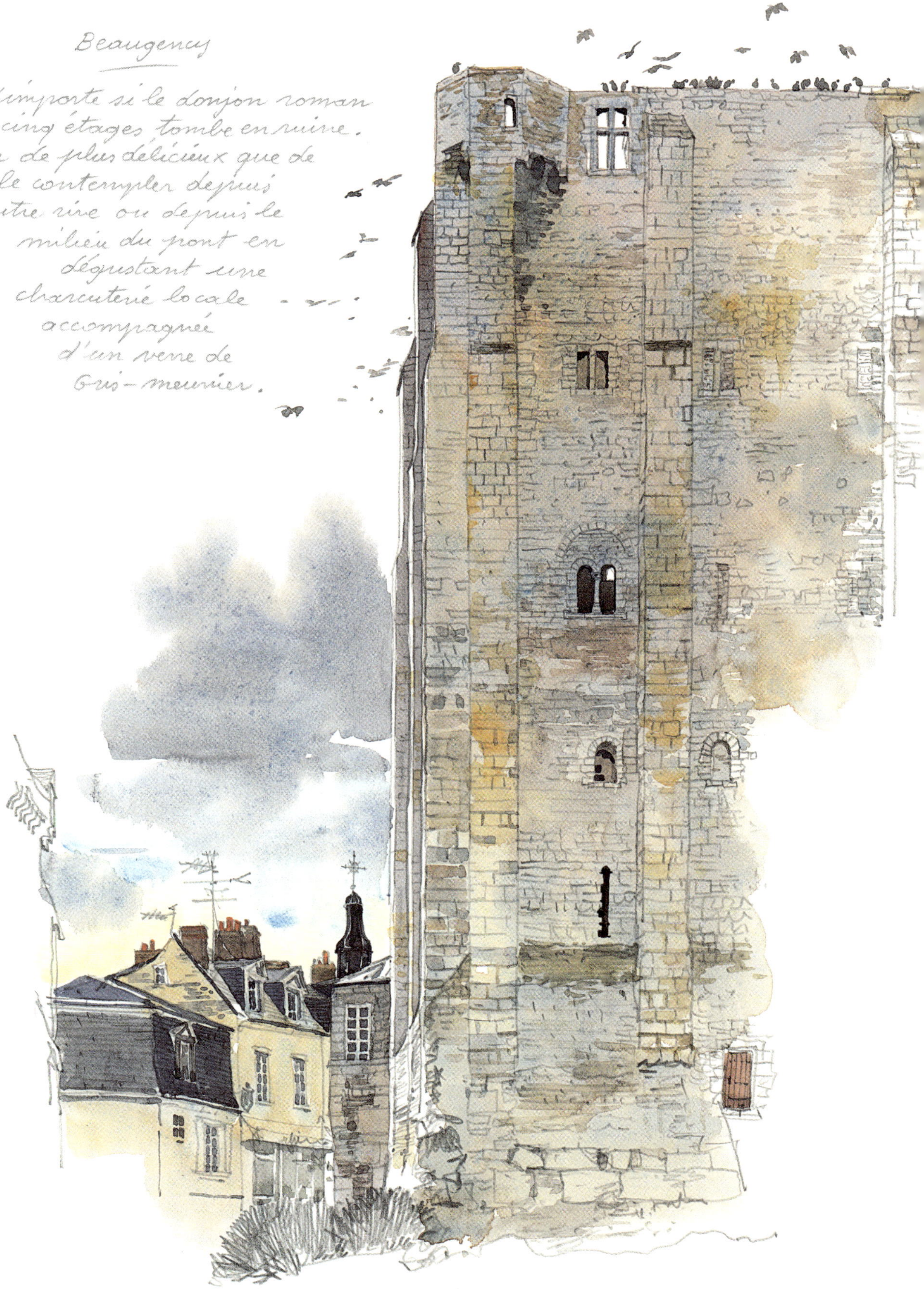

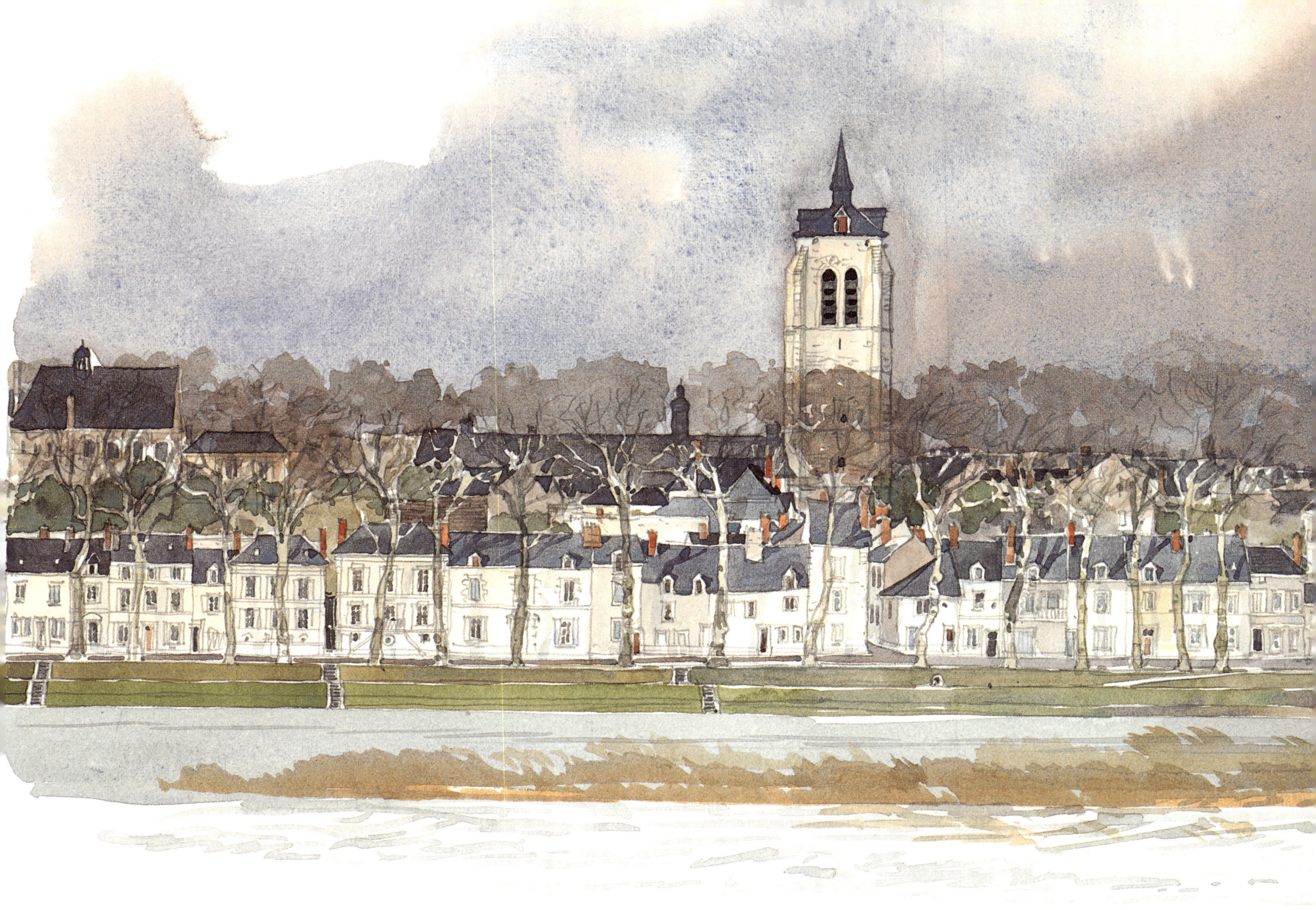

Le pont de Beaugency aligne au moins quatre périodes de construction, dont une médiévale.
Une légende raconte que le diable proposa aux habitants de construire un pont en une nuit en échange de l'âme du premier passant. Le matin, le maire jeta un chat sur le pont.

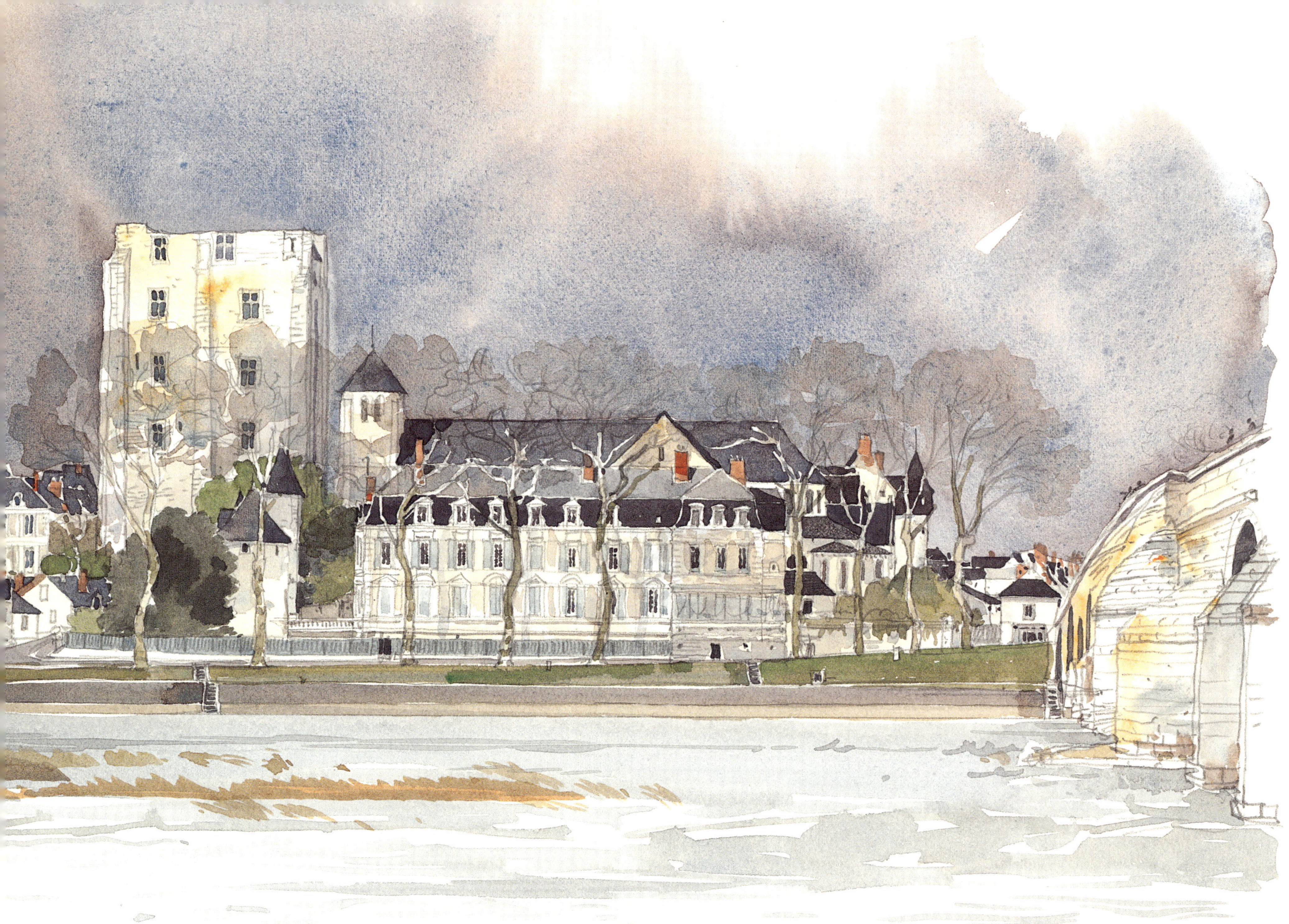

Tout le monde sait que les chats ont une âme. Le diable, rendu furieux par la ruse, se vengea en décalottant le donjon. Depuis, Beaugency est devenu un gros bourg sage, au donjon apaisé, aux maisons gris clair, la couleur de l'inaltérable calcaire de Beauce avec lequel elles sont bâties.

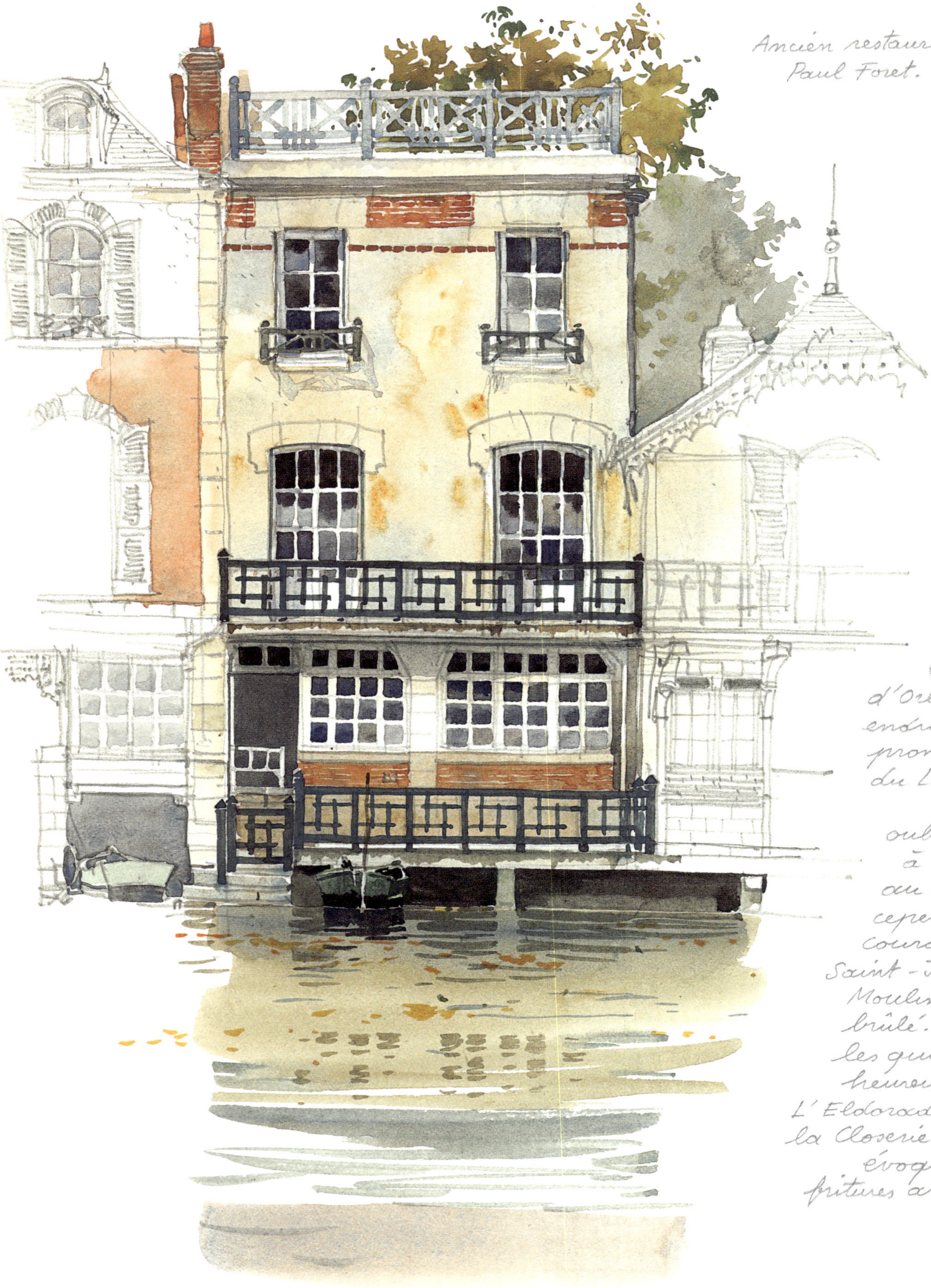

Ancien restaurant Paul Foret.

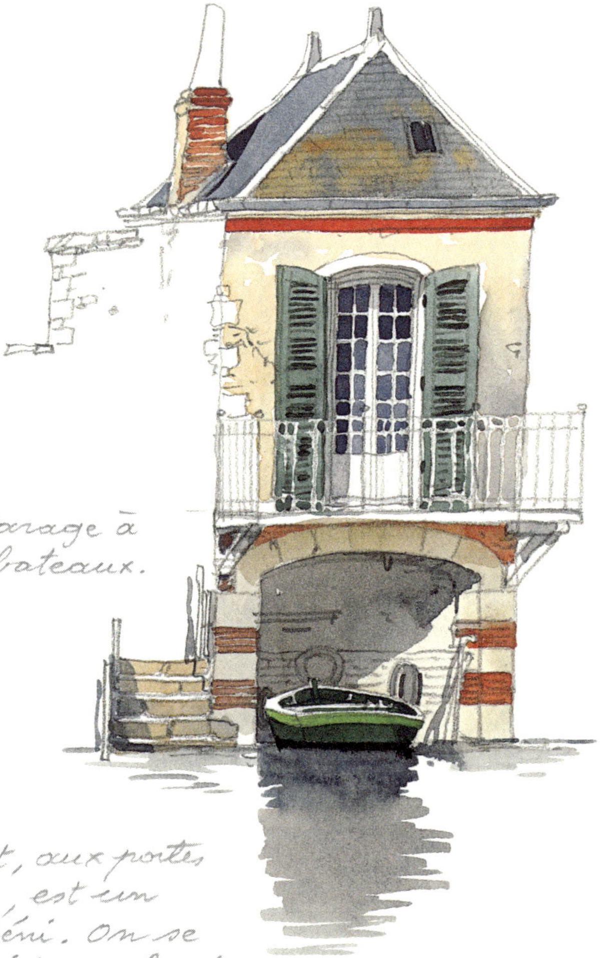

Garage à bateaux.

Olivet, aux portes d'Orléans, est un endroit béni. On se promène ici, au bord du Loiret, sur le sentier des Prés.

La rivière est si paresseuse qu'elle oublie presque de couler. Les moulins à farine, à tan, à papier, si actifs au début du XXe siècle, savaient cependant tirer profit de ce faible courant : moulins Saint-Samson, Saint-Julien, de la Motte, de la Papeterie, Moulin Neuf, Moulin de l'Île, Moulin brûlé. Sur les deux rives, se succèdent les guinguettes nées de l'âge d'or des jours heureux que Renoir aimait filmer. L'Eldorado, le Petit Matelot, le Pavillon Bleu, la Closerie des Lilas, Chez François, Paul Foret évoquent l'image des repas du dimanche : fritures arrosées de Gris meunier et siestes crapuleuses.

Quelques cyprès chauves escortent les garages à bateaux aux façades étroites transformés en maisons.

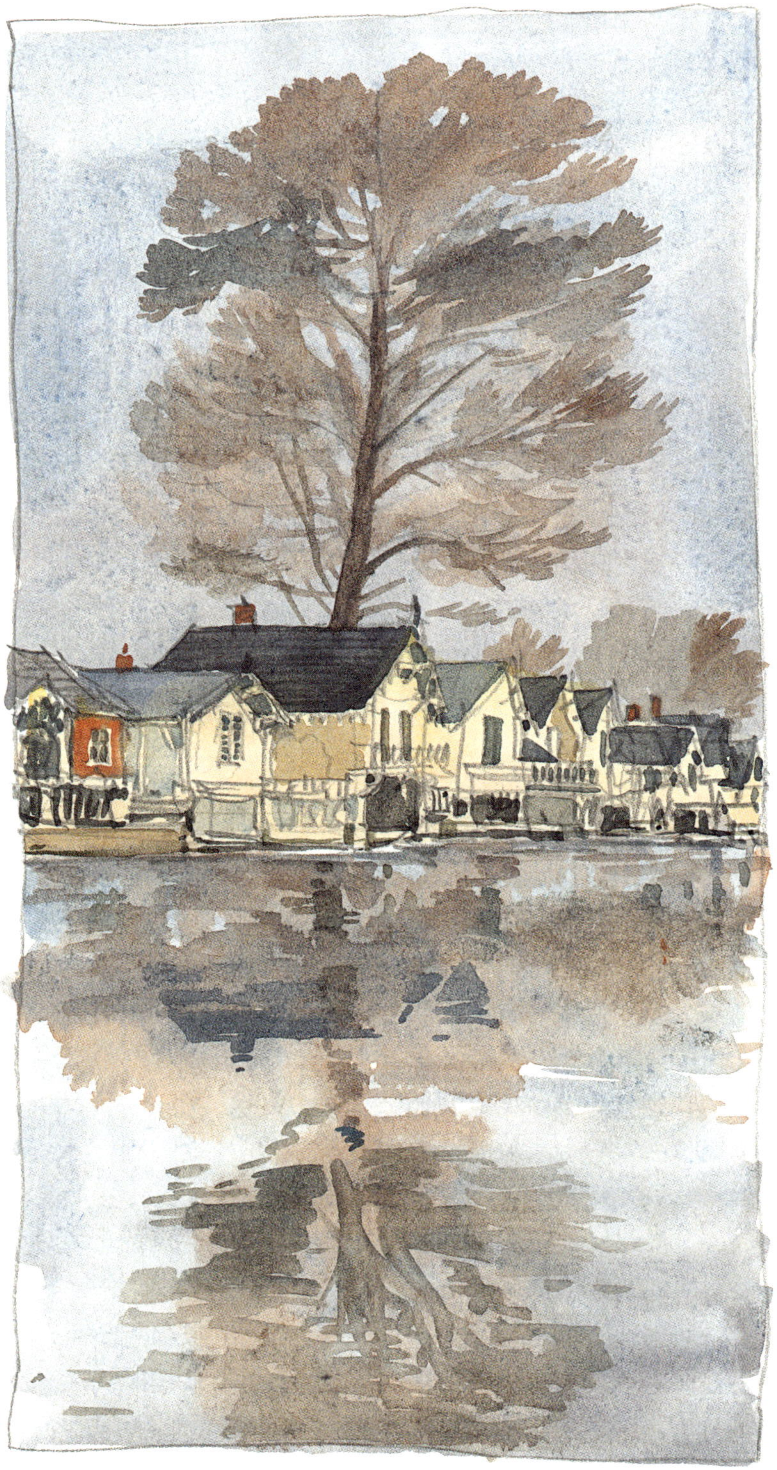

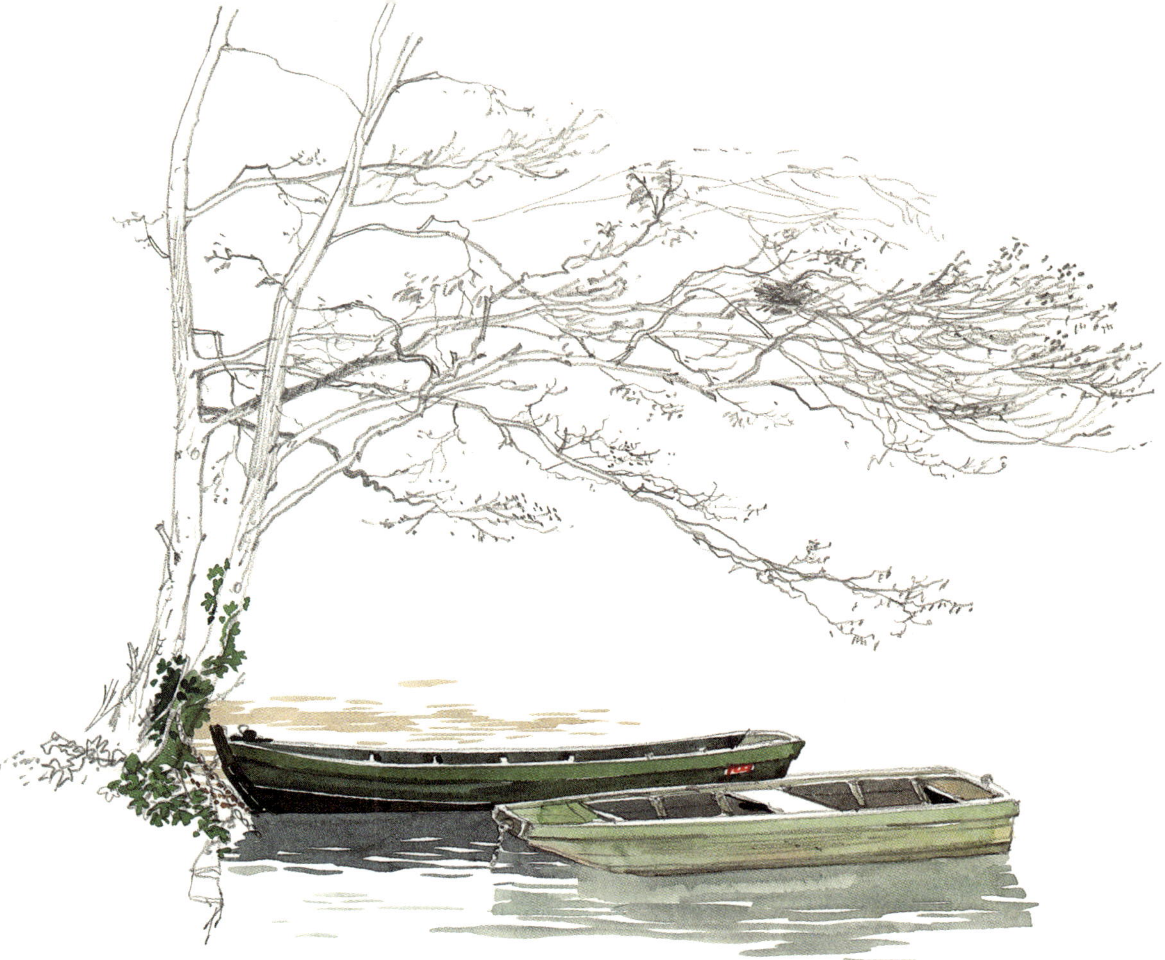

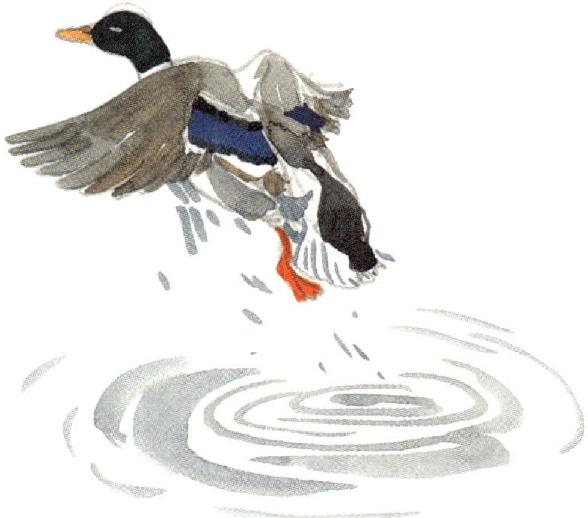

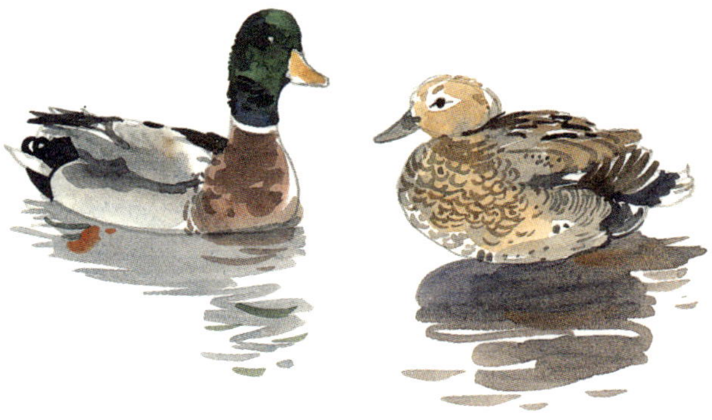

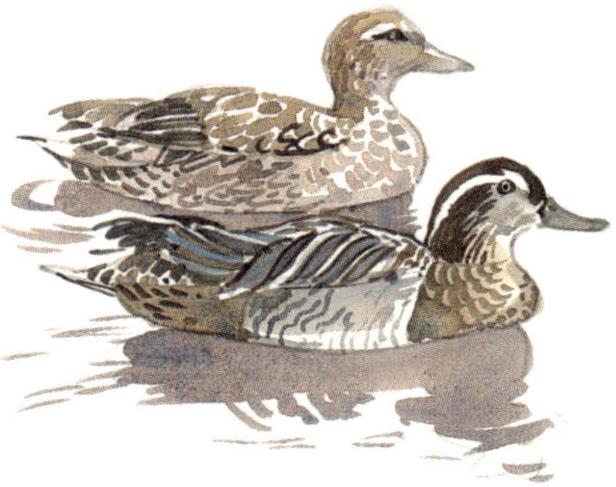

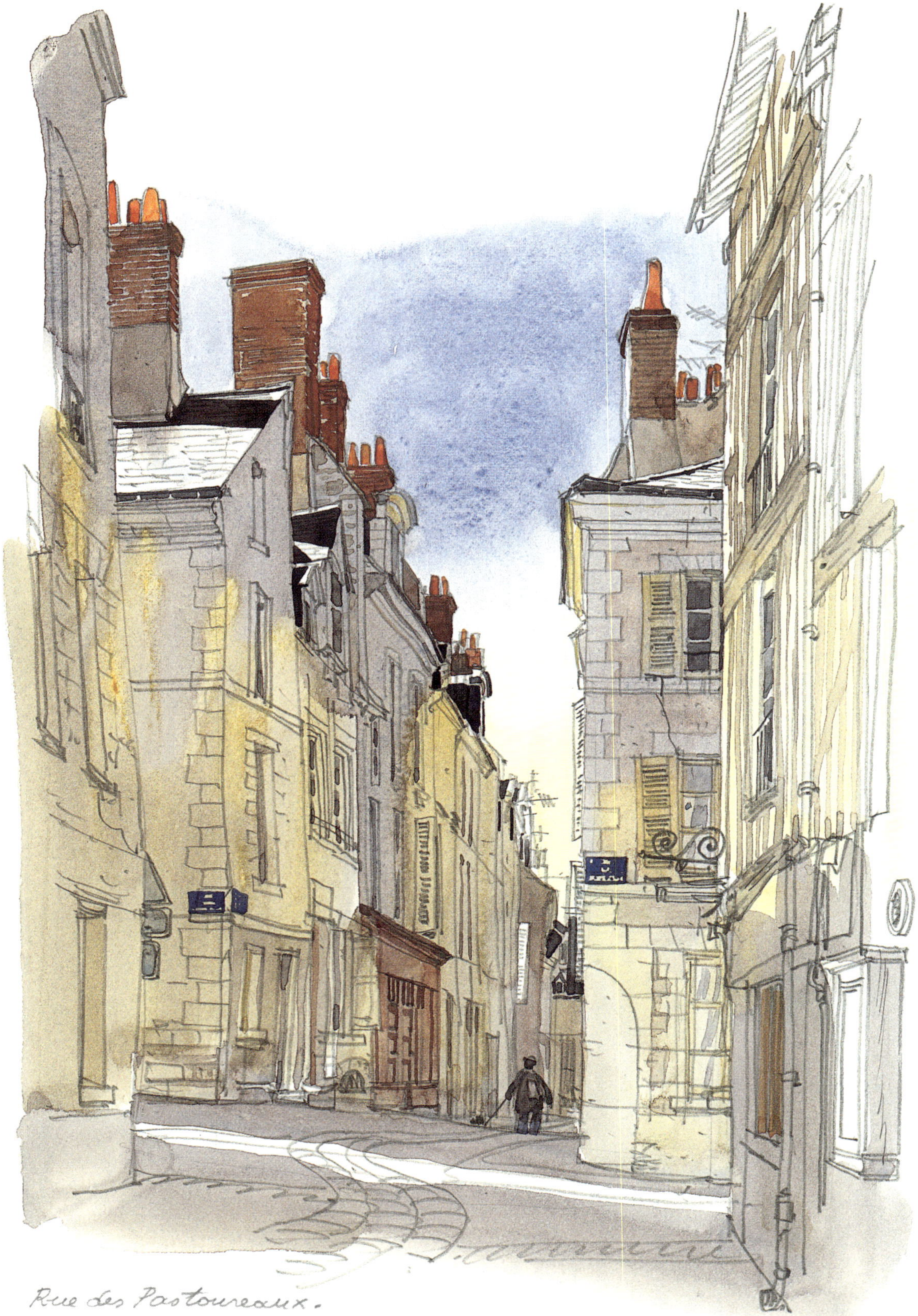

Rue des Pastoureaux.

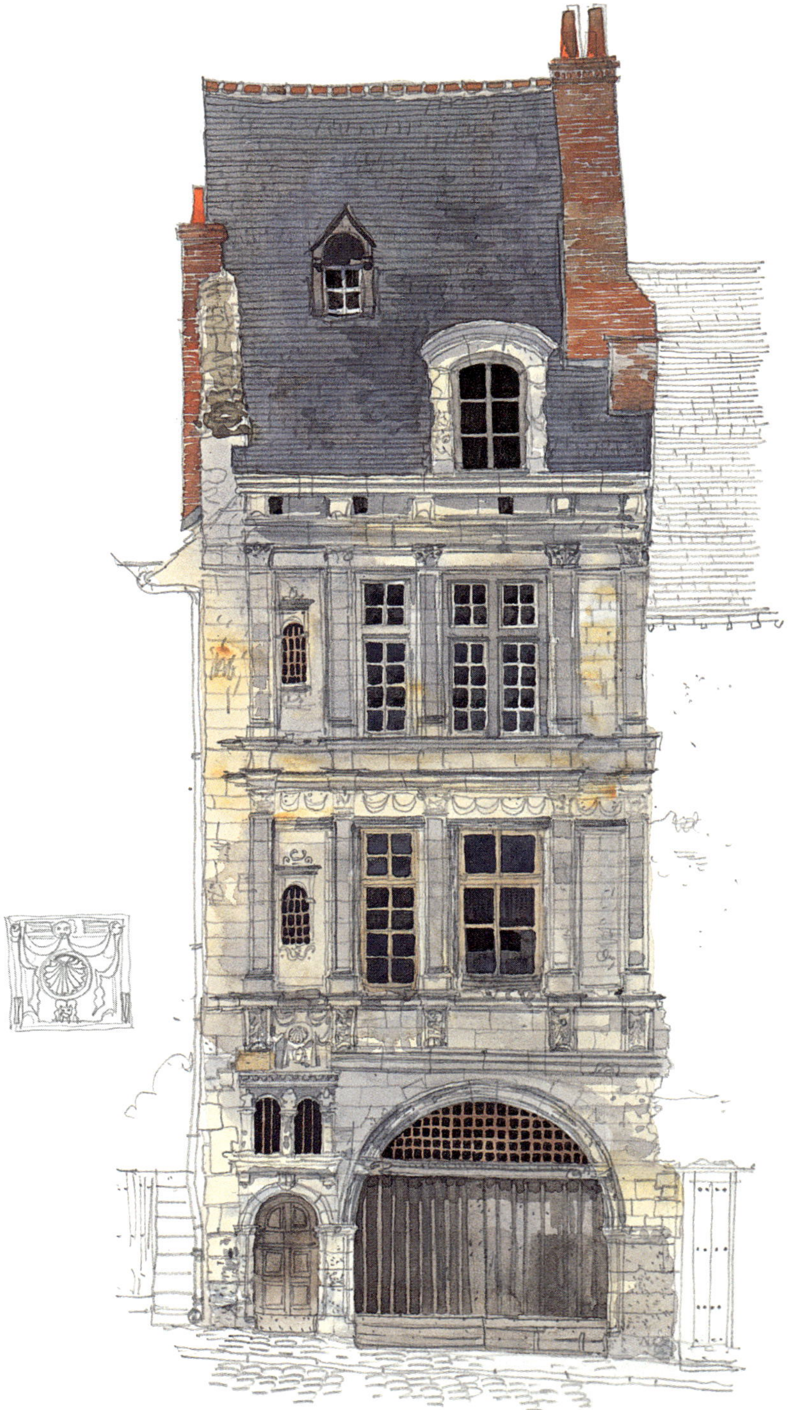

Orléans recèle encore de nombreuses maisons bourgeoises de la deuxième Renaissance, Comme Celle-ci, dite de la Coquille, près des quais, rue de la Pierre-Percée.

La Seconde Guerre mondiale a largement détruit le cœur de la vieille ville d'Orléans. Pourtant, rien n'a changé du caractère de la ville. On ressent encore dans les rues vides d'Orléans, derrière les fenêtres closes des maisons bourgeoises, dans l'ordonnance classique des rues, un je ne sais quoi qui évoque l'encens et la componction de la religion. La cathédrale Sainte-Croix regorge de trésors : émaux, orfèvrerie, statues de marbre blanc. On ne lésinait pas sur les signes susceptibles d'attirer la reconnaissance de Dieu et de ses saints. Mais rien de tout ceci ne doit être exhibé. D'ailleurs Orléans est une ville sans château, sans tapage. Le nouveau tramway, doré et moderniste, n'arrive pas à troubler cette tranquillité provinciale. Il se glisse entre les rues calmes. Quel destin puritain a conduit cette ville à devenir capitale du vinaigre ?

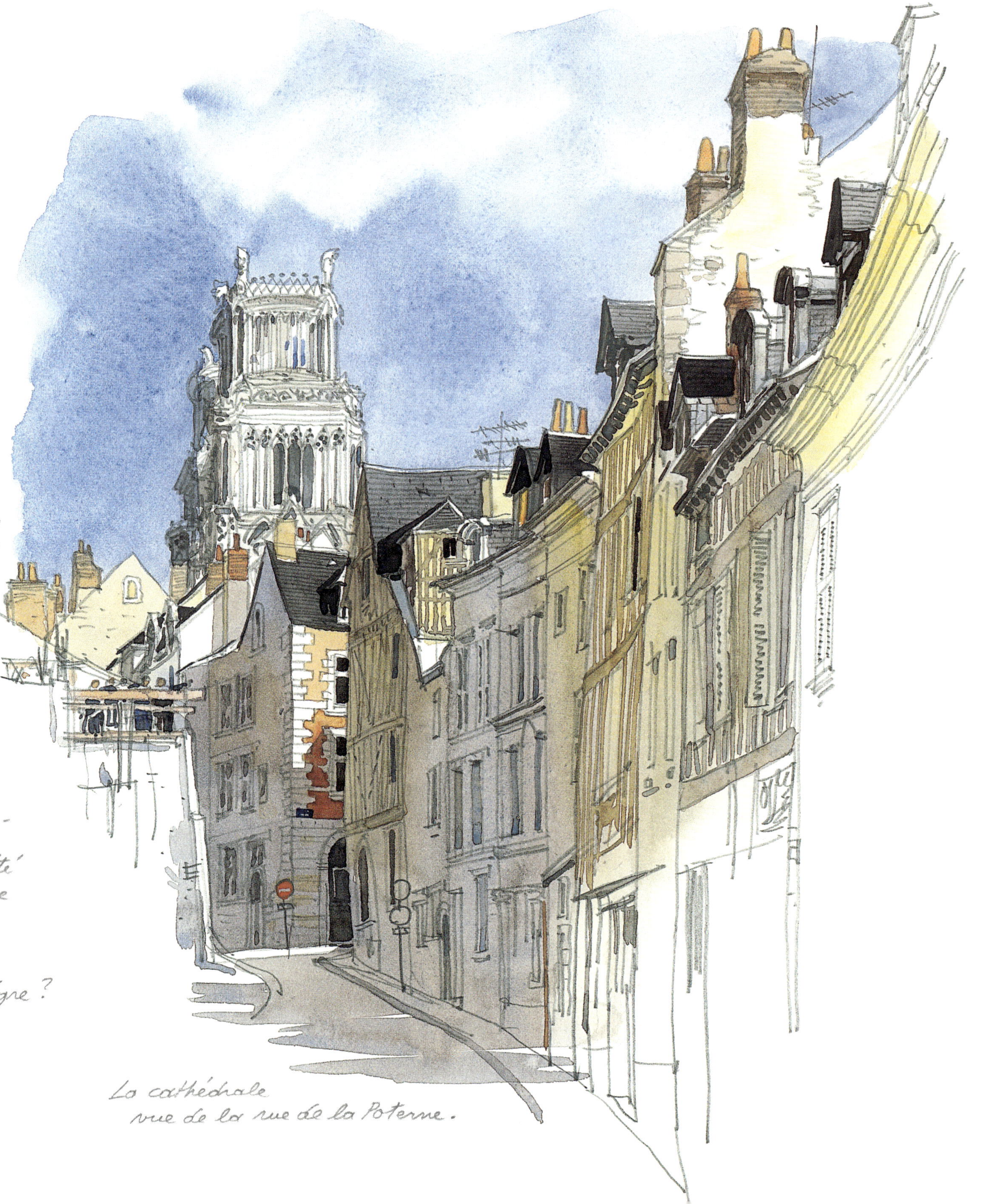

La cathédrale
vue de la rue de la Poterne.

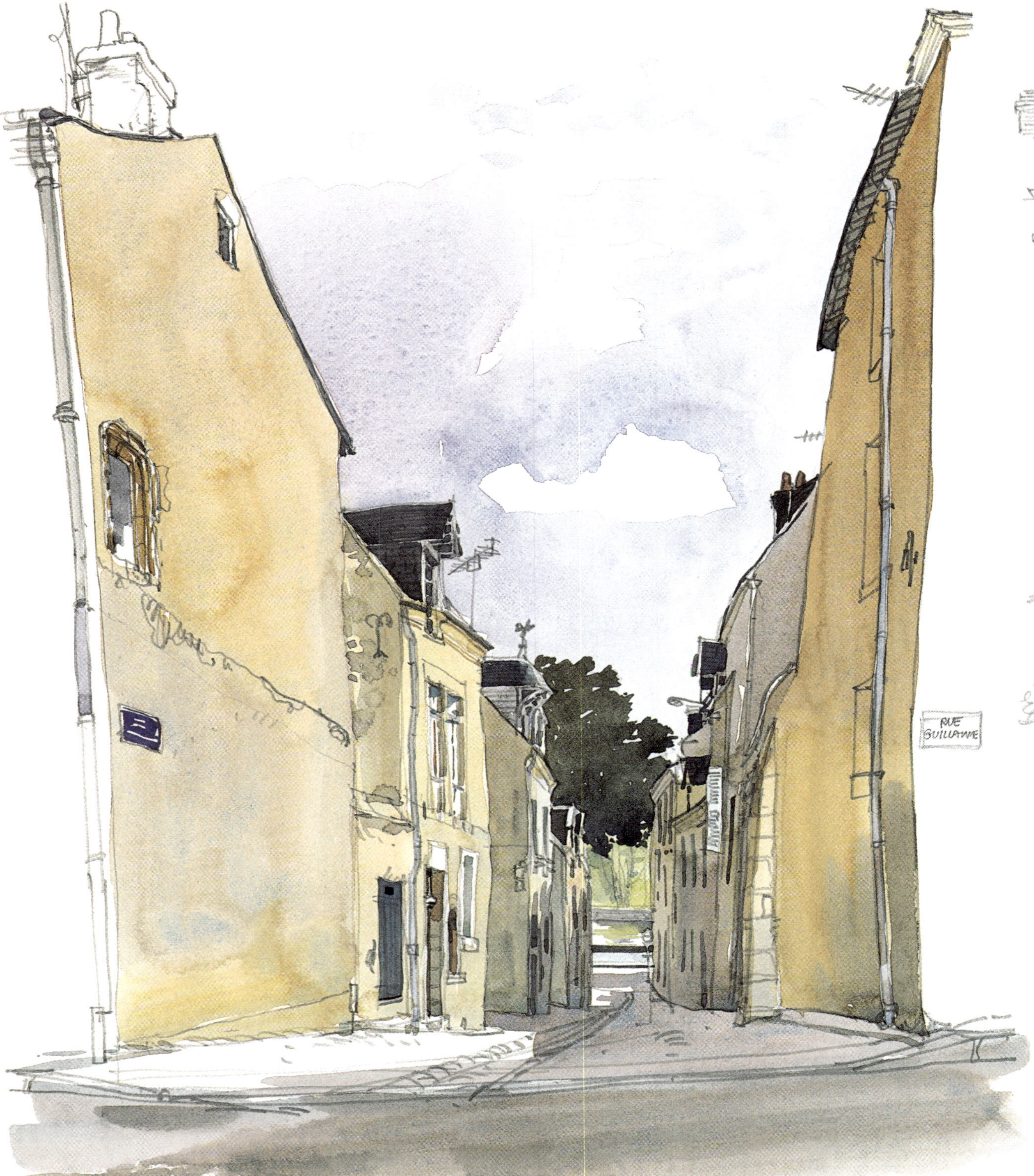

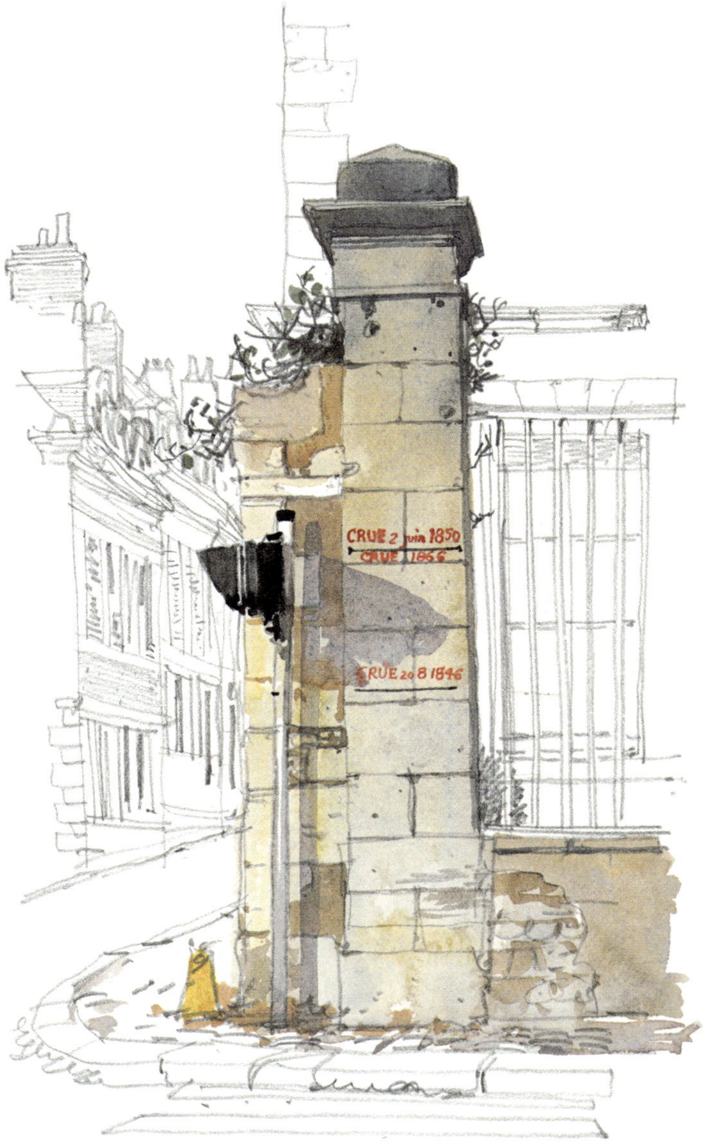

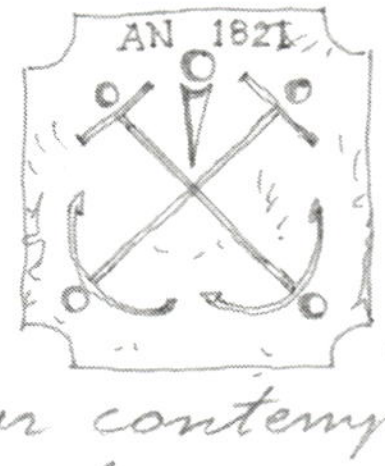

À Orléans, on aime se promener le long des quais. On aime passer sur la rive gauche pour contempler la cathédrale. On aime aussi se faire peur vers Saint-Jean-de-Braye et évoquer le long du Canal d'Orléans ces années de crues où l'eau montait si haut que le fleuve et le canal se confondaient.

Orléans. Dans les anciens quartiers de mariniers

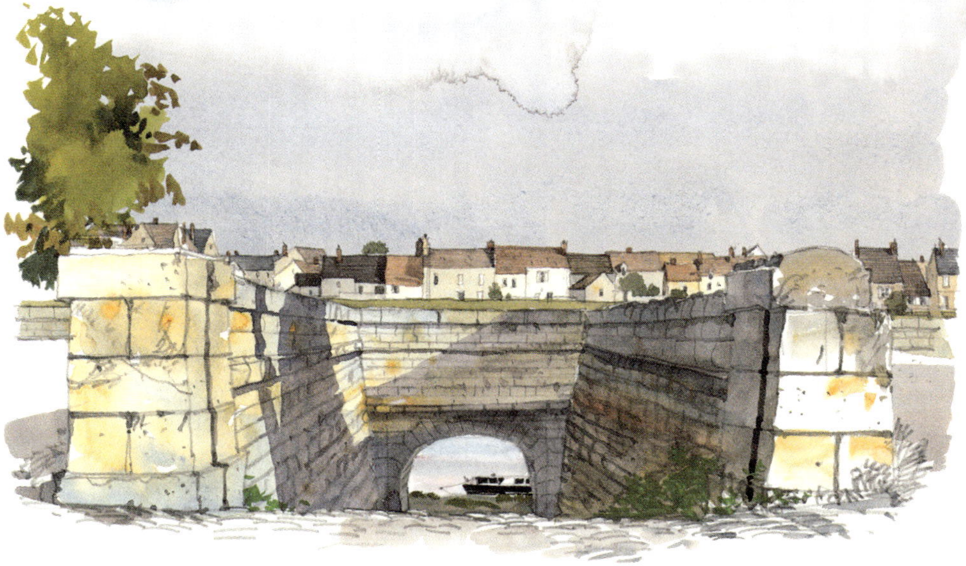

Jargeau est ville de mariniers, de gens simples, de bateaux solides. Les histoires de mariniers étaient bruyantes et salées et les engueulades à la hauteur des enjeux de la main d'oeuvre.

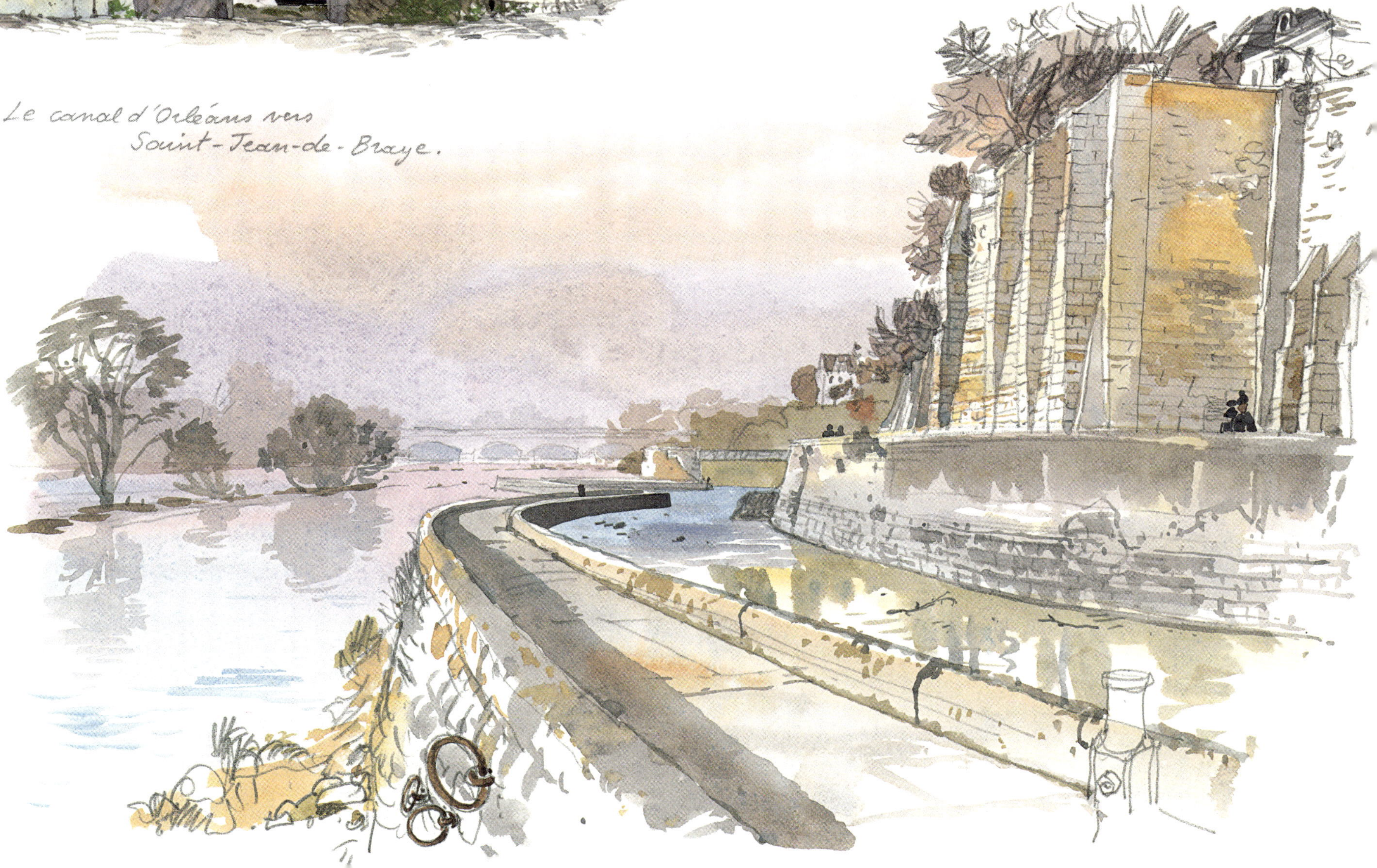

Le canal d'Orléans vers Saint-Jean-de-Braye.

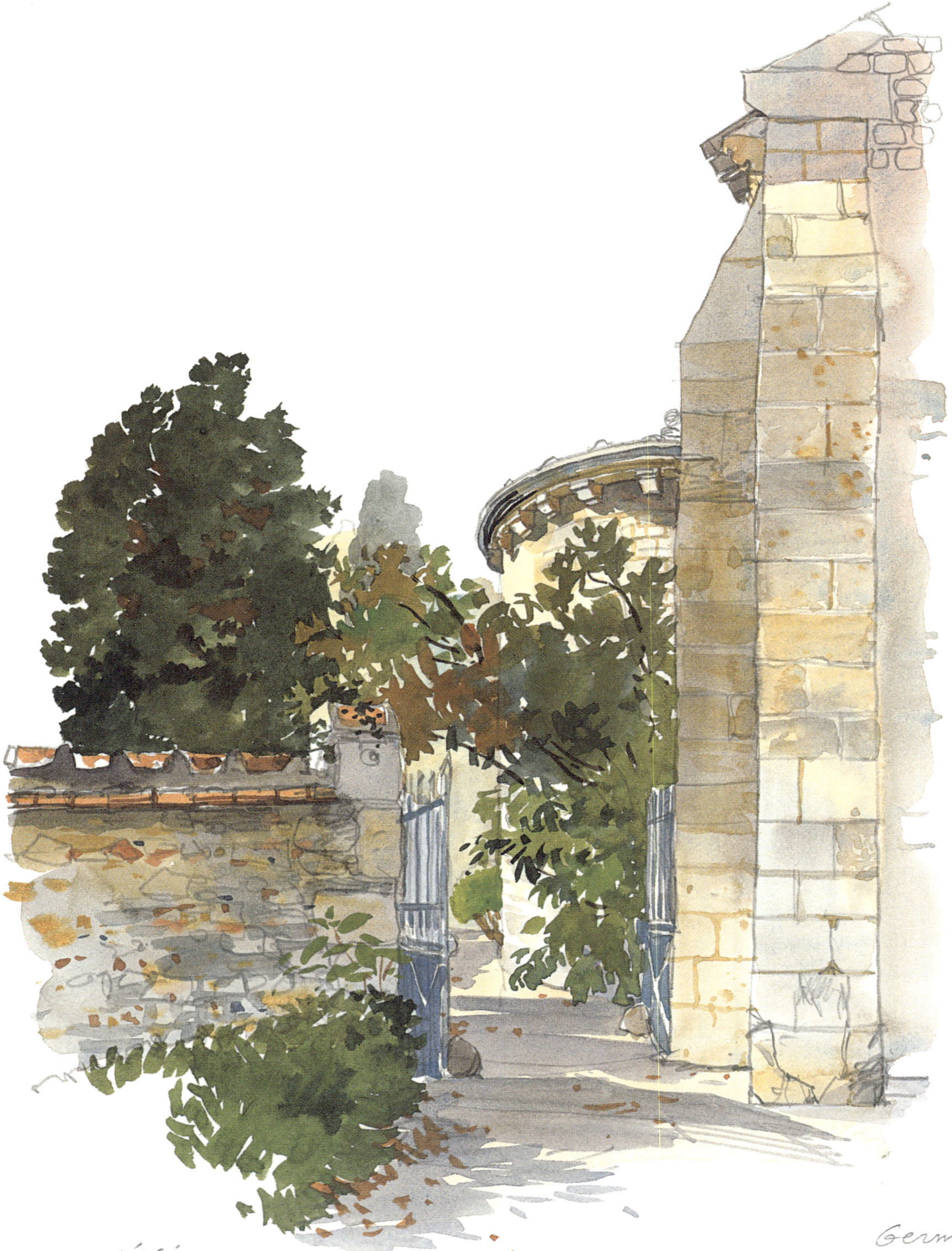

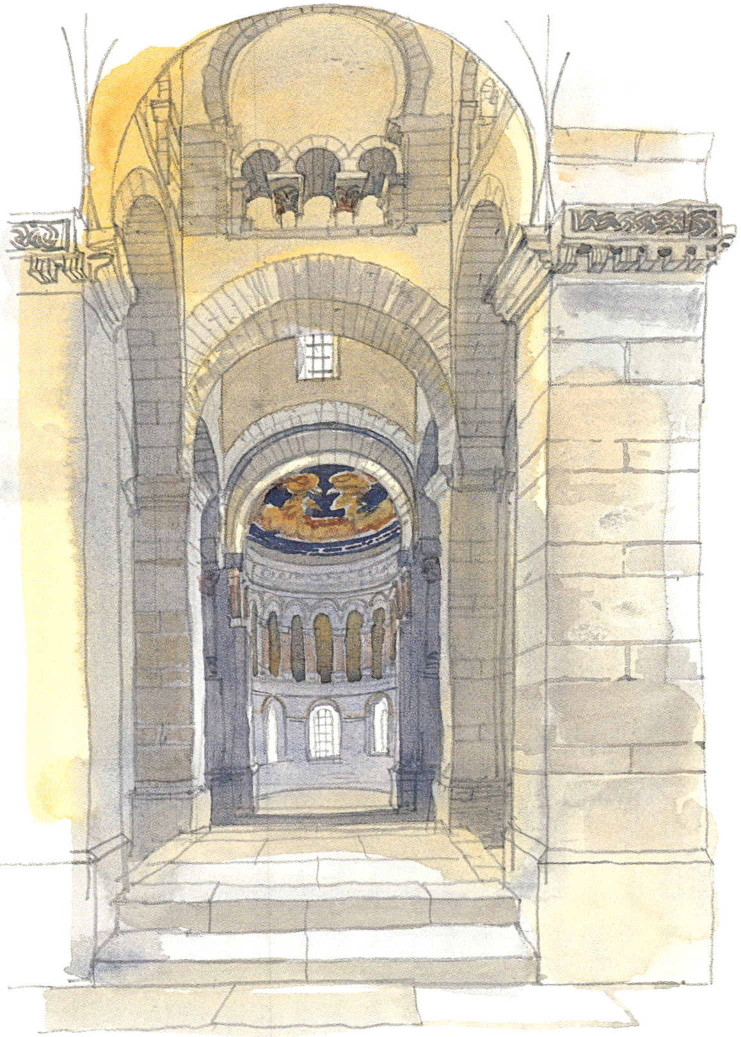

Un délicieux
jardin de curé s'ouvre
derrière le chevet de l'église
aux absides circulaires.

Germigny-des-Prés,
une mosaïque de 130 000 cubes de verre,
découverte par hasard en 1840,
parce que des enfants jouaient avec certains
de ces petits cubes. Une parenté évidente avec Ravenne
et son art Byzantin. Un émerveillement
que de retrouver intact un tel trésor sous l'abside
de cette modeste église de village, ancien
oratoire de Théodulf.

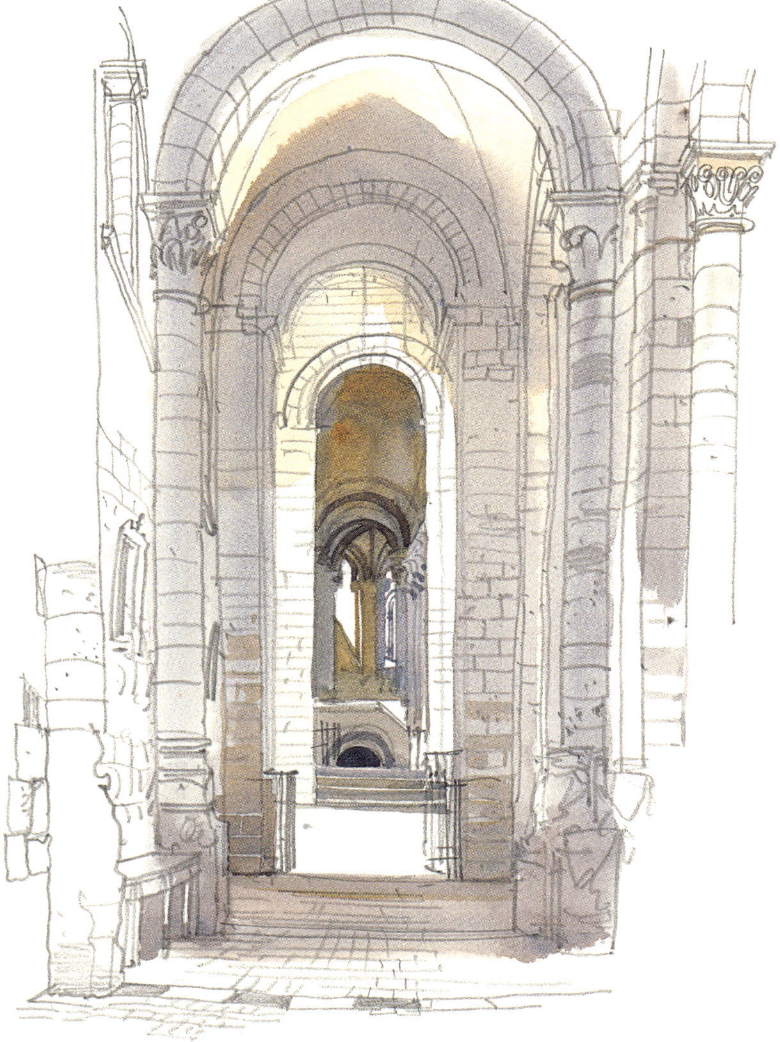

Théodulf, ami de Charlemagne et évêque d'Orléans, a créé à Saint-Benoît deux écoles monastiques. La basilique accumule les chefs-d'oeuvre de l'art roman, comme le clocher-porche et le choeur. Saint Benoît y est enterré dans une crypte pré-romane, sans doute construite par Théodulf.

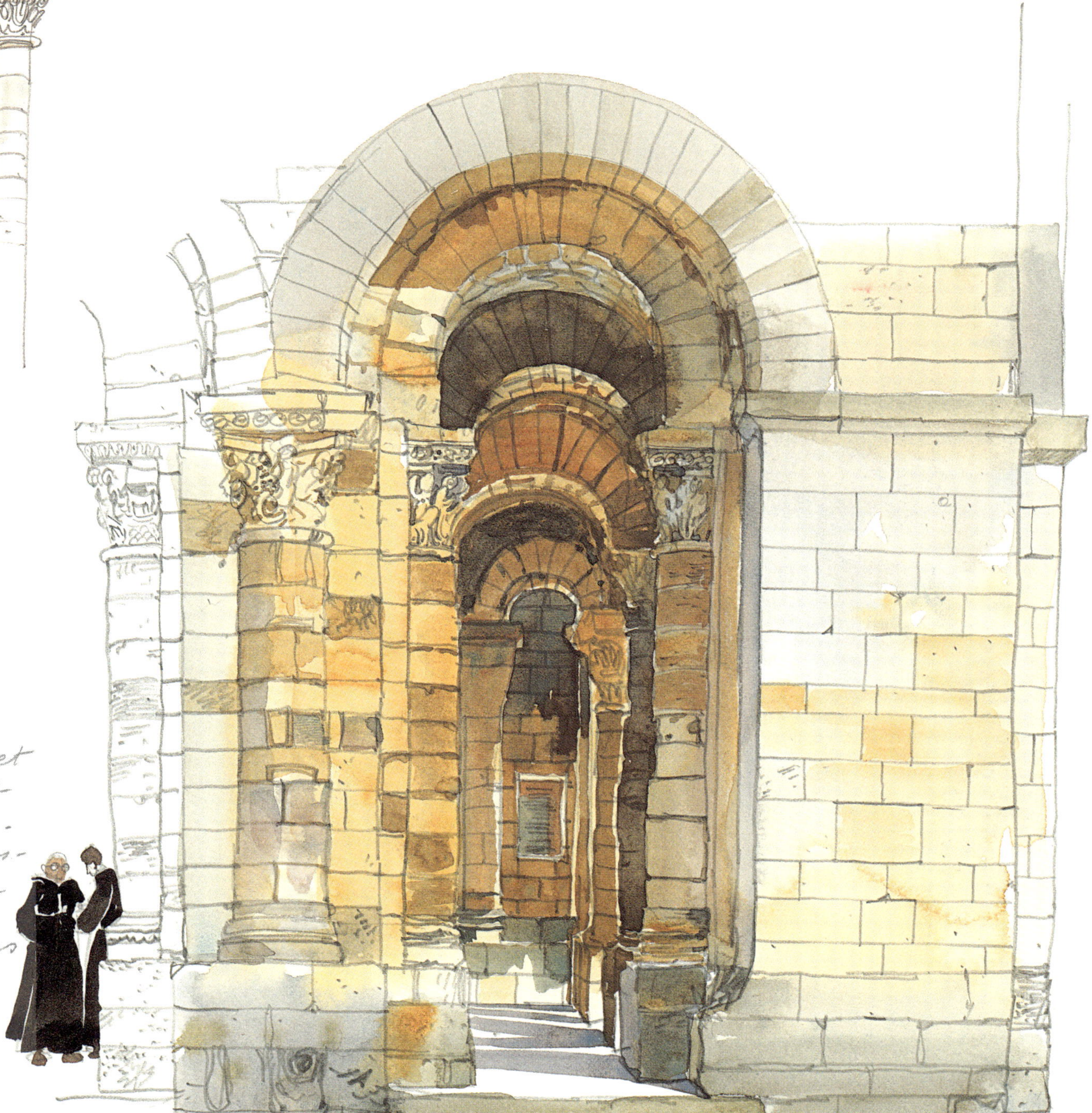

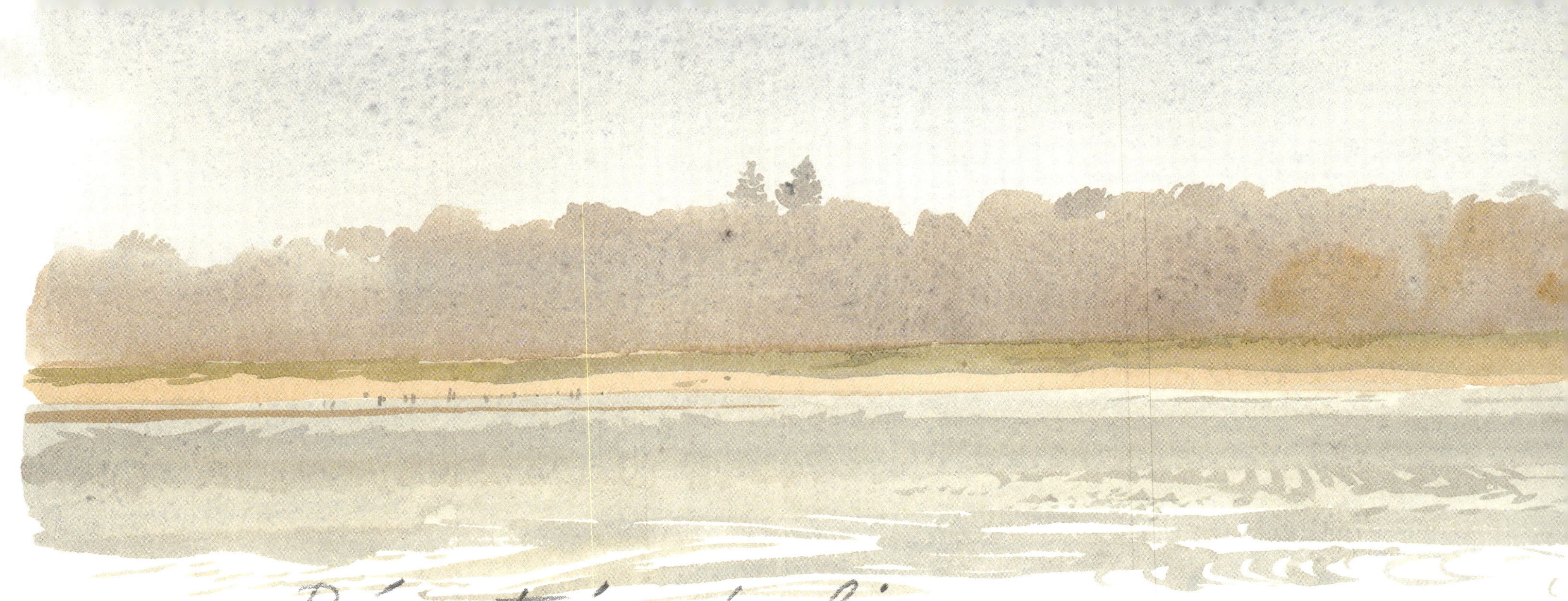

Répertoire des lieux

Chalonnes-sur-Loire
Ici débute ou finit la vallée de la Loire proprement dite et le site classé au Patrimoine mondial de l'Unesco. Chalonnes était un petit port prospère qui vivait du charbon et de la chaux extraits sur place. Tout près de là, la corniche angevine, taillée dans la falaise, est particulièrement belle avec les vignobles et les petits ports fluviaux.

Serrant
Ce très beau château est le dernier ou le premier des châteaux de la Loire. Son architecte est Philibert Delorme, l'architecte de Fontainebleau. Construit à partir de 1546 en schiste et en pierre blanche, il se compose d'un corps central et de deux ailes terminées par des tours à clochetons. L'ensemble dégage un grand équilibre. À l'intérieur, c'est l'escalier Renaissance et surtout la bibliothèque que l'on remarque. Les collections de meubles et de tapisseries sont exceptionnelles.

Savennières
Savennières est une ville très ancienne. Son église romane est dotée d'un très beau chevet sculpté et surtout d'un très ancien mur pré-roman décoré de briques appareillées en arêtes de poisson. Savennières est aussi un village producteur de vins blancs de grande qualité et d'appellation contrôlée. Le centre est occupé par plusieurs châteaux viticoles.

Béhuard
Cette petite île sur la Loire doit sa survie à un rocher qui a permis la fixation des sables et le développement d'un sol assez stable. Cela n'empêche pas le site d'être inondé au moins une fois par an. Le rocher, lieu de pèlerinages vraisemblablement antérieurs à l'ère chrétienne, est coiffé d'une chapelle médiévale. Le roi Louis XI venait y prier et y avait un logis. Quelques jolies maisons du XVe siècle et des architectures des années 1930, correspondant à un renouveau des pèlerinages sur l'île au début du XXe siècle.

Coulée de Serrant
Ne pas confondre ce lieu-dit avec le château de Serrant. La coulée de Serrant est un petit vallon très encaissé que les amateurs de vin considèrent comme miraculeux. La brume qui remonte de la Loire y permet une botrytisation des raisins (développement de la pourriture noble) qui assure la production d'un cru exceptionnel et très rare. C'est l'un des uniques exemples d'appellation contrôlée correspondant à une seule propriété. La culture biodynamique qui y est pratiquée depuis une vingtaine d'années a permis le retour de certaines espèces animales et végétales disparues à cause des traitements chimiques des sols. Le domaine où est installé ce vignoble est un manoir du XVIIIe siècle.

Bouchemaine
Au confluent de la Sarthe et de la Loire, cette étonnante commune possède une architecture civile de qualité. Lieu de résidence estivale de la bourgeoisie angevine, c'est un site où depuis quelques années les guinguettes se multiplient au bord de l'eau. Le hameau de la Pointe est particulièrement pittoresque.

Angers
Angers naît à l'époque romaine. C'est alors un carrefour commercial important. La grande époque de la ville se situe du Xe au XIIIe siècle avec les Foulques qui créent une puissante dynastie rivale de la couronne de France. Par mariages successifs, le plus puissant d'entre eux, Foulques Nerra, s'allie avec la couronne d'Angleterre et même avec le royaume chrétien de Jérusalem. Les Plantagenêt, issus de cette famille, créent une nouvelle dynastie qui régnera sur une bonne partie de la France, sur l'Angleterre, sur la Sicile et sur le royaume de Naples. Le fameux roi René se laissera démettre par Louis XI et finira sa vie à Aix-en-Provence.

Le monument le plus spectaculaire de la ville est le château en schiste construit entre 1228 et 1238, par le roi Saint Louis : dix-sept tours, une enceinte de plus de 1 000 m de longueur, des fossés de 30 m de largeur et de plus de 11 m de profondeur. La remarquable cathédrale Saint-Maurice des XIIe et XIIIe siècles renferme de très beaux vitraux. Au hasard des rues de la vieille ville, on découvre de nombreux hôtels particuliers, maisons et couvents.

Mais la merveille d'Angers, c'est la tenture de l'Apocalypse, une tapisserie tissée entre 1373 et 1383 pour le duc Louis Ier d'Anjou. Longue à l'origine de 138 m, il reste 74 tableaux exposés dans une galerie conçue spécialement. Elle mérite à elle seule un voyage à Angers.

Les Ponts-de-Cé
Quatre ponts pour traverser les bras de la Loire et le canal de l'Authion. Depuis la nuit des temps, ce passage est stratégique. On s'y est souvent battu. Il reste peu de chose du château qui était une forteresse considérable.

Trélazé
Ici, depuis le XIIe siècle, on exploite l'ardoise. Les anciennes usines ont disparu mais les veines d'exploitation, aux infrastructures modernisées, tournent encore à plein régime. Un petit musée remarquablement réalisé témoigne de cette industrie rare.

Abbaye de Saint-Maur-de-Glanfeuil
Ce beau site au bord du fleuve accueille une abbaye dont la très belle architecture classique s'apparente à celle d'un établissement militaire tant la construction est rigoureuse. Le paysage très protégé a conservé le verger, les vignes et les collines boisées du XVIIIe siècle.

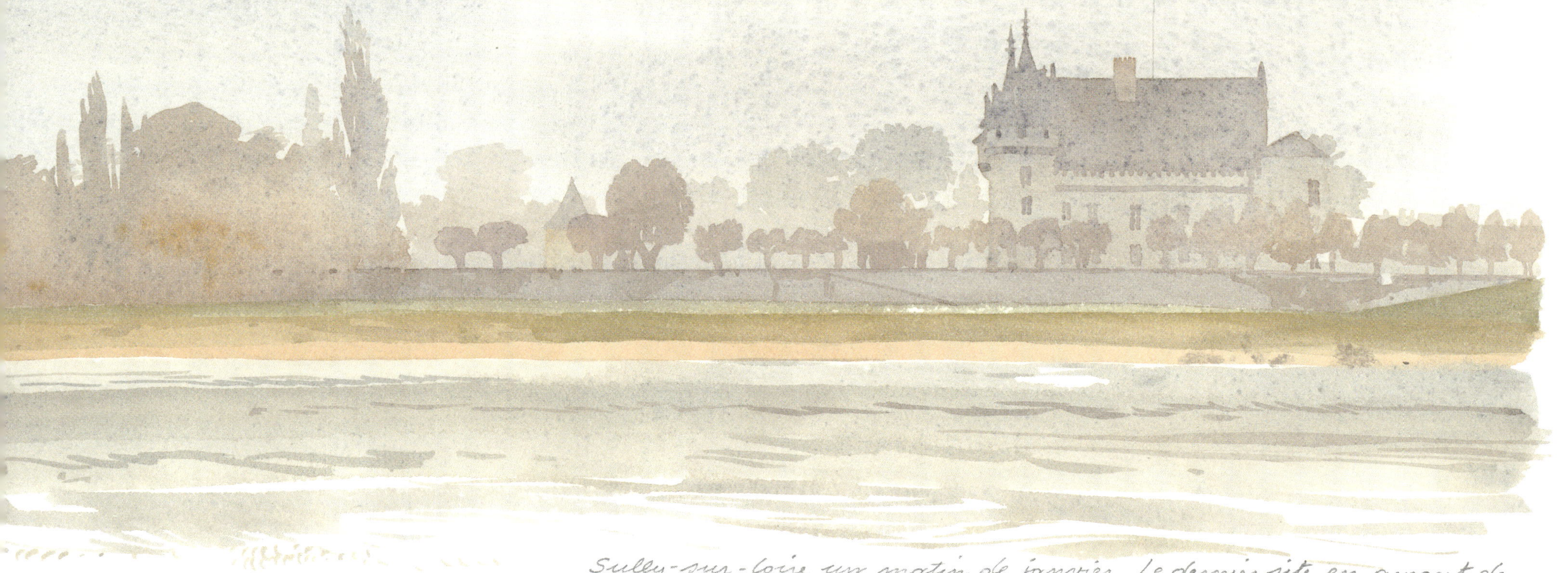

Sully-sur-Loire un matin de janvier. Le dernier site en amont de la Loire inscrit au Patrimoine mondial de l'Unesco.

Le Thoureil
Petit village très charmant, dont le quai de pierre témoigne de l'ancienne activité portuaire qui était, tout au long du fleuve, modeste mais régulière pour évacuer les productions agricoles. L'église, dominée par un curieux clocher fanal, renferme de belles châsses en bois du XVIe siècle.

Boumois
Boumois donne d'abord l'image d'une forteresse médiévale où portail et tours à mâchicoulis forment une enceinte solide. Mais à l'intérieur de la cour, le logis de la fin du XVe siècle présente tous les raffinements de la Renaissance. Une chapelle de style gothique flamboyant et un pigeonnier de 1 800 niches (boulins) du XVIIe siècle complètent cette maison étonnante. À l'intérieur, quelques beaux meubles. Magnifique jardin dont le mail assure la transition avec les bois. Belle allée de platanes.

Trèves
Charmante petite église à la superbe nef romane à arcades. Quelques belles sculptures (vasque en porphyre, reliquaire de pierre, vierge en majesté). Tout près, une tour du XVe siècle, vestige d'un château disparu, semble protéger l'église.

Cunault
Merveilleux prieuré fondé en 847 par les moines de Noirmoutier. L'église construite entre le XIe et le XIIIe siècles impressionne par ses proportions dignes de celles d'une grande abbaye. Deux cent vingt-trois chapiteaux sculptés ornent les très hautes colonnes. Quelques objets remarquables dans les chapelles : un meuble à chasubles, la châsse de saint Maxenceul et quelques vestiges de fresques du XVe siècle.

Gennes
Autour de Gennes, on peut voir quantité de mégalithes, dolmens et menhirs, mais aussi des ruines romaines, notamment un amphithéâtre de 44 m de diamètre. Nymphée, aqueduc, thermes sont les traces d'un établissement actif au début du Ier siècle ap. J.-C., époque de la consolidation de l'Empire romain dans la région.

Saumur
La silhouette du château, fortement restauré au XIXe siècle d'après les enluminures des *Riches heures du Duc de Berry*, est célèbre dans le monde entier. La ville est née au IVe siècle à partir d'un monastère dédié à saint Florent. Dès le XIe siècle, les deux familles rivales de l'époque (comtes de Blois et comtes d'Anjou) s'affrontent pour contrôler ce site stratégique. Ce sont finalement les Anjou qui le conservent. La ville est blottie sous le rocher du château. Posé sur un bastion en forme d'étoile, ce dernier a gardé son allure de forteresse du XIVe siècle, avec ses quatre tours puissantes, sa poterne lourdement protégée. Mais c'est aussi une maison de plaisir comme en témoignent les riches sculptures Renaissance de la cour. La vieille ville présente une sérénité provinciale : église Saint-Pierre, église Notre-Dame-de-Nantilly aux remarquables tapisseries.

À la sortie de la ville, un très beau couvent du XVIIe siècle abrite une remarquable église, Notre-Dame des Ardilliers, lieu de pèlerinage encore très fréquenté.

Mais Saumur est surtout célèbre pour son école de cavalerie, temple de la haute école à la française. Dans le château, le musée du Cheval présente une magnifique collection de harnachements du monde entier. Le musée de la Cavalerie est installé dans une très belle caserne construite entre 1767 et 1770. Les aspects plus modernes de la cavalerie, c'est-à-dire les blindés, bénéficient d'un troisième musée.

De nombreuses manifestations hippiques ont lieu tout au long de l'année, permettant d'admirer les cavaliers du Cadre noir, notamment en avril et en juillet.

Fontevraud
En 1101, Robert d'Arbrissel fonde Fontevraud pour en faire une base de rayonnement religieux de l'ouest de la France. L'abbaye accueille alors en cinq monastères une communauté d'hommes et une communauté de femmes, des malades et des lépreux. Le Grand Moûtier, l'abbatiale, le réfectoire, les dortoirs accueillent les religieuses de chœur. Saint-Lazare est destiné aux lépreux. Saint-Benoît est infirmerie. Sainte-Madeleine est consacrée aux filles repenties. Saint Jean de l'Habit (détruit à la Révolution) est réservé aux hommes. La tradition veut que cet ensemble monastique ait toujours été dirigé par des femmes. Les abbesses se sont donc succédé, choisies dans les familles royales ou de haute noblesse. Elles étaient souvent nommées ici de force, mais la plupart d'entre elles eurent à cœur de développer l'abbaye jusqu'à en faire l'une des plus puissantes de France.

La vaste église du XIIe siècle possède un chevet bénédictin très pur, tout comme le déambulatoire et les chapelles rayonnantes. C'est dans cette église que reposent, sous des gisants polychromes, les rois Plantagenêt, notamment Aliénor d'Aquitaine et Richard Cœur de Lion.

L'ensemble qui avait été transformé en prison après la Révolution retrouve peu à peu sa cohérence : cloître Sainte-Maris, cour Saint-Benoît, prieuré Saint-Lazare, logis abbatial, constituent un labyrinthe d'architectures de qualité couvrant presque mille ans.

Bâtiment emblématique, les fameuses cuisines romanes aux toitures de pierre taillée : plan octogonal, 27 m de hauteur, l'un des rares ensembles de cuisines médiévales européennes qui nous soit parvenu presque

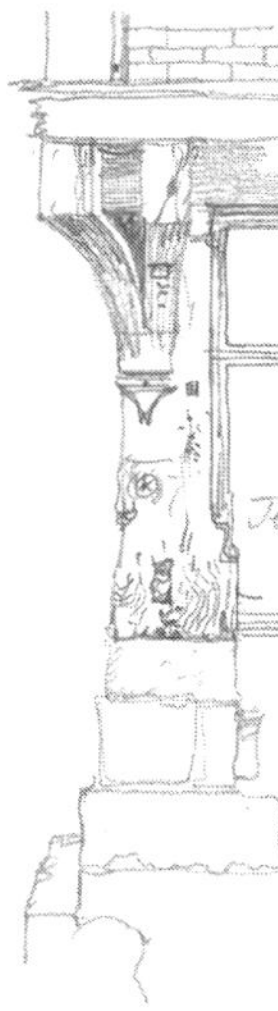

Maison de Jeanne d'Arc

intacte. Le village abrite de nombreuses constructions civiles et religieuses : logis Bourbon, église Saint-Michel, chapelle Sainte-Catherine, pigeonniers, lavoirs, petites chapelles, qui rythment le paysage du vallon de l'abbaye.

Chinon

La forteresse de Chinon a été construite au début du XIIe siècle par Henri II Plantagenêt. En 1214, Jean sans Terre perd sa suzeraineté et Philippe Auguste rattache la ville au royaume de France. En 1427, lorsque Charles VII y installe sa cour, elle devient capitale d'un royaume largement amputé. C'est ici qu'en 1429 Jeanne d'Arc vient persuader Charles VII d'assumer son rôle de roi et de chasser les Anglais de France. Bien que largement ruinés, les remparts du château de Chinon qui surplombent la ville sont encore très impressionnants. On distingue les trois grands châteaux : fort du Coudray, château du Milieu, fort Saint-Georges.

La ville est encore animée par le célèbre vin qui y est produit et que l'on déguste dans des caves creusées dans la falaise.

Azay-le-Rideau

Les tours en échauguettes de ce château font rêver. Les trois étages de l'escalier d'honneur sont un hommage à l'architecture italienne alors fraîchement débarquée en France. Les décors intérieurs ont fait récemment l'objet de soins attentifs et constituent un ensemble exceptionnel. D'autant que la taille relativement modeste de la maison permet de rêver qu'on puisse l'habiter aujourd'hui encore.

La Devinière

La Devinière est une jolie métairie où Rabelais a passé son enfance. Tout près de là, à Seuilly, se trouve l'abbaye où il commença ses études. Un très joli jardin contemporain s'y intègre parfaitement aux ruines. Plus loin, la silhouette spectaculaire du château de Coudray-Montpensier, le village de Lerné ou celui de la Roche-Clermaut composent la géographie des romans de Rabelais où s'affrontent les habitants de cette vallée lors de la guerre pichrocoline.

Montsoreau

Ce château féodal remanié au XVIe siècle est tout près du confluent entre la Vienne et la Loire : il en gardait la navigation.

Candes-Saint-Martin

En 397, saint Martin, le plus grand évangélisateur des Gaules, meurt ici, au confluent de la Loire et de la Vienne. Au cœur du village, l'église Saint-Martin, dont la construction a commencé au XIIe siècle, présente un ensemble de toits très complexes. L'intérieur, vaste et lumineux, est de style angevin.

Candes est sans doute l'un des plus beaux villages des bords de Loire. La promenade dans les ruelles dégage de jolies vues sur le fleuve. L'ascension de la colline permet de découvrir un merveilleux paysage de toits et d'eau.

Bréhemont

Ce site, coincé entre fleuve et terrains marécageux, paraît d'une grande fragilité. Ses maisons basses évoquent les bords de l'Atlantique à Ré ou Noirmoutier. Dans le village, des maisons de mariniers attestent de l'ancienne importance de ce port. C'est ici que Rabelais rêvait de créer son abbaye de Thélème.

Ussé

La construction d'Ussé date de la fin du XVe siècle, ce qui explique ses grosses tours disposées en carré. Les ailes en retour et la chapelle sont ajoutées plus tard. En 1659, la cour est ouverte sur la vallée, les terrasses et l'orangerie édifiées. Les adaptations se sont poursuivies jusqu'au XIXe siècle avec l'ajout d'un corps de logis néo-Renaissance.

Non loin du château, la collégiale construite entre 1523 et 1535 est une nef à trois travées voûtées d'un style Renaissance très pur et très lumineux.

La complexité de ces constructions et leur poésie en ont fait, pour l'écrivain Charles Perrault, le site de son roman *La Belle au bois dormant*.

Villandry

Ce sont les jardins qui font la renommée de Villandry. Ils ont été reconstitués au XIXe siècle à partir de documents issus, pour l'essentiel, des écrits et dessins d'Androuet du Cerceau, auteur du livre *Les Plus Excellents Bastiments de France* au XVIe siècle. Ils sont un exercice de style intéressant sur l'image que se faisaient les érudits de l'époque sur la Renaissance. Jardin d'amour, jardin de plaisir, jardin potager, labyrinthe, grand bassin se succèdent sur les terrasses. Ces jardins ne sauraient faire oublier le magnifique château, bâti en 1532 à la demande de Jean Le Breton, dont la symétrie et les façades remarquables annoncent l'ère classique.

Langeais

Énorme silhouette sombre au cœur du village, le château impressionne. Construit entre 1465 et 1490 par le roi Louis XI, c'est une forteresse féodale qui nous est parvenue intacte : deux grosses tours commandent un pont-levis et sont reliées à la troisième par les logis du XVe siècle. Au XVIe siècle, une aile d'apparat a été rajoutée dans le prolongement de la dernière tour. Des jardins en terrasses offrent des vues sur le fleuve et sur le pont suspendu, pastiche de la Renaissance. L'intérieur abrite une exceptionnelle collection de meubles et de tapisseries liés à l'histoire du château et réunis par les derniers propriétaires privés.

Luynes

Les quatre tours sombres et austères de cette forteresse accrochée à son piton rocheux cachent une cour charmante réaménagée entre 1650 et 1699. Des ajouts datant de la fin du XIXe siècle et de la première moitié du XXe siècle n'ont pas altéré la délicatesse de l'ensemble. Impressionnante vue sur la vallée.

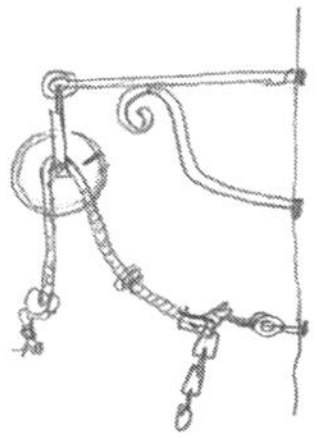

Poulie de lucarne.

Tours

La situation de Tours est curieuse puisque la ville a été bâtie sur la rive gauche, dans une zone peu salubre et instable. Au Ier siècle de notre ère, cette position avait l'avantage d'être protégée par l'oppidum gaulois d'Amboise. C'est seulement au IVe siècle qu'un rempart apparaît ; il faudra attendre les Ve et VIe siècles pour que les établissements religieux se développent autour de la basilique Saint-Martin. Du XIe au XIVe siècle, la ville est rattachée à l'Anjou. Et c'est en 1461 que Louis XI en fait la capitale de son royaume. À partir de 1515, la capitale se déplacera à Blois. La ville va alors vivre tranquillement, sans jamais connaître de croissance forte, avant la seconde moitié du XXe siècle.

La ville historique a été en grande partie détruite par les bombardements de la Seconde Guerre mondiale. La place Plumereau a gardé ses maisons à pans de bois du XVe siècle, mais il reste peu de choses de la basilique Saint-Martin (une tour dite de Charlemagne et surtout une très belle galerie de cloître du XVIe siècle). La cathédrale Saint-Gatien, construite entre le XIIIe et le XVIe siècles décline tous les styles du gothique, notamment flamboyant dans sa façade. Appuyé à la cathédrale, le délicieux cloître de la Psalette, construction de la Renaissance où l'on se réunissait pour chanter les psaumes. Autour, dans le quartier, de beaux hôtels particuliers, comme le palais des Archevêques, l'hôtel de Beaune-Semblancay et le palais du Commerce. Une promenade dans ces rues permet d'évoquer les romans de Balzac.

Dans la banlieue sud de la ville, l'église du prieuré de Saint-Cosme accueille le corps du poète Pierre de Ronsard qui vécut ici une grande partie de sa vie.

Vouvray

Vouvray est un gros bourg où les caves et habitations troglodytes creusées dans le tuffeau sont légion. Pays où l'on produit un vin doux à base de Pineau et de Chenin, Vouvray a réussi à protéger son environnement du tracé du train à grande vitesse. Les résidences y sont nombreuses grâce à l'orientation des coteaux au sud.

Chenonceaux

Philibert Delorme était au sommet de son art quand il a conçu ce chef-d'œuvre en 1515 : le château est célèbre dans le monde entier

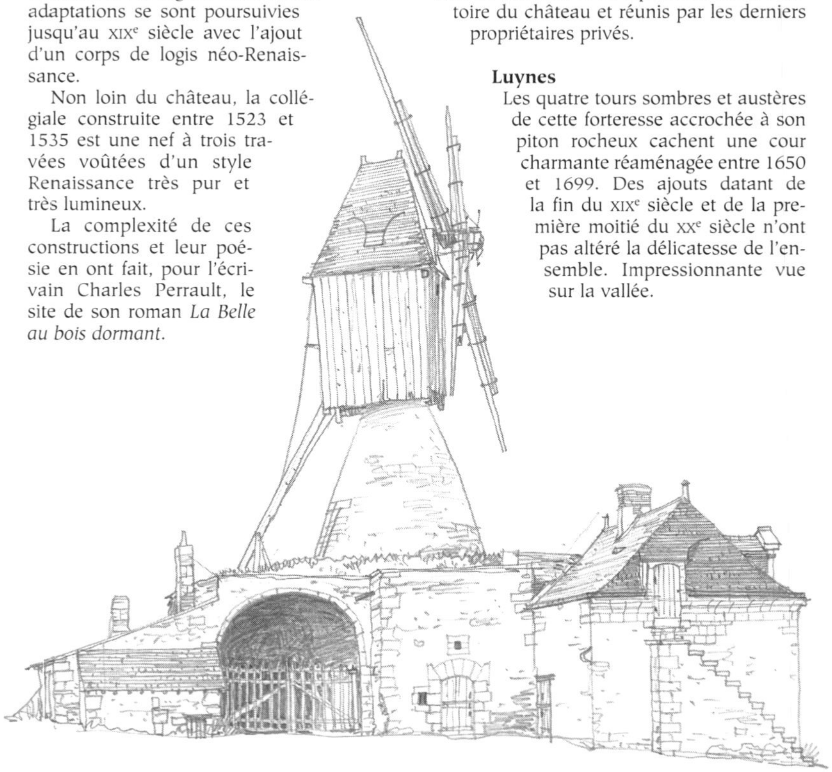

Moulin cavier du Bourg-Dion, exemple parfait du moulin angevin.

« Trognes » de saule, arbres utiles de la tête au pied : leurs racines fixent les îles et les jeunes rameaux coupés chaque année fournissent de l'osier.

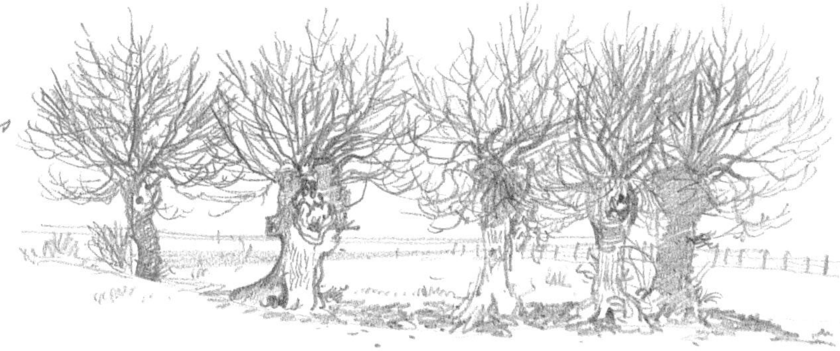

grâce à son pont couvert sur le Cher qui évoque le Ponte Vecchio de Florence. Désiré par Diane de Poitiers, puis convoité par Catherine de Médicis, c'est un château de femmes : Louise de Lorraine y a pleuré Henri III, Madame Dupin y a tenu salon, Madame Pelouze a tenté avec succès la restauration des bâtiments au XIXe siècle.

Amboise

Depuis les Celtes, Amboise était cité militaire. Puissante place forte, la ville est rattachée au royaume en 1434. En 1493, Charles VIII entame la rénovation du château. À son retour d'expédition en Italie en 1496 accompagné de plusieurs artistes italiens, les travaux sont presque terminés ; il apporte néanmoins à l'édifice la touche italienne qui faisait défaut. Louis XII préfère Blois mais François Ier adore Amboise et surtout, fait venir d'Italie Léonard de Vinci. À partir du XVIIe siècle, la ville décline pour devenir une grosse bourgade bourgeoise.

Du château d'origine il ne reste que le logis du Roi, le reste ayant été détruit au XIXe siècle. La tour des Minimes offre une belle vue sur le fleuve : on accède au sommet par une rampe que pouvaient emprunter chevaux et charrettes. Il ne reste rien des fameux jardins dessinés à la Renaissance, les premiers en France de style italien.

Dans le bourg, se trouve le manoir du Clos-Lucé où habita et mourut Léonard de Vinci qui avait apporté le tableau de la *Joconde* dans ses bagages. Au sud de la ville subsiste une seule trace du fastueux domaine du duc de Choiseul, la Pagode de Chanteloup, chinoiserie du XVIIIe siècle.

Chaumont-sur-Loire

Le piton rocheux sur la rive gauche de la Loire où est construit le château était depuis le Xe siècle un point stratégique. Propriété de la famille d'Amboise pendant 500 ans, il est acheté en 1560 par Catherine de Médicis qui l'échange de force à Diane de Poitiers contre Chenonceaux. Nouvelle campagne de travaux inachevée ; Diane, qui n'aime pas Chaumont, vit à Anet. Le château passe alors de mains en mains. Au XVIIe siècle, les Le Ray y installent une manufacture de poterie. Madame de Staël, les Aramon, puis les Walsh l'habitent. Le château se transforme en style troubadour. En 1875, il est racheté par une jeune héritière fortunée, Marie Say, épouse d'un prince de Broglie. Ils entreprennent des travaux considérables, déménagent le village qui gêne le développement du parc, construisent des communs somptueux, constituent un domaine de plusieurs milliers d'hectares.

Pendant une trentaine d'années, Chaumont sera, surtout en automne et en hiver, le cadre de fêtes somptueuses qui réunissent tout le gotha européen. La fortune de la princesse n'y résistera pas et la propriété est rachetée par l'État et dépecée. Depuis 1992, elle revit grâce à un Conservatoire de Jardins qui en assure, avec l'aide de collectivités locales, la restauration et l'animation.

Le château se compose de trois ailes, pour l'essentiel de la Renaissance, encadrées par quatre tours des XVe et XVIe siècles. Le grand escalier est magnifique et la salle du conseil est recouverte d'un rare sol de majolique du XVIIe siècle rapporté de Palerme par les Broglie. Passionnés de chevaux, ils avaient fait édifier des écuries qui comptent parmi les plus belles de France. Le grand parc dessiné par Henri Duchêne est de facture romantique, tandis que le petit parc qui accueille le Festival des Jardins a été dessiné par Jacques Wirtz.

Blois

Les comtes de Blois étaient puissants au Moyen Âge. Ils étaient notamment rivaux de la famille d'Anjou. L'un d'entre eux, Étienne, devint même roi d'Angleterre. En 1392, les domaines sont vendus aux Orléans. En 1498, Louis XII fait de Blois sa capitale et transforme le château. François Ier continuera les travaux, notamment par la construction du merveilleux escalier.

Louis XIII utilise Blois pour y reléguer sa mère Marie de Médicis, puis son frère Gaston d'Orléans. Celui-ci transforme le château en demandant à Mansart de construire une aile nouvelle. Les travaux interrompus ont permis que soient épargnées les plus belles parties Renaissance.

Le château comporte de nombreux éléments architecturaux exceptionnels : le portail de style flamboyant, la façade des loges (façade à l'italienne à deux niveaux de galeries), le grand escalier, l'aile François Ier, l'aile Gaston d'Orléans. L'intérieur, transformé au XIXe siècle, donne une impression plus vraie que nature des événements qui se sont succédé ici : États généraux, évasion de Marie de Médicis, assassinat du duc de Guise.

Protégée par un coteau abrupt, la configuration de la ville vue de la rive gauche près du pont Gabriel reste très proche des images du XVIIIe siècle.

Tout près de Blois, il faut faire le détour par Beauregard, sa galerie des Illustres et son cabinet des Grelots.

Ménars

Depuis la rive gauche de la commune, on a une magnifique vue sur ce très beau château classique édifié pour la marquise de Pompadour. Le parc renferme de très jolies fabriques construites par Soufflot. À quelques kilomètres, le ravissant village de Cour-sur-Loire, ancien port pour le vin, offre une rare promenade piétonne en bord de fleuve.

Talcy

Charmant manoir de campagne qui sut produire deux jeunes femmes inspiratrices de poètes : Cassandre, aimée par Ronsard ; Diane, adulée par d'Aubigné. Les Salviati, parents des Médicis arrivés dans la région avec la reine, peuvent aussi se vanter d'avoir donné naissance à Alfred de Musset. Jolie maison, jardin agréable. Tout pour plaire.

Suèvres

Suèvres possède deux églises remarquables : Saint-Christophe, en partie mérovingienne a un porche couvert que l'on appelle ici « caquetoire » ; Saint-Lubin possède un rare clocher roman à deux étages.

Saint-Laurent-des-Eaux

Chaque époque a les châteaux de la Loire qu'elle peut. La nôtre a produit tout au bord du fleuve cette centrale nucléaire impressionnante. Allons, pas de parti pris, le bâtiment est très beau dans le paysage, mais il ne faut pas le dire car cela nuit à la bonne image de la région.

Chambord

En 1519 commence la construction de Chambord, peu de temps après la mort de Léonard de Vinci dont on pense qu'il a supervisé la conception générale du château. Le plan centré et le double escalier rendent cette hypothèse très plausible : un quadrilatère dans lequel s'inscrit un autre carré, le logis royal ; 117 m sur 156 m ; au centre de celui-ci, l'escalier à double révolution. Le couronnement est un ensemble de terrasses, cheminées et lanternes qui constituent une véritable ville suspendue. En 1545, après y avoir dépensé des fortunes, le logis royal est achevé mais il faudra encore de nombreuses années pour que la maison le soit. La période la plus glorieuse fut finalement celle du maréchal de Saxe à qui Louis XV avait offert le château. Ce prince finit en beauté en exigeant qu'à sa mort on tire pendant seize jours tous les quarts d'heure avec les six canons de la cour d'honneur.

Il faut visiter Chambord au moment du brame du cerf, qu'on l'entende depuis les affûts disséminés dans la forêt ou depuis les terrasses du château.

Beaugency

Beaugency est une ville-pont établie sur la rive droite du fleuve. De sa splendeur passée il reste des vestiges de forteresses : donjon, tour du Diable, château Dunois, tour Saint-Firmin, tour de l'Horloge. Beaugency est délicieux pour la vue qu'on en a depuis la rive gauche, pour la traversée du pont, pour la promenade dans les rues les jours de marché et pour le carillon sarcastique à la célèbre comptine.

Cléry-Saint-André

Édifiée au XVe siècle, cette basilique à la façade austère frappe par sa luminosité intérieure. Louis XI y était très attaché et y est enterré. À visiter plutôt le matin.

Orléans

Orléans est l'un des pôles de la monarchie capétienne. C'est dire si la ville a reçu les faveurs des souverains de France pendant des siècles. Ville gauloise puis gallo-romaine, elle est une place forte redoutable. En 1429, Jeanne d'Arc délivre la ville des Anglais. Le monument le plus significatif, sévèrement atteint par les bombardements de la Seconde Guerre mondiale, est la cathédrale Sainte-Croix construite entre le XIIIe et le XVIe siècles. Mais la ville vaut aussi une visite pour son musée des Beaux-Arts et pour les hôtels particuliers qui jalonnent les rues entre la Préfecture et la place du Martroi. À la périphérie, le Parc floral, issu de floralies des années 1960, rappelle que la région est l'une des capitales de l'horticulture française. Orléans est aujourd'hui capitale de la région Centre.

Saint-Benoît-sur-Loire

L'une des plus belles basiliques romanes de France construite entre le XIe et le XIIIe siècle : trois siècles de perfection architecturale et sculpturale, l'un des lieux de spiritualité les plus aboutis qui soient. Le chœur constitue une sorte d'archétype des abbayes bénédictines. Saint Benoît, créateur du célèbre ordre monastique, a ici ses reliques. Ne pas manquer, à Germigny-des-Prés, la mosaïque carolingienne qui recouvre l'abside.

Carte des sites illustrés

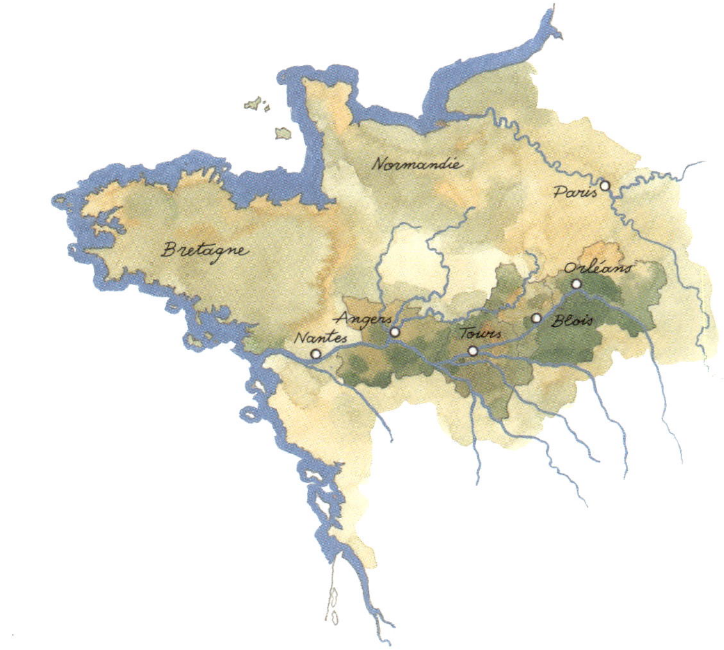

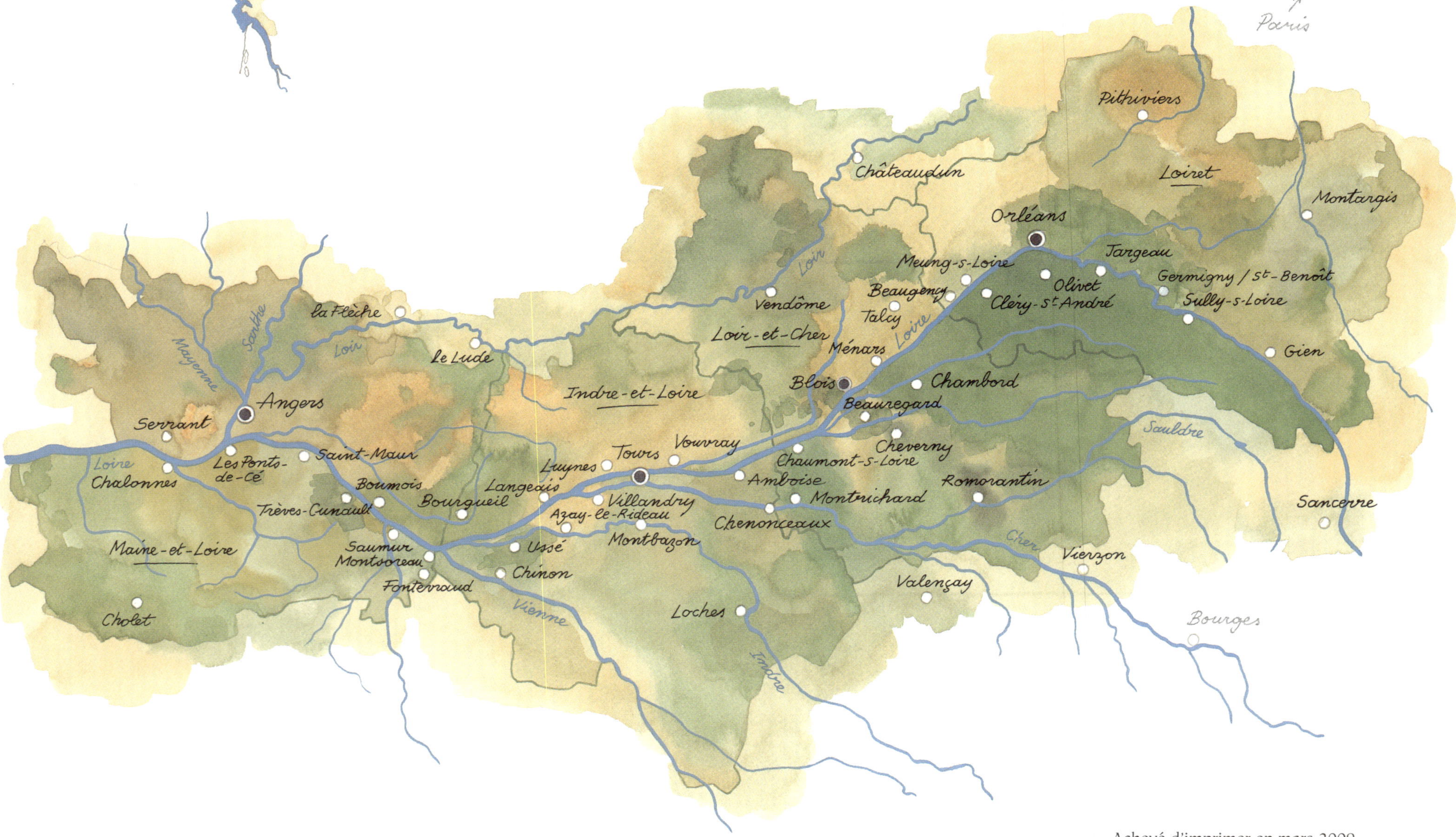

Achevé d'imprimer en mars 2009
sur les presses de Star Standard, Singapour

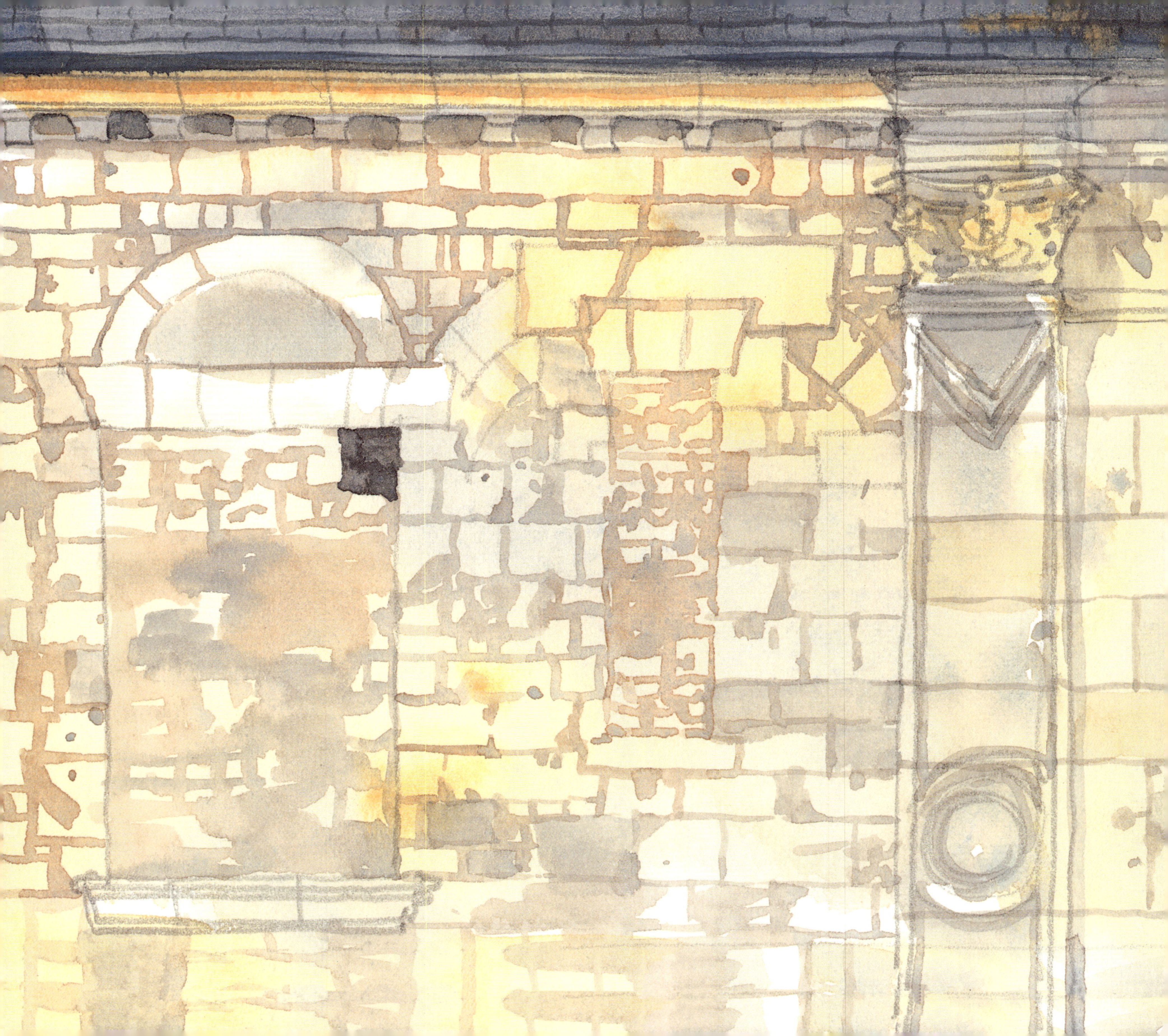